DAXUESHENG
CHUANGXIN CHUANGYE DAOLUN

大学生
创新创业导论

主　编◎陈楚瑞
副主编◎张镜怀　张举正
编　委◎陈楚瑞　付用兰　廖金宝　林　琼
罗小青　莫源巧　张镜怀　张举正
赵泓呈　钟之静

广东高等教育出版社
Guangdong Higher Education Press
·广州·

图书在版编目（CIP）数据

大学生创新创业导论／陈楚瑞主编．—广州：广东高等教育出版社，2017.8（2023.2 重印）

ISBN 978－7－5361－5891－7

Ⅰ．①大…　Ⅱ．①陈…　Ⅲ．①大学生－创业－高等学校－教材　Ⅳ．①G647.38

中国版本图书馆 CIP 数据核字（2017）第 085328 号

出版发行	广东高等教育出版社 地址：广州市天河区林和西横路 邮政编码：510500　电话：（020）87554152 http://www.gdgjs.com.cn
印　　刷	佛山市浩文彩色印刷有限公司
开　　本	787 毫米×1 092 毫米　1/16
印　　张	17.25
字　　数	409 千
版　　次	2017 年 8 月第 1 版　2023 年 2 月第 4 次印刷
定　　价	39.00 元

前　言

高等学校开展创新创业教育，是全面贯彻党的教育方针，主动适应经济发展新常态，服务国家加快转变经济发展方式，落实立德树人根本任务，提高人才培养质量，促进大学生全面发展的重要途径。在这个“大众创业、万众创新”的时代，各高校都在积极深化创新创业教育改革，努力提高创新创业教育的针对性与实效性。在这样的背景下，本书参照教育部印发的《“创业基础”教学大纲（试行）》，结合大学生的特点和对应课程在整个创新创业教育中的定位，经过编写组深入调研和反复研讨后编写而成。

本书是高校开展创新创业教育的基础教材，其目的在于唤醒和强化大学生创新创业意识，培养创新创业精神，提升创新创业能力。通过学习，使学生树立科学的创业观，充分认识到进行创业的重要性，主动适应国家经济社会发展和人的全面发展需求，正确理解创业与职业生涯发展的关系，自觉遵循创业规律，积极投身创业实践。同时，使学生理解创新对于大学生创业的重要意义，培养其在创业过程中贯穿创新的意识。本书共八章，其中“创新创业与大学生人生发展”“创业者与创业团队”“创业机会与创业风险”“创业资源”“创业计划”等五章是参照教育部《“创业基础”教学大纲（试行）》编写的。在此基础上增加了“创新创业项目选择”“创新能力培养”“‘互联网＋’与创业”等三章，以适应互联网飞速发展的时代要求，整合各类创新创业项目资源，提升大学生创新创业的层次。教材中引用了大量的案例，既增加了趣味性，又有助于学生深刻理解相关的理论内容。

实践操作在创新创业教育中有着非常重要的作用。因此，本书在编写设计上努力贯彻任务驱动的学习理念，即从一开始就引导学生结合“挑战杯”“大学生创新创业训练计划”“广东省大学生科技创新培育专项资金”等成熟优质的项目进行选择，并在此后的学习过程中指导学生将学到的知识与技能在实践项目中加以运用。通过指导学生完成这些项目实践，既让学生“做中学”，提升其创新创业的能力，实现面向全体学生的创新创业指导服务，又可以从中培育和选拔有创业意向和创业潜质的学生，筛选有价值的项目，实行持续帮扶和全程指导，为进一步深入推进创新创业教育奠定基础。

本书的每个部分内容由励志格言和案例导读引入，学习知识要点之后通过案例分析、延伸阅读、思维训练、行动锻炼和模块总结进行强化。整个篇章设计遵循当今大学生的学习心理与习惯，由浅入深，逐步推进，理论学习与技能训练密切结合，形成一个完整的学习体系。本书既是一本大学生创新创业教育方面的教材，也可作为大学生进行创新创业实践的自学读物和高校创新创业教育指导教师的教学参考书。

本书由陈楚瑞主编，张镜怀、张举正任副主编。罗小青、莫源巧、廖金宝、付用兰、林琼、钟之静、赵泓呈等同志参与编写。在编写过程中，编者广泛听取各方面专家对本书编写的意见，同时也参阅了国内外创新创业教育的优秀成果。但由于水平和时间所限，难免存在一些不妥之处，热忱希望使用本书的师生提出宝贵意见，对书中的缺点和错误给予批评指正。

编　者

2017 年 6 月

目　录

第一章　创新创业与大学生人生发展

励志格言

创业其实首先就是创新。我们要有一个真正的创新的点。这个创新的点，并不是你随便想出来的一个小窍门或是比较有意思的想法，并不是这么简单的。当你有了创新点后，需要考虑的就是如何把你的能力或是企业的能力与创新相结合。

——简晶（联众创始人之一）

学习目标

通过掌握创新与创业的基本内涵，了解创新创业与大学生人生发展的关系来加深对创新创业的认识，并学会如何培养和提升大学生的创新能力。

重点难点

1. 创新能力的培养
2. 创新与创业之间的辩证关系

模块一　创新与创新能力

案例导读

杰夫·贝佐斯（Jeff Bezos），创办了全球最大的网上书店 Amazon（亚马逊）。

1994 年，贝佐斯想办一个网上书店，遇到的第一个问题就是资金从哪里来？虽然这些年也有些积蓄，但是离创业资金还很遥远。他想到了自己的父母，当时他的父母有 30

万美元的养老金。他与父母说明了用意后，父母虽然不了解互联网，也不懂电子商务，但是他们相信自己的儿子。随后，贝佐斯用这30万美元作为启动资金，在西雅图郊区租来的房子的车库中，创建了全美第一家网络零售公司——亚马逊网站。

为了让亚马逊在传统书店如林的竞争压力中站住脚，贝佐斯充分利用他对网络的理解和网络技术优势，花了1年的时间来建设网站和数据库。他很小心谨慎，仅软件测试就花了3个月的时间。事实证明了他的做法极其正确，人性化的界面、舒适的视觉效果、方便的选取服务，都是贝佐斯在软件方面的创新之举。

如今，亚马逊更是凭借其非凡的优势，迅速扩张，创造了5年市价总值210亿美元的网络神话。究其原因，还是亚马逊实施了一系列的创新举措。

首先，亚马逊是最便宜的书店之一，它天天都在打折，几乎是全球最大的折扣商，有高达30万种以上的书目可以给予优惠折扣。

其次，它还有比传统书店更方便更快捷的服务和更全的书目。一般传统书店最多只能有25万种不同书目，而亚马逊网络上却可以拿出250万种不同书目。在亚马逊购书，一般3秒钟之内就可得到回应，大大节省了顾客的时间。另外，有数据显示，亚马逊每年更换库存达150次之多，而传统书店不过3~4次。它在更换数量和速度方面都优于传统书店。

最后，贝佐斯极其重视用户体验。他认为在移动互联网时代，竞争绝不只是终端设备，而是资源和业务的整合，是平台层面的竞争和入口之争。他在2007年推出电子阅读器Kindle，2011年又推出了平板Kindle Fire，以便把亚马逊平台上的多媒体内容更便捷地销售给用户。

贝佐斯是互联网上货真价实的创新者。

（资料来源：名人堂http://mr.jk123.net/mingren/beizuosi.html.）

一、创新的内涵

1912年，奥地利经济学家熊彼特（J. A. Schumpeter）最早提出了“创新”的概念。1939年，他完善了自己的理论，提出了创新就是“建立一种新的生产函数”，也就是说，把一种从来没有过的关于生产要素和生产条件的新组合引入生产体系。1985年，被誉为“现代管理学之父”的彼得·德鲁克发展了创新理论。他提出，任何使现有资源的财富创造潜力发生改变的行为，都可以称之为创新。德鲁克主张，创新不仅仅是创造，而且并非一定是技术上的，一项创新的考验并不在于它的新奇性、它的科学内涵或它的小聪明，而在于推出市场后的成功程度，也就是能否为大众创造出新的价值。

所以，创新是指人为了一定的目的，遵循事物发展的规律，调动已有知识，开展创新思维，对事件的整体或其中的某些部分进行变革，产生出某种新颖、独特，有社会价值的新概念、新设想、新理论、新技术、新工艺、新产品等新成果的智力活动。

创新是以新思维、新发明和新描述等为特征的一种概念化过程。其起源于拉丁语，原意有三层含义：第一，更新；第二，创造新的东西；第三，改变。创新的本质就是进取，是推动人类文明进步的激情。

通俗来讲，创新就是要“首创”，首创就是第一个的意思。不过这个首创因为参照对象的不同而有两种不同的含义，衍生出狭义创新和广义创新两种类型。

狭义创新是相对于其他人或全人类来说，你是第一，是首创。狭义创新是真正具有推动社会进步意义的。比如爱因斯坦的相对论、爱迪生发明的电灯等。

广义创新是虽然相对于其他人我们不是第一个，但相对于我们自己来说，是第一，是首创。它比较简单，容易学习和掌握。比如单位搞了一场与往年不同的迎新晚会，推行了新的工作方法，进行了某些方面的改革，等等。

一切学习都是从易到难的，所以我们的创新学习提倡从广义的创新开始。即一个人对某一问题的解决方法是否属于创新，不在于这个问题及解决是否曾有别人提出过，而在于对他本人来说是不是新颖的、前所未有的。只要我们相对于自己有新的想法或做法，新的概念、新的方法或途径，就可以称之为创新。只有这样，才可以消除大家对创新的畏惧心理。但广义的创新并不是最终的目的，因为更有价值的创新不是对于自己，而是相对于他人，即进行狭义的创新。

小故事

出生于中国台湾高雄的魔术师刘谦在2009年中央电视台春节联欢晚会（简称“央视春晚”）中，以长达8分半钟的近景魔术《魔手神采》而红遍中国。

刘谦7岁时开始对魔术表演产生兴趣，12岁时获得世界知名魔术师大卫·科波菲尔颁发的“全台湾儿童魔术大赛冠军”。由于兴趣盎然，求学期间仍不断钻研魔术知识及技巧，并且受教于多位国内外大师。大学毕业后，遂决定走上职业魔术师之路。日文系毕业的刘谦，他的科班背景带给他相当大的帮助，从而开始与日本魔术界频繁地交流，使他在日本的魔术界和商业界都具有相当的知名度。非凡的国际观及不断的自我充实是他的独特之处。

为了充实专业领域及格局，他同时还涉猎音乐、舞台美术、剧场、工业设计、电视、广告、摄影等艺术相关知识。他在业界有“魔术活字典”的称号，并多次受邀到世界各地的国际性魔术师大会担任演出嘉宾及专题讲座的讲师。其前卫的风格及惊人的创意，获得海内外同行的赞赏。他是全世界同业间最具知名度的中国台湾魔术师。

刘谦之所以能够如此广受欢迎，是因为他敢于挑战、敢于创新的精神。他将自己的所学互相融通，形成了具有自己风格的独特魔术。

创新是他成功的秘诀！

（资料来源：百度百科）

二、创新的特征

创新是以扎实的专业知识为基础，以艰苦卓绝的精神劳动为途径，以敏锐的观察力、丰富的想象力、深刻的洞察力为导向，反映符合事物发展要求的基本规律，是一种有规律的实践活动。创新具有以下几个方面的特征。

一是目的性。创新活动一般都有较强的目的性，创新的进程必须要有目的来牵引才能更好实现其价值。

二是变革性。创新是对已有事物的改革和革新，是一种深刻的变革。

三是新颖性。创新就是要扬旧布新，用新的事物、方法代替旧的不合理的事物或方法。

四是超前性。创新以求新为灵魂，具有超前性。这种超前是从实际出发、实事求是的超前。

五是价值性。创新是推动人类文明进步的不竭动力，它对经济社会发展有着不可估量的贡献，具有明显的、具体的价值。

创新面前人人平等，谁都可以成为创新的强者，没有任何人是权威。很多的时候，对权威的过分迷信是开展创新活动的巨大阻碍。

小故事

法国昆虫学家法布尔曾经做过一个著名的实验，称之为“毛毛虫实验”：把许多毛毛虫放在一个花盆的边缘上，使其首尾相接，围成一圈，在花盆周围不远的地方，撒了一些毛毛虫喜欢吃的松叶。毛毛虫开始一个跟着一个，绕着花盆的边缘一圈一圈地走，一小时过去了，一天过去了，又一天过去了，这些毛毛虫还是夜以继日地绕着花盆的边缘在转圈，一连走了七天七夜，它们最终因为饥饿和精疲力竭而相继死去。法布尔在做这个实验前曾经设想：毛毛虫会很快厌倦这种毫无意义的绕圈而转向它们比较爱吃的食物，遗憾的是毛毛虫并没有这样做。

导致这种悲剧的原因就在于毛毛虫的盲从，固守原有的本能、习惯和经验。人的思维也一样，人一旦形成了习惯的思维定式，就会习惯地顺着定式的思维思考问题。

所以没有创新，就等于死亡，我们一定要努力培养自己的创新意识。

（资料来源：百度百科·毛毛虫效应）

三、创新的原则

创新的原则就是开展创新活动所依据的法则和判断创新构思所凭借的标准。

1. 科学原理原则

创新不得违反科学规律，在进行创新构思时，要注意以下几点：首先，应进行科学原理相容性检查。与科学原理是否相容，是检查创新设想有无生命力的根本标准。其次，还必须进行技术方法可行性检查。如果设想所需要的条件超过现有技术方法可行性范围，则在目前该设想还只能是一种空想。最后，新设想的功能体系是否合理，关系到该设想是否具有推广应用的价值，因此，必须对其合理性进行检查。

2. 相对较优原则

创新不是盲目追求最优、最佳、最先进。许多创新都是各有千秋，这时，需要按相对较优原则对创新进行选择。包括创新技术的先进性比较、创新合理性比较和整体效果的比较。通过这几个维度的对比，选择超前性强、合理性好和整体效果佳的创新设想。

3. 机理简单原则

在现有科学水平和技术条件下，如不限制实现创新方式和手段的复杂性，所付出的代价可能远远超出合理程度，使得创新的设想和结果毫无价值。因此，在创新的过程中，要从新事物所依据的原理是否重叠，超出应有范围；结构是否复杂，超出应有程度；功能是否冗余，超出应有数量等方面进行考查，坚持机理简单原则。

4. 构思独特原则

创新贵在独特，创新也需要独特。在创新活动中，往往要从创新构思的新颖性、开创性和特色性几个角度进行系统的检查和思考。就如兵法中强调的“出奇制胜”一样，强调构思的独特性。

5. 不轻易否定，不简单比较原则

在分析创新方案时，应避免轻易否定的倾向。不过高评估自己的设想，也要注意珍惜别人的创意，因为创新是具有相容性的，简单的否定与批评是容易的，难得的却是闪烁着希望的创新构想。

四、创新能力

1. 创新能力的内涵

创新能力又称创造力，是创造者在技术和各种实践活动领域中不断提供具有经济价值、社会价值、生态价值的新思想、新理论、新方法和新发明的能力。

创造者可以是个人，也可以是群体，由于群体的创造力是以个人创造力为基础的，所以本书重点谈论的是个人创造力的提升。

（1）创新能力与智力的区别。

创造力不等同于智力。智力是建立在一定的知识、经验基础上的认知能力，也就是人们认识世界的能力，其核心能力是记忆力、注意力和观察力。比如你今天才教小朋友这个东西叫“杯子”，明天再问他，他能立即说出是“杯子”，那我们就说这个小朋友智力好。而创造力是一种改造世界的能力。

（2）创新能力与智力的关系。

要改造这个世界，首先要认识世界，因此创造力就包括智力，智力是创造力的必要条件。换个角度说，我们不仅要认识世界，知道世界是什么样子的，更重要的是要改造世界。作为一名大学生，在学校里，不仅要学习了解社会、适应社会，更要学习如何改造社会。

（3）创新能力的重要价值。

从古至今，如果没有创新能力，人类的文明就不会有今日的辉煌，我们可能还过着同猩猩一样的原始生活。如果没有爱迪生的孜孜不倦的创新活动，我们的世界可能依然靠烛火照明。所以，如果一个人不具备创新能力，可以说是庸才；如果一个民族没有了创新人才，那必将是一个落后的民族。

2. 创新能力的特点

人的创新潜力是巨大的，美国芝加哥大学罗杰·斯佩里博士及他的研究团队证实了这一点。

（1）创新能力人人都有。

决定创造力的是人的大脑，只要人脑功能正常，每个人都可能有创造力，并且每个人创造力的天赋是相同的。我们一生下来就是站在同一起跑线上。这一结论纠正了人们一直以来认为创造力只是少数人的行为，普通人是可望而不可即的错误思想，揭开了创造力的神秘面纱。

（2）创新能力有待开发。

如果不开发，那么创造力就永远只是潜力。所以，每个人的创造力大致相同，区别在于开发的程度不同。只要我们不断地去开发，我们的创造力水平就会不断地提高，人人都有可能成为创造的强者。

（3）创新能力永不枯竭。

要说明这个问题，先要从脑细胞的数量谈起。每个人成长到 12 岁后，脑细胞基本发育成熟，其总数达到 140 亿个。你可能要问这 140 亿个脑细胞意味着什么？它相当于 100 万个开关的计算机，假如它全部用来记忆的话，能记住多少本书呢？50 本？100 本？还是 1 000 本？都不对，正确答案是 5 亿本！这个数字与我们的想象值有巨大的差距，它就是我们潜在的脑资源，就是我们的创新潜力，所以说创造力是无穷无尽的。

3. 创新能力的来源

创新思维之父、世界创新大师爱德华·德·波诺认为：创新能力意味着产生某种过去并不存在的东西的能力，创新能力的结果是有其独特、稀有的一面，这种特殊能力有着较为广泛的来源，具体包括无知、经验、动机、完善性、机会、意外、错误和疯狂等。

（1）“无知”所促发的创新。

“无知”原指缺乏知识和重要常识，不明事理。这里所说的“无知”是指创新者要保持赤子之心，对事物保持敏感，保持归零心态，不受已有知识框架的束缚，保持一颗好奇心来探索事物，多问为什么。

（2）经验基础上的创新。

与无知促发的创新相反，源自于经验的创新风险更低，成效更高，因为它建立在过去成功的基础之上，重复着昔日的胜利，根据已有经验进行创新。牛顿曾谦虚地称自己是站在巨人的肩膀之上取得了成功，这所表达的就是在经验基础之上的创新。

（3）动机所产生的创新。

愿意花费时间和精力来思考更好的做事方法的人更可能产生创新性的成果，在其他人都满足于既有的解决方案时，有的人会去寻找更多的替换方案，这类人有着强烈的好奇心和探索欲望，乐于尝试新事物，并不断尝试新的方法。随着投入的增多，他们很可能会有新鲜的、创造性的想法作为回报。简单地说，许多被视为创新天赋的东西本质上就是创新的动机，大多数被视为具有创造性的人，其创造力来源于此。

（4）追求完美引发的创新。

追求完美引发的创新类似于摄影师的创造。摄影师拿着相机到处取景，直到某个特殊的景色或物体引起了他的注意，通过选择角度、布局、照明等，摄影师将拍摄对象转换为照片，这里被拍摄的物体并不是摄影师创造的，但是因为追求完美的效果，摄影师会通过艺术修饰去完善相片，这种照片就是摄影师的创造产物。事实上，许多依靠新想法取得创新的人，实际上是从别人那里借用了想法和原始模型，通过创新改造的努力，实现了这个想法。

（5）错误、机会和偶然诱发的创新。

哥伦布开始只准备向西航行到印度群岛，因为他使用了源于托勒密对地球圆周错误的测量方法。如果他使用了正确的测量法，那么或许他永远也不会起航，因为通过正确测量，他会知道船队不可能带足够的给养到达目的地。所以有时候，错误或偶然的因素也可能诱发创新。

（6）坚持风格所产生的创新。

风格也是创新的一个明显来源。坚持某种风格可以产生一系列的新事物，它们带有相同的新式风格，但严格说来，这种有共同风格的产品，除去风格带来的新意义外，并没有更多的创新。比如曾受到追捧的“无脸古韵”插画，就是一种坚持风格所产生的创新。

小故事

在瑞典，一群中学生去参观泊斯托特殊化学品公司，当被问到如何促使人们周末在一个需要持续运转的车间轮班时，并不清楚细则的孩子们建议增添一批专门在周六、周日工作的劳动力，而不是发动现有工人。后来这个想法被付诸实践，申请周末职位的人数远远超过了需要的数量。正是由于无知，孩子们的建议突破了大人们认为工会不会许可、没有人愿意在周末干活的定式思维。

我们都希望自己广知博闻，并且在长大后也对自己的领域有所了解，那么如何运用无知来产生创造力呢？爱德华·德·波诺提出了一个解决办法，即只读完刚好足够让人对新事物产生感觉的资料，然后停下来自己思考，当产生了一些想法时，再深入阅读，并随时停下来回顾自己的想法，进而产生新的想法，这样，个人就有提高创造力的机会。

（资料来源：徐斌．创新头脑风景：方法、工具、案例与训练［M］．北京：人民邮电出版社，2009.）

4．创新能力的培养途径

创新是一个发现问题、构思创意、解决问题的过程，培养一个人的创新能力应从以下三方面入手。

（1）学会发现问题。

生活中从来不缺少问题，而是缺少发现问题的眼睛，问题是一切发明和创新的起点。

只有擅于从生活中发现问题，才能促成科学发明的重大发现。因为问题可以激发人们的好奇心，激起人们探索和研究的兴趣。人类科技的历史表明：科学发现和技术发明都是始于问题的发现，都是出自带着发现的问题进行探索和思考。爱因斯坦也曾明确提出："提出一个问题往往比解决一个问题更重要，因为解决一个问题也许仅是一个数学上或实验上的技能，而提出新的问题，从新的角度去看旧问题，却需要有创造性的想象力，而且标志着科学的真正进步。"

小故事

20 世纪初，在剑桥大学，维特根斯坦是大哲学家穆尔的学生。有一天大哲学家罗素问穆尔："谁是你最好的学生?"穆尔毫不犹豫地回答："维特根斯坦。""为什么?""因为在我的所有学生中，只有他一个人在上我的课时老是流露出迷茫的神色，老是有一大堆问题。"后来，维特根斯坦的名气超过了罗素，有一天，有人问维特根斯坦："罗素为什么落伍了?"他回答说："因为他没有问题了。"

（资料来源：璞园琢玉的博客·创新能力的培养从问题意识开始）

（2）随时构思创意。

创意就是具有新颖性和创造性的想法。在互联网时代，随着机器生产的高度发展，创意越来越被追捧。每一次成功的背后，都有"另辟蹊径"的创意，它是解决问题的"加速器"。

小故事

美国的迪士尼曾一度从事美术设计，后来他失业了。原来他和妻子住在一间老鼠横行的公寓里。但失业后，因付不起房租，夫妇俩被迫搬出了公寓。这真是连遭不测，他们不知应该去哪里。一天，两人呆坐在公园的长椅上，正当他们一筹莫展时，突然从迪士尼的行李包中钻出一只小老鼠。望着老鼠机灵滑稽的面孔，夫妻俩感觉十分有趣，心情一下子就变得愉快了，忘记了烦恼和苦闷。这时，迪士尼头脑中突然闪过一个念头，对妻子惊喜地大声说道："好了！我想到好主意了！世界上有很多人像我们一样穷困潦倒，他们肯定都很苦闷，我要把小老鼠可爱的面孔画成漫画，让千千万万的人从小老鼠的形象中得到安慰和愉快。"风行世界数十年之久的"米老鼠"就这样诞生了。

（资料来源：学习啦网·关于发散思维的故事）

（3）善于解决问题。

创新始于问题的提出、创意的出现，终于问题的解决。创新要把研究和解决问题作为出发点和落脚点，只有创意方案得到实施，问题得到解决，才能实现创新的价值。所以解决问题能力的培养是培养创新能力的一个关键而有效的途径。

小故事

美国华盛顿广场有名的杰弗逊纪念大厦，因年深日久，墙面出现裂纹。为保护好这栋大厦，有关专家进行了专门的研讨：最初大家认为损害建筑表面的元凶是侵蚀的酸雨。但专家们进一步研究，却发现：对墙体侵蚀最直接的原因，是每天冲洗墙壁的清洁剂对建筑物有酸蚀作用。

而每天为什么要冲洗墙壁呢？因为墙壁上每天都有大量的鸟粪。

为什么会有那么多的鸟粪呢？因为大厦周围聚集了很多的燕子。为什么会有那么多的燕子呢？因为墙上有很多燕子爱吃的蜘蛛。为什么会有那么多蜘蛛呢？因为大厦四周有蜘蛛喜欢吃的飞虫。为什么会有那么多飞虫？因为飞虫在这里繁殖特别快。而飞虫在这里繁殖特别快的原因，是这里的尘埃最适宜飞虫繁殖。为什么这里最适宜飞虫繁殖？因为开着的窗阳光充足，大量飞虫聚集在此，超常繁殖……

由此发现解决的办法很简单，只要关上整栋大厦的窗户。此前专家们设计的一套套复杂而又详尽的维护方案只能成为一纸空文。

所以很多时候，看起来无比复杂的问题，只要找到真正的原因，解决起来其实很简单。

（资料来源：360doc 个人图书馆 · 关上那扇窗）

案例分析

24 岁的赵温才，出生于贵州遵义仁怀市中枢镇一个农村家庭。大学 4 年收获 9 项国家专利，还未毕业就掘到人生第一桶金，放弃保研机会走上创业道路……

小学时，赵温才就喜欢用泥巴做一些玩具车、坦克等模型；到了中学，这种“嗜好”便转移到电器上，家里的收录机、电视机被他拆了装、装了又拆，因此他被家人视为“败家子”。

2003 年，赵温才被中国地质大学（武汉）录取，虽然没能读上第一志愿机电专业，但他没有放弃自己的兴趣。大一时，赵温才发明了一个可自动加热的节水水龙头，并获得国家专利，从此一发不可收。4 年下来，他相继发明“瓜果自动去皮装置”“矿物快速检测仪”“语音型单灯盘交通灯”“指纹式酒后禁驾系统”“能测试瓦斯浓度的矿井用安全帽”等，获得 9 项国家专利。

谈到这些专利发明的灵感来源，赵温才说，一切源于生活。他有个和大多数男生不同的爱好——逛商场。“最喜欢到电器专柜观察那些新科技产品。”大二暑假时，他曾目睹一起车祸。一妇女过马路时，由于发短信入迷而被一辆飞驰而来的小汽车当场撞死。站在惨祸现场，他突然想到：“如果有一种带语音提示功能的交通灯，这场车祸也许就能避免。”

为此，他多次访问交管部门、司机及路人，得到充分肯定后，他便一头扎进了语音型单灯盘交通灯的研制工作，每天深夜一两点睡觉成了常事。灯盘模型的研制费用最低需要 1 000 多元，他掏光当月的生活费，之后半个月全靠馒头充饥。

2005 年 12 月，这项研究获得国家专利。专家点评，这种交通灯对于提高交通系统的安全性具有较高科学实用价值。一些看来不可思议的想法，常常成为赵温才研究的课题，好多同学笑他是个“疯子”。

进入大四，大多数同学忙着准备考研或找工作。赵温才学的资源勘查工程是紧缺专业，原本也能找到很好的工作，但他放弃了直接就业和保研的机会，和同学一起把所有精力都花在了筹办公司的事上。

恰好此时，赵温才的一项专利发明“液态水瞬时加热技术”，以 14 万元的高价转让给商家。人生的第一桶金，为他创办公司奠定了资金基础。

临近毕业，赵温才与合伙人筹资 10 万元，注册成立了“武汉加权知识产权咨询服务有限公司”，主要服务范围为创意指导、科技发明优化设计、专利代理及转化经纪。

（资料来源：朱娟娟，雷宇. 带动大学生创业的发明“疯子”[N]. 中国青年报，2009－01－25.）

请分析：本案例中赵温才创新能力的来源有哪些？

李开复与其创新工场

创新工场由李开复博士创办于 2009 年 9 月，旨在帮助中国青年成功创业。

创新工场是一家早期投资机构，同时为创业者提供全方位的创业服务。作为国内一流的创业平台，创新工场不仅提供创业所需的资金，还针对早期创业所需要的商业、技术、产品、市场、人力、法务、财务等提供一揽子创业服务，旨在帮助早期阶段的创业公司顺利启动和快速成长。

创新工场的投资方向立足于信息产业最热门的领域：移动互联网、数字娱乐、在线教育、智能硬件、智能商务、云计算、电子商务；主要涉足的投资阶段为：种子轮、天使轮和 A 轮，B 轮会有选择地进行跟投。

创新工场的基金来自全球投资者，其中既包括顶尖的专业投资机构和战略性投资者，也包括知名家族和个人。他们愿为创业者提供有力支持，共同打造世界级的创业公司。

创新工场投资中国最顶尖的创业人才。创新工场所投资的创业者中既不乏曾在大公司担任高管，从事产品、技术、推广等相关工作的业界资深人才；也有曾经连续创业并取得成就的创业者。他们不仅在专业领域有深厚积累，熟知专业领域的方方面面，而且具备优秀的创业者素质。

创新工场可以给创业者提供资金投入、商业分析、创业者创业指导、技术指导、产品指导、人员培训、员工招聘、法律、财务、市场、媒体公关、政府关系等专业支持。并且根据不同的项目阶段和不同的项目类型，有不同的投资金额，从几十万到几百万人民币不等。总体方向是以早期的启动资金为主。创新工场针对不同的创业者有多种投资和合作形式，例如加速计划、助跑计划、创业家计划，还有其他多种灵活的方式。

经过几年发展，创新工场已成为科技创业者的摇篮。不仅帮助创业者开创出了一批具有市场价值和商业潜力的产品，而且培育了众多创新人才和新一代高科技企业。创新工场希望通过全方位的支持、高端服务、全球视野和资源，协助创业者最大化地实现创业梦想；同时也期待与国内的创业者、投资者、政府、企业等携手，共同打造健康、良性的创业生态。

思维训练

1. 创新能力培养

有创造力的人不管从事何种职业都会有创造力，有一家公司有下面的规章：“本公司的规章是没有规章。”本训练也没有规章：你可以随意走动；可以随时观察和参与其他的活动；需要时可以休息，你愿意的话，也可以坐在地板上。

（1）采用创造性的方式，利用五种感官来向大家介绍自己，以提升右脑思维能力。

形式：集体参与

时间：20 分钟

材料：问卷“相识有创造力的我”

场地：不限

我的姓名是____________________

我是一名____________________

利用五种感官来介绍我自己

我看起来像____________________

我闻起来像____________________

我摸起来像____________________

我听起来像____________________

我品尝起来像____________________

我最近的冒险经历是____________________

（2）讨论。

A：如何评价这种用右脑思维介绍自己的方式？有在众人面前裸露自己、不自在的感觉吗？

B：你认为这次训练中可能会遇到的最糟糕的事情是什么？

C：美国心理学之父威廉·詹姆士曾经说过“人类能通过改变他们思维的态度来改变他们的生活”，你对这句名言有何见解？

2．创新意识测试

你是一个勇于尝试新事物、积极进取的人吗？完成以下测验，即可知道你是不是有创新意识的人。

（1）在周末的晚上，不用做家务，你会（　　）。

A．招来几个朋友，租用几盒录影带

B．独自在家看电视

C．独自到林荫路散步，或到商店购买一些物品

（2）上次你改变发型（　　）。

A．5 年前

B．从未连续两天梳同样的发型

C．6 个月前

（3）在餐馆进食时，你会（　　）。

A．常要同样的喜欢的菜，也尝试其他的菜

B．如果有一人说好吃的话，会尝试新的菜

C．常要不同的菜

（4）你和家人刚旅行回来，旅途中经常下雨，朋友问你旅行的情况，你会（　　）。

A．告诉他那虽不是理想的旅行，但还是过得去

B．抱怨天气，抱怨和家人旅行的不快

C．描述可怕的旅途时你也提到景色的美妙

（5）你的学校为学生提供义务工作的机会，你会（　　）。

A．立即登记，因为这可获得社会经验和认识新人

B．知道其中的意义，但是因为个人活动多，去不了

C．根本不考虑登记，因为你听说这样的工作太多

（6）你和约会者吃完午餐，对方问你做什么，你会（　　）。

A．说“随便”

B．说“如果你喜欢，我们去看电影吧”

C．提议到新开的俱乐部去，你听说那里很好

（7）在舞台上，给你介绍一位聪明的小伙子或姑娘，你会（　　）。

A．谨慎地和他或她交谈，话题一直限于天气、电影

B．将你的生平故事告诉他或她

C．将你上周听到的小事讲给他或她听，然后问他或她是否想跳舞

（8）给你提供一个机会，作为交换学生到国外学习一个学期，由于时间紧迫，你会（　　）。

A．要求一周的时间考虑

B．立即准备行装

C．根本不考虑，因为你已制订了学习计划

（9）你的朋友将他写的关于自由的文章给你看，你不同意他的观点，你会（　　）。

A．假装同意，因为担心说真话会伤害你俩的感情

B．将你的感觉告诉他

C. 改变话题闲聊，避开问题

(10) 你到鞋店打算买一双简朴实用的鞋，结果你会（　　）。

A. 买一双鞋，正好是你想买的

B. 买一双红色的牛仔靴，既不简朴，也不实用

C. 买一双很流行的鞋，但只能明年穿

3. 创新人格测试

测试题：以下20个陈述，没有对或错，只是查看你的态度，请根据自己的情况用下列符号回答。

A—很同意；B—同意；C—不确定；D—不同意；E—很不同意。

(1) 我很注意学习新知识、新思想和新观点。(　　)

(2) 我愿意尝试用新的观点和新的方法去解决问题。(　　)

(3) 我已经能熟练运用计算机进行学习、办公、开展业务活动或进行课堂教学了。(　　)

(4) 我对将发生的事情总有预见性。(　　)

(5) 我的同事总是可以依靠我掌握现有设备的新用法。(　　)

(6) 我有幽默感。(　　)

(7) 我愿意经常和其他不同公司或部门的专家接触。(　　)

(8) 我喜欢在工作中学习。(　　)

(9) 在会议上我会就工作的新方式提出建议。(　　)

(10) 我常在工作上自加压力，自找动力，自我激励。(　　)

(11) 我喜欢思考较高的工作目标并将其结果具体化、社会化。(　　)

(12) 思考问题时我注意放开，不受一些原则或条约的束缚。(　　)

(13) 我乐意听取朋友、同事们的意见。(　　)

(14) 我常把自己的工作放在市场上、社会上的层面来审视，以期提出更加完善的举措。(　　)

(15) 不愿例行公事的人不应该被惩罚。(　　)

(16) 我对正式的会议讨论感到沮丧。(　　)

(17) 当一个新项目开始时，我希望更多地了解工作的数量而非工作的质量。(　　)

(18) 在工作中我有能力使工作多样化。(　　)

(19) 我打算离开一个对我来说没有挑战性的工作。(　　)

(20) 我不在乎别人对我的想法说三道四。(　　)

行动锻炼

请选择一个你喜欢的创新型人物，并总结其进行创新性实践的特点。

模块总结

本模块通过介绍创新的内涵、特征、原则来让学生理解什么是创新，并通过创新能

力的培养，阐述了创新能力的来源及培养途径，引导学生从生活中、从小事中发现问题，培养创新能力。

模块二　创业与创业精神

马云的创业故事

1995 年 9 月，而立之年的马云，因精通英语被邀请赴美做商业谈判的翻译，一次偶然的机会，他接触了互联网。当时在美国互联网较为普及，而在中国“触网”的人还寥寥无几，他看到了网络改变世界的巨大能量，从美国带回了创业梦想。为了梦想，马云义无反顾，一头扎进了互联网这个“汪洋大海”。那时，大家还不懂互联网，打开一个网页也需要漫长的时间，马云到处推销他的“中国黄页”，被人当作“骗子”。

1999 年 2 月 21 日，阿里巴巴第一次员工大会在马云位于湖畔花园的家中召开。马云为自己的梦想所激动，用美好的梦想激励大家：在未来的三五年内，阿里巴巴一旦成为上市公司，你们每一个人所付出的所有代价都会得到回报。当时有人问马云阿里巴巴的前景，马云说，以 50 万元起步的阿里巴巴将来市值将达 50 亿美元，几乎无人相信。

2002 年底，互联网冬天刚过，马云提出，阿里巴巴 2003 年将实现盈利 1 亿元，这在当时是不可思议的。但事实上，阿里巴巴实现了这个目标。在 2003 年年终会议上，马云又开始梦想，他提出，2004 年实现每天利润 100 万元，2005 年实现每天缴税 100 万元。

每一个目标的提出，都会招致诸多的怀疑和反对。但马云就像一个神奇的造梦者，每一个当初看似不可能实现的梦想都一一变成了现实。后来当马云提出打造能活 100 年的企业、创造 100 万个就业机会、10 年内把“阿里巴巴”打造成为世界三大互联网公司之一和世界 500 强企业之一、“淘宝网”交易总额超过沃尔玛等梦想时，已很少有人再感到吃惊或者怀疑了。

梦想会成为一个人成功的动力，“心有多大，舞台就有多大”。2007 年金秋，阿里巴巴网络有限公司在香港地区的香港联合交易所正式挂牌上市，到收盘时，阿里巴巴股价达到 39.5 港元，涨幅 192%，成为 2007 年港股首日涨幅最大的新股，阿里巴巴市值也飙升至 1 980 亿港元（约 260 亿美元），打破了百度创下的纪录，成为市值最大的中国互联网公司，创造了中国互联网最大的上市奇迹。

几年来，马云到处进行创业分享，他演讲的场所扩大到了全世界。他多次应哈佛大学、斯坦福大学、耶鲁大学等全球培养 MBA 的顶尖学府和达沃斯论坛、世界企业峰会邀请做演讲。

马云善于学习，经常看历史书、军事书，并能引经据典、灵活运用，用历史上成功战役的案例来指导阿里巴巴的一场又一场“商战”。他重视企业文化，在阿里巴巴成立初期，马云就开始用文化为企业打下根基。

马云也是“勘探”市场、开发市场的高手。他认为企业最核心的问题是根据市场去制定产品，必须先去了解市场和客户的需求，然后再去寻找相关的技术解决方案。在短短9年时间里，马云成功创办了全球领先的企业间交易网站“阿里巴巴”、亚洲最大的网上个人消费市场“淘宝网”、中国领先的在线支付服务商“支付宝”、以互联网为平台的商务管理软件公司“阿里软件”、中国最大的网上广告交易平台“阿里妈妈”，成功收购了中国领先的搜索引擎“中国雅虎”和中国领先的个人生活服务平台“口碑网”。日前，“淘宝网”又正式推出B2C购物平台“淘宝商场”。从而将阿里巴巴未来10年甚至更久远的发展方向清晰地勾勒出来。在马云这位舵手的带领下，阿里巴巴从西湖里的一叶小舟变成了一艘集B2B、C2C、B2C三种业务模式于一身的电子商务“航母”。

成大业者必须目光远大、志存高远，但也必须脚踏实地、求真务实。马云为创业者树立了榜样。

（资料来源：浙商网. 马云现象探析. http://biz.zjol.com.cn/05biz/system/2008/05/04/009480948.shtml.）

一、创业的内涵

当下，经济学家普遍认为，21世纪已经进入了“创业经济时代”，其中最典型的就是美国和中国。事实上，自20世纪90年代以来，美国经济出现了一个相当长的高速发展时期，创造了20年持续增长的纪录。很多经济学家在进行充分的调研和深入分析之后几乎一致认为，创业是美国经济发展的主旋律，创业型就业是美国经济发展的主要动力之一。随着经济的深入发展，我国也涌现了一波又一波的创业热潮，尤其是2015年国务院总理李克强提出“大众创业，万众创新”的号召以后，我国的创业热情更是空前高涨，各种创业优惠政策营造了生机勃勃的创业环境，可以说当今的中国，是创业者可以大展宏图、实现创业梦想的大好时代。

那么，什么是创业？

对于创业的理解，在创业界有着不同的声音。一些专家学者认为：“创业是一个发现和捕捉机会并由此创造出新颖的产品或服务和实现其潜在价值的复杂过程。”创业必须投入时间和付出努力，承担相应的财务、精神和社会风险，并获得金钱的回报、个人的满足和独立自主。

通俗地说，创业就是一个人或团队利用掌握的知识、技能、信息、资源建立一个实体的或虚拟的平台，通过这个平台整合资源进行创造或再创造的活动，从而获得更多的财务，实现其目的和价值。创业是就业的另一种表现形式，或者说难度更高，需要的能力更全面的一种就业，它不但为自己创造了就业机会，还为他人创造就业机会。

二、创业的类型

按照不同的标准，可将创业分成不同的类型。了解创业类型是为了在创业决策中做比较，选择最适合自己条件的创业类型。我们可以从动机、渠道、主体、项目、风险和周期六个不同的角度进行分类。本书重点阐述从动机、渠道两个角度进行分类。

1. 机会型创业与就业型创业

从动机角度，创业可分为机会型创业与就业型创业。

（1）机会型创业。

机会型创业的出发点并非谋生，而是为了抓住、利用市场机遇。它以新市场、大市场为目标，因此能创造出新的需要，或满足潜在的需求。机会型创业会带动新的产业发展，而不是加剧市场竞争。世界各国的创业活动以机会型创业为主，但中国的机会型创业数量较少。

（2）就业型创业。

就业型创业的目的在于谋生，为了谋生而自觉地或被迫地走上创业之路。这类创业大多属于尾随型和模仿型，规模较小，项目多集中在服务业，并没有创造新需求，而是在现有的市场上寻找创业机会。由于创业动机仅仅是为了谋生，往往小富即安，极难做大做强。

就业型创业和机会型创业与主观选择相关，但并非完全由主观决定。创业者所处的环境及其所具备的能力对于创业动机类型的选择有决定性作用。因此，创造良好的创业环境，通过教育和培训来提高人的创业能力，就会增加机会创业和生存、机会创业的数量，不断增加新的市场，促进经济发展和生活改善，减少企业之间的低水平竞争。

2. 自主型创业与企业内创业

按照新企业建立的渠道，可以将创业划分为自主型创业和企业内创业。

（1）自主型创业。

自主型创业是指创业者个人或团队白手起家进行创业。

自主型创业充满挑战和刺激，个人的想象力、创造力可得到最大限度的发挥，不必再忍受单位官僚主义的压制和庸俗的人际关系的制约；有一个新的舞台可供表现和实现自我；可多方面接触社会、各种类型的人和事，摆脱日复一日的单调乏味的重复性劳动；可以在短时期内积累财富，奠定人生的物质基础，为攀登新的人生巅峰做准备。

然而，自主型创业的风险和难度也很大，创业者往往缺乏足够的资源、经验和支持。我们透过许多案例发现，自主型创业失败的原因主要表现在以下两个方面。

其一，创业者对自己所提供的产品或服务及进入的领域缺乏了解，准备不足，质量不稳，导致其在竞争中失败。

其二，创业者被突如其来的成功冲昏了头脑，变得过于自信，甚至刚愎自用，把偶然性当成了必然性，继而进行盲目的脱离实际的战略决策，使企业迅速扩张，导致管理失控，产品和服务质量下降，出现信用危机，使企业陷入破产的危险中。

自主型创业有许多种方式，大体上可以归纳为如下几种方式。

其一，创新型创业。创新型创业是指创业者通过提供有创造性的产品或服务，填补市场需求的空白。

其二，从属型创业。从属型创业大致有两种情况：一是创办小型企业，与大型企业进行协作，在企业整个价值链中，做一个环节或者承揽大企业的外包业务。这种方式能降低交易成本，减少单打独斗的风险，提升市场竞争力，且有助于形成产业的整体竞争优势。二是加盟连锁、特许经营。利用品牌优势和成熟的经营管理模式，减少经营风险。如麦当劳、肯德基等。

其三，模仿型创业。根据自身条件，选择一个合适的地点和进入壁垒低的行业，学着别人开办企业。这类企业投入少，并无创新，在市场上拾遗补阙，但逐步积累也有机会跻身于强者行列，创立自己的品牌。

（2）企业内创业。

企业内创业是进入成熟期的企业为了获得持续的增长和长久的竞争优势，为了倡导创新并使其研发成果商品化，通过授权和资源保障等支持的企业内创业。每一种产品都有生命周期，一个企业在不断变化的环境中，只有不断创新，不断将创新的成果推向市场，不断推出新的产品和服务，才能跳出产品生命周期的怪圈，不断延伸企业的生命周期。成熟企业的增长同样需要创业的理念、文化，需要企业内部创业者利用和整合企业内部资源创业。

企业内创业是动态的，正是通过二次创业、三次创业乃至连续不断的创业，企业的生命周期才能不断地在循环中延伸。

三、创业精神

1. 创业精神的内涵

哈佛大学商学院认为创业精神的概念“就是一个人不以当前有限的资源为基础而追求商机的精神”。从这个角度上来说，创业精神代表着一种突破资源限制，通过创新来把握机会、创造价值的行为，而不是简单地体现在创造新企业上。因此，创业精神可以简单地概括为：“没有资源创造资源，没有条件创造条件，用有限的资源去创造更大的资源。”

创业的道路是坎坷的，选择创业就是选择了面对更多困难、迎接更多挑战，而创业精神就体现在战胜困难与挑战的过程中。虽然创业常常是以开创新公司的形式产生，但创业精神不一定只存在于新公司或新的创业活动。一些成熟的组织，包括政府、事业单位等机构，只要有比较旺盛的创新活动和风气，该组织也同样具备创业精神。

创业精神类似于一种能够持续创新成长的生命力，一般可区分为个体的创业精神及组织的创业精神。个体的创业精神，是指在个人意愿引导下，从事创新活动，进而创新一个新事业；而组织的创业精神则是一个组织内部，以群体力量追求共同意愿，从事追踪创新活动，进而开创组织的新面貌。

企业家创业精神的外在表现，可以从创新、冒险、务实、自主精神等方面来描述。

（1）创新精神。

创新精神是创业精神的核心。著名管理学大师德鲁克认为：“创业就是要标新立异，打破已有的秩序，按照新的要求重新组织。”因为“理论、价值以及所有人类的思维和双手创造出来的东西都会老化、僵死。我们需要的是一个创业的社会，在这个社会中，创新和创业精神是正常的、稳定的和持续的。正如管理已成为所有现代机构的特有机制，成为组织社会的主体职能一样，创新和创业精神也必须成为维持我们组织、经济和社会之生存所不可或缺的活动”。因此，作为对现实的一种开拓和超越，创业活动离不开创新，创新是创业的源泉。创新精神是创业精神的核心要义。

创业的本质是创新，创新就意味着突破。这样的突破可能是产品创新，如苹果手机；可能是技术创新，如英特尔的芯片；可能是商业模式创新，如亚马逊的网络图书销售。如果忽视创业背后所蕴含的创新、社会责任感等创业精神本质要义，将金钱作为创业的全部，那么这种企业肯定是成不了大企业的。

小故事

上帝说“要有风”，于是就有了风，上帝说“要有光”，于是就有了光。像神一般地创造从来都是人类最伟大的梦想。而硅谷无疑是距离这个梦想最近的地方。鼓励冒险、刺激创新、容忍失败、绝少束缚的氛围形成了硅谷独特的文化。这就是创新。企业在创新中实现梦想，人在创新中实现价值。

创新像基因，根植于每一个硅谷人的身体；创新像空气，滋养着每一个硅谷人的生命。如果说好莱坞的餐厅侍者的菜单下面可能就放着他的剧本，那么硅谷的一个管道工修完下水道，跟他的客户谈的就是微软和网景两种浏览器的优劣。如果说好莱坞追梦人的抽屉里是各种手稿，那么硅谷人的脑海里就是创业计划。如果说代理人是在好莱坞大行其道，为演艺明星独身定做角色，那么风险投资家就是在硅谷叱咤风云，为创新公司提供整体服务。硅谷是无数创新思维和灵感的聚集与扩大——当你天天呼吸着别人的更新、更快、更大胆的想法时，你的眼光自然在变宽广，你的灵性自然被点燃，你的想象力和创造力自然在增值。

（资料来源：豆瓣网·真正的硅谷——硅谷精神）

著名经济记者约翰·米克尔思韦特（John Micklethwait）和阿德里安·伍尔德里奇（Adrain Wooldridge）在一篇论文里归纳出硅谷最成功的10条“文化簇集”。

第一，能者在上的公司信仰。年龄和经验没有用，肤色和背景无所谓。

第二，对失败的极度宽容。在欧洲，破产被看成耻辱；在一些国家，破产者不能再开公司。而在硅谷，“It is OK to fail”（败又何妨）。

第三，对“背叛”的宽容。员工的流动不受谴责，是一种完全正常的行为。

第四，合作。即使昨天是你死我活的对头，明天也有合作的机会。

第五，嗜好冒险。不仅在创业上如此，生活中也寻求蹦极、高空跳伞等刺激，以激活自己。

第六，赚钱之后，不做“守财奴”，再投资到创业环境中去。

第七，热衷改变。敢于自己吃自己，自我淘汰掉昔日的辉煌和模式。

第八，对产品而不是金钱的痴迷。硅谷人以宗教般的虔诚心态追求技术，希望能够以技术推动世界进步。

第九，机会的慷慨分布。谁都不用嫉妒谁，每个人都有自己的机会。

第十，分享财富的强烈倾向。从认股权到员工健康检查，免费午餐、晚餐，为家属办幼儿园，提供优厚的退休金，至少在公司内部，财富被分享而不是被独食。

如果再加一条的话，那应该是勤奋工作。在硅谷几乎每个人都没有固定的上下班时间，一天工作十二三个小时也不鲜见。在和时间赛跑的过程中，睡眠是所有创业者的奢侈品。杨致远与斐罗创办雅虎之初，晚上经常睡在办公桌下，一只睡袋加一条毯子。

在这样的硅谷时代中，作为个体，他们中的每一个未必是为使命而生，为使命而来；但作为群体，他们却似乎承担着人类的某种使命，闪耀着人类精神的光芒。这就是硅谷的精神，它已成为我们这个时代的特征，并引导着社会发展的未来定向。

（2）冒险精神。

创业需要个人在不确定的情况下把握机会。马云说：创业需要敢于冒险的偏执狂才、翻开创业成功者的历史，不难发现企业成功者大多是顶着风险从钢丝绳上走过来的。任何一项创业活动都不可能自始至终保持一帆风顺，特别是在知识经济时代的今天，创业者必须具有较强的风险意识，对于具备扎实的知识基础但缺乏经营经验的大学生们来说，面对机会能否冒险并果断做出决策是决定他们走上创业的关键第一步。

创业是充满风险的，这也是将创业投资的资金称为“风险资金”的原因。有研究指出，企业经营者为追求成功就必须合理地计算过风险，所追求的利润越高，风险则越大，更有甚者必须冒着失败的风险以追求预期利润。亨舍尔（Henshel）认为，经营者成功的要素之一是要有创意地承当风险，即愿意承当合理的、估计过的风险。

赫尔·波斯利发现潜在的创业企业家比那些不想创业的人具有更高的发现倾向。陈·格林尼克里克在进行创业企业家自我效能量表调研时，发现风险倾向与创业企业家有正相关的关系。帕里希·佰吉提出创业企业家之所以具有更高的风险倾向的可能原因是，创业企业家对市场形势的判断更为积极肯定，把它们看作是“机会”，而不是“风险”；而非创业企业家则看不出“风险”中孕育的潜在“机会”。

（3）务实精神。

务实精神一直以来都是中华民族所推崇的精神之一。它要求人们脚踏实地、严谨扎实地干实事、不务虚、不空谈。创业是一种实实在在的实践活动，需要扎实落地的努力，把创业的目标、创业的计划付诸实践，实现其价值。没有这种务实的劳动，人无法确定创业的精神与社会需要之间的价值关系，就没有办法让宏伟的创业理想变成现实的财富，也就无法实现创业的意义。因此，务实精神是创业精神的归宿。

（4）自主精神。

个人主动性这个概念最早是国际应用心理学会主席弗里斯教授在20世纪90年代提出的，是指个体采取积极和自发的方式，通过克服各种障碍与挫折来完成工作目标和任务的行为方式。有研究表明，个人主动性水平高者能充分利用挑战和机会甚至能在这些基础上进行创造，能积极参与一个正在飞速发展的世界。个人主动性可以作为协调人类资料管理系统和组织绩效的一个因素，个人主动性水平高者更容易投入到新工作的创新上。弗里斯认为，相对非创业者来说，创业者在个人主动性上的得分更高并更能克服困难。库普等人还发现个人主动性与创业的成败有一定的关系。

自主精神是创业精神的基础。如果对创业实践做具体的分析，就会发现它除了具有实践活动的普遍特征外，还具有高于一般实践活动的特征，在人的自觉能动性方面，它特别突出了人的自主精神，即自由创造、自主创业、自立自强的精神。创业精神的强弱，取决于人们自主创业的意愿，这种意愿也就是人的创业需要、创业动机，以及由此升华而成的创业理想，它构成了人们的创业意识。创业意识从本质上说就是一种自强自立的精神，它是人们创业的内在动力，是创业精神的基础内容。需要越强烈，动机越纯正，理想越切合实际，信念越坚定，创业精神就越持久、稳定，有了这种持续稳定的精神支持，创业活动才会持之以恒，愈挫愈勇。

2．创业精神培育方法

（1）创业榜样示范创业精神。

上海第一财经主持人崔艳在2009年4月5日采访“德丰杰全球创业投资基金”创始人汤姆·威尔斯时，问道：“您认为创业者可以培养吗?”汤姆·威尔斯给予了肯定的回答：“创业是可以学习的。”

每一个创业者在创业初期，都应该对已经创业成功或者没有成功的人做尽可能多地了解，但这种学习不要对自己的创业形成束缚。因为人们所学会的每一件事都是实践的结果，而每一个创业者在创业历程中，都不可避免地犯过错误，任何一位企业家都会牢记自己和其他创业者经历了怎样的磨难才取得了今天的成功，其中最典型的例子就是汽车大王亨利·福特曾经破产过四次。

但是，创业实践证明：学习别人成功的经验，可以使人更快成功；汲取别人失败的教训，可以使人不复制失败。就像家长从小就告诫孩子不要用手去摸太热的东西一样，实际上如果没有家长的教诲，这个世界不知要多出多少被烫伤的事故。

（2）创业环境培育创业精神。

当今社会，竞争越来越激烈，挑战无处不在，大学生需要充分展示自己，努力把握各种创业机会，积极参与竞争，而不是坐等机会来临，尤其在校期间，应该抓住目前国家鼓励“万众创新，大众创业”的历史机遇，利用校内外各种创新创业大赛的竞争平台，历练自己，积累经验。同时，还要有敢想、敢做、敢冒险的精神，通过在竞争环境中的磨炼，培育自信，战胜自卑、怯懦的心理。此外，经受不利环境的磨砺也是一种创业精神的培育过程。创业本身就是一种充满未知的冒险活动。创业之初工作比别人累，压力比别人大，生活比别人苦一点，都是磨砺创业心理素质的过程。勇者或者创业成功者，都是顶住了不利环境的考验，并在承受巨大的压力之下，通过智慧和才能获得最终成功。

（3）创业实践磨炼创业精神。

良好创业心理品质的形成重在实践训练，积极的实践能带来及时的反馈和成就感，也能带来节节成功的喜悦；切切实实地投入到创业实践中去，定能磨炼出坚强的创业心理品质。

①培育学校要构建创业实践基地，为大学生提供创业实践的便利，如创业见习基地、创业实习基地和创业园等，实现产、学、研一体化。

②社会要为学生提供更多的创业岗位供学生选择，如勤工俭学岗位、社区服务岗位等，使其经受创业实践熔炉的考验。

③学生自己课余主动参与创业实践，从小商品推销到饭店洗盘子，从为人打工到自己开店，熟悉各种职业特点和自己的能力特点，积累创业经验，增长创业才干，减少将来创业的盲目性。

只有经受创业实践的锻炼，创业目标才会更加明晰，创业信念才会更加强烈，才会形成良好的创业者心理素质。

“90后”大学生创业不走寻常路：“私人定制”月入万元

“我们身上的钱夹、卡包都是自己手工做的。”昨日，施雁鹏在自己位于校内工作室里的展示架前，向人边展示边介绍。牛皮水桶包、潮范十足的手抓公文包、动物造型的实用卡包、文艺范大爱的皮制笔记本、欧美大牌风十足的眼镜袋，这些皮具质量看起来与商场出售的无异，但款式却更显别致且极具个性化。

就读温州大学美术与设计学院服装设计与工程专业的施雁鹏，一个半月前和自己的同班同学程思、周梦怡、余美珍，以及学弟郭笃鹏，合伙开办了这个原未手工皮具工作室。提起初衷，施雁鹏直言：“我们的专业学的是鞋靴方向，平日里整天就和皮具打交道，之前我们还学了一门皮具设计课，作业就是做一个手工包，自此就一发不可收拾了。”

于是，5个“90后”一拍即合，成立了工作室，取名为“原未”，取“初心、本心”之意，希望通过手工制作的皮具留下时光的痕迹，寻回最淳朴的味道。为此，工作室除了推出“私人定制”服务外，还鼓励手作，推出DIY皮具，受到无数大学生的喜爱。如今，业绩好的时候，工作室月收入可达13 000元。

和别的大学生不同，他们鲜少有所谓的“夜生活”，一下课就泡在堆满皮革、工具的工作室里设计、制作。“这些手制包，只有自己动手去做，才懂得背后所蕴含的心血。”提起自己的创业，余美珍说。

为了去选购一块自己称心如意的原料，周末一有空，他们便会跑黄龙商贸城或水心市场。从大学城坐公交车，需要2个小时。而买好皮之后，他们还要再挤公交车把它们抱回来，周末的40路公交车里总能看见他们的身影。哪个是优质头层皮，现在的他们只需摸一摸，闻一闻便能分辨。

开始时工作室还没落实，他们曾顶着众人异样的目光，坐在寝室过道上缝制。皮料不同布料，硬且粗糙，工作室里的4个“女汉子”，手上几乎都有伤。经过潜心学习，如今他们制作皮包的技术炉火纯青。这个月，他们还接到了学院的一个订单，给美术学院今年的280位毕业生制作印有学院Logo的定制卡包，作为纪念。

在这个工作室里，分工明确，程思、周梦怡、余美珍负责产品设计与研发，郭笃鹏负责淘宝摄影，施雁鹏负责与外面对接。随着产品的不断推出，他们被越来越多的人知道，也形成了一个独特的原未DIY皮具圈子，里面就有不少故事。

现在你来到原未，有十几种皮具样式的图片供客户选择，一旦选好样式、皮料，“皮匠们”就会一个步骤一个步骤地教客户怎样自己制作皮具。

一个男生就特意跑到工作室，花了两天时间，给女朋友制作了一个小巧实用的零钱包，第一天来裁了皮料，打了孔，第二天上午来只是缝了三针就跑了。大家都以为他要“放弃”，哪知下午男生又跑来了，“后来才知道，原来他看到那么多针线就不想缝了，但又觉得已经花了这么多功夫，放弃太可惜，所以硬着头皮将其完成，手工DIY还修炼了他的耐心”，施雁鹏说。一个在速卖通上经营男鞋的店家，则在他们的工作室里自己做了十几个皮具钥匙扣，作为送给老外客户的礼物，受到了国际友人的一种好评。

（资料来源：浙商网. http://biz.zjol.com.cn/system/2015/05/06/020638867.shtml.）

请分析：你从“原未”的创业故事中得到了哪些启示？他们的创业故事又彰显了哪些创业精神？

马云谈创业精神

马云在讲述自己的创业经历时，很重要地讲道：“创业需要激情，而且只是有短暂的激情还远远不够，它需要持久地支持着创业者的灵魂。”一个人做事没有激情就像激烈的拳击比赛场上鸦雀无声，这样不仅会使运动员失去斗志，不能发挥出最优异的成绩，也会使裁判、教练的热情削减。

马云把“激情”视为阿里巴巴“六脉神剑”的第五支，它的内容有：乐观向上，永不言弃；对公司、工作和同事充满了热爱，以积极的心态面对困难和挫折，不轻易放弃；不断自我鼓励，自我完善，寻求突破；不计得失，全身心投入；始终以乐观主义的精神影响同事和团队。可见，激情是创业者最不可或缺的品质之一。

马云也强调激情在创业中的重要性，具体有以下几方面：

1. 激情是想象力和创造力的触发者

激情是一种调动人体每个细胞活跃起来的决定因素。具有激情的人，他将获得无穷的想象力和创造力。激情也最容易使我们在平凡中创造奇迹。我们不论是做什么，心中都应该燃烧起一股激情，让它作为一种不断鞭策自我和推动自我的强大动力，使困难和阻碍在激情的面前不堪一击。成功就在前方，看你是否有激情去奋斗，相信命运不会偏袒那些做事半途而废、犹豫不决、胆小怕事、缺乏激情的人，只有那些富有激情，勇于进取的人，才会在创业的大军中脱颖而出。但我们也要明白激情只是一种助动剂，不能说是光有激情你就具备了创业和成功的条件，这还需要我们更慎重和审时而行，当你已经符合了创业的标准，那么带着激情上路，你将斗志昂扬地开始自己的打拼。

2. 激情是创业逆境时的助燃剂

创业是一件美好的事情，创业者往往勾画出一幅很美的蓝图。但是，在这条路上你要面对的逆境和失败要比给别人打工时多得多。打工时，只要完成任务就可以了，即使出现一些问题，造成一些损失，也会由你的老板来解决，不必要担心什么后果。而今天你创业了，你不能推卸责任，你也不希望有损失，因为损失的是自己的。创业路上不是一帆风顺的，也不会有平坦的大道等着你。不经历风雨，怎么能轻易地看见彩虹呢？遇到逆境怎么办？是消极对待，还是充满激情去解决？答案当然是后者。这时你需要打起精神，告诉自己，没有过不去的坎，你要充满激情地积极面对并解决这些问题，事情没有你想象的那么难。积极满怀的对待和消极厌世的等待结果会大相径庭。

3. 激情是创业信心的源泉

激情是创业不可或缺的优秀品质。创业要有激情，激情能激发你创业，二者相辅相成。当你充满激情地去为自己创业时，你会感到浑身充满力量，总有使不完的劲。你会发现，你有那么多的智慧。即使遇到难题也不会害怕，你会觉得其实困难很渺小。其实这一切，都源于你的激情。

4. 激情是你团队的正能量

俗话说得好：兵熊熊一个，将熊熊一窝。所以有一个好的、积极向上的上司会使企业充满生机和活力；一个思想消极、遇到困难就会退却的上司，员工也会失去战斗的勇气。所以你会选择什么样的心态去创业呢？作为一个团队的领导者，要知道你的一言一行影响着整个团队。选择退，整个团队选择退；选择前进，整个团队选择前进。你充满激情，团队也斗志昂扬；你满脸愁容，整个团队也阴云密布。一个充满激情的团队焕发出的能量是你孤军奋战的10倍，同样，给你带来的收入自然也能提高10倍，你才是最大的受益者。

马云对年轻人的谆谆教诲，使每一个创业者在平时生活、工作中，在所有的同事和下属面前，永远保持微笑和活力，让他们感觉到没有能难倒你的事。你的积极态度，会激励你的团队的斗志。天长日久，你的激情给你带来的收益将超出你的想象，因为每个人都喜欢和有激情、热情开朗的人来往。

（资料来源：成杰. 永不放弃：马云给创业者的24堂课［M］. 北京：中国华侨出版社，2011.）

思维训练

创业素质自我测试

创业，从大体上来说其实也是一种职业，当然也有适合与不适合的人群，因此，我们就不难理解为什么有些人可以轻松地创业成功，而有些人就不行。下面就来做做题，看看你是否有那些创业者应有的素质吧。

本卷为开卷考试，没有时间限制，还可以定期反复测验。

1. 你在哪一种条件下，会决定创业。（　　）

A. 等有了一定工作经验以后

B. 等有了一定经济实力以后

C. 等找到天使或VC（风险投资）投资以后

D. 现在就创业，尽管自己口袋里没有几个钱

E. 一边工作一边琢磨，等想法成熟了就创业

2. 你认为创业成功的关键是（　　）。

A. 资金实力

B. 好的创意

C. 优秀团队

D. 政府资源和社会关系

E. 专利技术

3. 以下哪项是创业公司生存的必要因素？（　　）

A. 高度的灵活性

B. 严格的成本控制

C. 可复制性

D. 可扩展性

E. 健康的现金流

4. 开始创业后你立刻做的第一件事情是（　　）。

A. 找钱、找 VC

B. 撰写商业计划书

C. 物色创业伙伴

D. 着手研发产品

E. 选择办公地点

5. 创业公司应该（　　）。

A. 低调埋头苦干

B. 努力到处自我宣传

C. 看情况顺其自然

D. 借别人的势进行联合推广

6. 招聘员工时最重要的是（　　）。

A. 学历高低

B. 朋友推荐

C. 成本高低

D. 工作经验

7. 产品进入市场的最佳策略是（　　）。

A. 价格低廉

B. 广告投入

C. 口碑营销

D. 品质过硬

8. 和投资人交流最有效的方式是（　　）。

A. 出色的现场 PPT 演示

B. 详细的商业计划书和财务预测

C. 样品当场测试

D. 有朋友的介绍和引荐

E. 通过财务顾问的代理

9. 选择投资人的关键因素是（　　）。

A. 对方是一个知名投资机构

B. 投资方和团队不设对赌条款

C. 谁估值高就拿谁的钱

D. 谁出钱快就拿谁的钱

E. 只要能融到钱，谁都一样

10. 你认为以下哪一项是 VC 投资决策中最重要的因素？(　　)

A. 商业模式

B. 定位

C. 团队

D. 现金流

E. 销售合约

11. 从哪句话里可以知道 VC 其实对你的公司并没有实际兴趣。(　　)

A. “我们有兴趣，但是最近太忙，做不了此项目”

B. “你们的项目还偏早一些，我们还要观察一段时间”

C. “你们如果找到领投的 VC，我们可以考虑跟投一些”

D. “我们对这个行业不熟悉，不敢投”

E. 上面任何一句话

12. 创业团队拥有 51% 的股份就绝对控制了公司吗？(　　)

A. 正确

B. 错误

13. 创业公司的 CEO 首要的工作责任是 (　　)。

A. 制定公司的远景规划

B. 销售、销售、销售

C. 人性化的管理

D. 领导研发团队

E. 搞到投资人的钱来

14. 凝聚创业团队的最好办法是 (　　)。

A. 期权

B. 公司文化

C. CEO 的魅力

D. 工资和福利

E. 团队的激情

15. 创业公司的财务预测中最重要的是 (　　)。

A. 销售增长

B. 毛利率

C. 成本分析

D. 资产负债表

16. 创业公司的日常运营中，以下工作最重要的是 (　　)。

A. 会议记录的及时存档

B. 业绩指标的合理安排和及时跟踪

C. 团队的经常性培训

D. 奖惩制度

E. 管理流程的 ISO 9000 认证

17. 创业公司的日常运营中，最棘手的问题是（　　）。
A. 人的管理
B. 销售增长
C. 研发的速度
D. 资金到位情况
E. 扩张力度
18. 创业公司产品市场推广效果的衡量标准是（　　）。
A. 广告投入量和覆盖面
B. 营销推广的精准程度
C. 产品出色的品质保证
D. 广告投入和产出比例
E. 产品价格的打折力度
F. 品牌的市场渗透率
19. 防止竞争的最有效手段是（　　）。
A. 专利
B. 产品包装
C. 质量检查
D. 不断研发新产品
E. 比竞争对手更快地占领市场
20. 创业公司的第一个大客户竟然是个土财主，你会（　　）。
A. 一视同仁地对他提供你公司的标准服务
B. 指导他如何来积极配合你的工作
C. 修理他，给他些颜色看看是为了他的提高
D. 提供全面服务 + 免费成长辅导
21. 你认为创业公司中的最大风险是（　　）。
A. 市场的变化
B. 融资的成败
C. 产品研发的速度
D. CEO 的个人能力和素质
E. 决策机制的合理性
22. 当创业公司账上的现金储备低于三个月周转需求量的时候，应该采取的措施是（　　）。
A. 立刻启动股权融资
B. 通知现有公司股东追加投资
C. 立刻大幅削减运营成本，包括裁员
D. 打电话给银行请求贷款
E. 把自己的存折和密码交给公司会计
23. 创始人之间发生矛盾时，你会（　　）。
A. 坚持原则，据理力争

B. 决定离开，另起炉灶

C. 委曲求全，弃异求同

D. 引入新人，控制局势

24. 投资创业公司的理想退出方式是（　　）。

A. 上市

B. 被收购

C. 团队回购

D. 高额分红

E. 以上都是

【试卷答案】

答案为单选，答对一题得 1 分。

1. D　2. C　3. E　4. D　5. B　6. D　7. D　8. C　9. E　10. C　11. E　12. B　13. B　14. B　15. A　16. B　17. A　18. D　19. E　20. D　21. D　22. C　23. C　24. E

（1）如果你的得分是 1 ~ 8 分：还不具备创业的基本知识，不要贸然创业呀。

（2）如果你的得分是 9 ~ 16 分：游走在创业的梦想和现实之间，继续打磨打磨吧。

（3）如果你的得分是 17 ~ 24 分：已经做好了创业的基本准备，大胆往前走喽！

行动锻炼

1. 采访一位你认识的创业者，了解他的创业历程。

2. 查找并阅读目前国家对大学生创新创业的优惠政策。

模块总结

本模块重点阐述了什么是创业和创业精神，通过案例引导学生深化对创业和创业精神的认识，通过对创业精神的体验认识，让学生掌握培养创业精神的方法，从而为以后进行创业打下思想基础。

模块三　创新创业点亮人生

创业点亮人生

和其他多数在校期间创业的学子一样，刘诗诗在创业的道路上也是一步步走过来的。

一开始，他也尝试做一些小项目，把营销范围控制在自己身边的圈子里，比如卖报纸、书刊、收音机等，由于是计算机专业的学生，他平常也喜欢接触和了解一下电子产品，因此也卖过相关的产品。

大一时，学校经常会有学长来交流创业的经验，让他感受到万里学院浓郁的创业气息。那个时候，刘诗诗还只是一个坐在下面的普通听众，他很羡慕那些来交流经验的学长，认为他们身上有很多需要他去学习的闪光点。他努力学好专业，参加各类专业竞赛，并获得名次。

大二的时候，由于表现优异，他被推荐到校就业中心做学务助理。在就职过程中，他收获了不少实战经验，接触面越来越广，碰到的机会也越来越多，这些为刘诗诗之后的自主创业做了完美铺垫。

2008年上半年，他报名参加了共青团宁波市委和万里学院合作创办的宁波市青年创业学院，并在那里认识了很多有共同理想、志同道合的人。他积极参加“挑战杯”，参加万里学院的KAB大学生自主创业俱乐部，这些磨炼让刘诗诗了解了很多关于创业团队建设的知识。

在学校的创业培训课上，刘诗诗与一同培训的黄锴相识，相互了解接触后发现两人都有自主创业的想法，于是一拍即合，联合几个同学，一起组建了一支创业团队——甬动团队（以电子商务和市场营销相结合的方式推广产品和服务）。对于之所以取名为“甬动团队”，刘诗诗解释道：“是因为我们从甬启动，想着从宁波、从万里开始我们的创业之路。”甬动在短短一年的时间里做过网络游戏的推广、网络的开发、旅游服务、兼职人才的输送，并在较短的时间里就打出了“甬动”这块牌子。因为成功组织了一次邀请了100多家企业和上万名高校学生参与的兼职招聘会，让“甬动”团队一夜成名。

大四时，随着甬动团队不断壮大，在学校的支持下，刘诗诗注册成立了宁波甬润网络科技有限公司，同时还创办了学院声视网，主要业务是依托网站为在校学生提供生活和学习的咨询服务。学校非常鼓励创业实践，为他们提供了免费的办公场所，刘诗诗担任公司总经理。因为良好的运营机制，他们的创业经历故事还以“创业在校园”为题在央视一套《百姓故事》栏目播出。

现在的宁波甬润网络科技有限公司已是一家注册资金100万元、拥有员工50多名的大学生创业公司。其员工90%具有大专及以上学历，专业技术人员80%具有本科学历，员工平均年龄28岁，是一个充满活力、具有创新精神的高效团队。公司主营计算机软硬件的研发、销售，计算机网络技术服务，网站设计与维护，网络游戏开发及市场开拓。

刘诗诗骄傲地说道：“现在这个团队中有5位主要负责人，而我们都是大学时期就在一起追逐创业梦想的同学，彼此了解也彼此信任，我们认为只有一个讲究团结的队伍才能获得最高效的合作！”

在刘诗诗看来，他们已不仅仅是一个创业团队了，而是一个大家庭，他希望他们能永远朝着梦想不断前进。他们默契配合、步调一致，从一个开展项目的团队到成立一家公司，这个跨越实现了他们创业梦想的蜕变，刘诗诗也坚信未来将会更加美好！

（资料来源：蒋建军，等. 创新创业创青春［M］. 杭州：浙江大学出版社，2015.）

21 世纪是充满了创造、创新和创业机遇的时代，知识经济占有主导地位，国家的经济发展与社会进步越来越依赖于科技创新的水平与创新创业人才的培养。随着国际经济和社会的发展，世界各国越来越重视大学生的创新创业教育。

一、创新与创业的辩证关系

创新与创业是两个不同的概念，但是两个范畴之间却存在着本质上的契合、内涵上的相互包容和实践过程中的互动发展。

创新是创业的基础，而创业推动着创新。一方面，从总体上说，科技和观念的创新，在促进人们物质生产和生活方式的变革，引发新的生产、生活方式，进而为整个社会不断地提供新的消费需求，这是创业活动之所以源源不断的根本动因；另一方面，创业在本质上是人们的一种创新实践活动。无论何种性质、类型的创业活动，它们都有一个共同的特征，那就是创业是主体的一种能动的、开创性的实践活动，是一种高度的自主行为，在创业实践的过程中，主体的主观能动性将会得到充分的发挥，正是这种主体主观能动性充分体现了创业的创新特征。

创新是创业的本质和源泉。创业者只有在创业过程中具有不断的创新意识和创新思维，才可能产生新的、富有创意的想法和方案，才可能不断寻求新的模式、新的思路，最终获得创业的成功。

创新的价值在于创业。从一定程度上讲，创新的价值就在于将潜在的知识、技术和市场机会转变为现实生产力，实现社会财富的增长，造福人类社会。而实现这种转化的根本途径就是创业。创业者可能不是创新者或发明家，但必须具有能发现潜在商机和敢于冒险的精神；创新者也并不一定是创业者或是企业家，但是创新的成果则是经由创业者推向市场，使潜在的价值市场化，才能转化为现实生产力。这也从侧面体现了创新与创业的相互关联。

创业推动并深化创新。创业可以推动新发明、新产品或是新服务的不断涌现，创造出新的市场需求，进一步推动和深化各方面的创新，进而也提高了企业和整个国家的创新能力，推动了经济的增长。

由此可见，创新与创业两者密不可分，互相关联。创新教育与创业教育必须互相渗透，弘扬创新创业精神，健全创新创业机制，完善创新创业环境，并且在实践中不断地融合，切实推动经济和社会的可持续发展。

二、时代发展召唤创新创业活动

当前经济环境下，创新创业日益成为时代的潮流和主题。尤其是互联网经济的蓬勃发展，各种新的商业模式、新的商业理念层出不穷，日益成为经济发展的新引擎。

1. 创新创业活动是社会发展的推动力

创新推动社会生产力的发展。科学的本质就是创新。科学技术的每一次进步都是通过创新实现的，创新更新了人们的生产工具和生产技术，提高了劳动者的本质，开辟出更广阔的劳动对象，推动了社会生产力的发展。在今天，创新能力实际就是国家、民族发展能力的代名词，是一个国家和民族解决自身生存、发展问题能力大小的最客观和最重要的标志。中华大地正在兴起新的创新创业热潮，出现了以大学生等90后年轻创业者、大企业高管及连续创业者、科技人员创业者、留学归国创业者为代表的创业“新四军”，草根创新、蓝领创新、创客、众创空间等新的形式层出不穷。创新创业正在成为一种价值导向、一种生活方式、一种时代气息。

2. 创新创业是推动经济转型升级的重要力量

不断增多的新创企业具有满足多样性、特殊性社会需求，以及深化产业分工、缓解经济衰退的破坏性作用、消除垄断造成的许多弊端、合理开发利用资源等功能，在促进经济增长加快的基础上，能够有效推动经济结构和经济社会运行发展模式趋于合理、进步。创业活动所形成的数量巨大和有生有灭的中小企业，使经济和社会机体的代谢功能保持着一种充分竞争、适者生存的旺盛状态，有利于克服垄断性弊端和结构关系、体制机制中的僵化、停滞趋向，对解决诸如大企业病、收入差别过大、金融结构僵化、小微企业融资难等问题提供了基础条件。

3. 创新创业是缓解就业压力、促进社会稳定的有效手段

我国目前的就业形势依然十分严峻，据权威部门发布，2017年全国高校毕业生达到765万。加上之前未就业的往届生，保守估计近800万。再加上近两年经济下行的压力，就业形势依然不容乐观。仅仅靠政府解决就业问题显然力度不够。而通过加强创新创业教育与培训，培养他们的创业精神和创业能力，激励大学生到基层开展创业活动，既是解决就业问题的一种有效途径，又能创造更多劳动岗位，缓解就业压力。

三、创新创业点亮人生

大学生是有较高的专业文化素质、学习能力强、视野开阔，有年轻人的创新精神和年龄优势，思维定式局限较少，同时敢于挑战传统观念、敢于冒险的一类群体。在当今这样一个号召创新创业的大好时代，对于大学生自主创业有着十分重要的意义，是大学生实现人生理想和价值、获得自身全面发展的有效途径。

1. 创新创业可以充分发挥大学生的个人才能

许多上班族感到职业倦怠、工作积极性不高的重要原因之一就是个人的才能无法充分发挥，在工作中缺乏成就感；而创业则完全可以摆脱原有的种种羁绊，充分施展自己的才华，发挥自身最大的潜能，提高个人的价值。

2. 创新创业可以积累财富，拥有自主人生

成功创业能够改变工薪阶层的困窘，可以为寻找出路的大学生另辟蹊径。无论出于何种动机和意愿，开创一份完全属于自己的事业，既能满足自我需求，实现自我价值，又能为社会提供一系列的就业机会，惠及社会。

3. 创新创业可以享受过程，激励人生。

在创业过程中，创业者可能遇到无数的挑战和机遇，这本身就是令人兴奋的。重要的是，在这个过程中，创业者可以不断积累经验，为日后的成功和长足发展奠定基础。创业还能够使人有足够多的机会和力量回馈社会，从而获得极强的成就感。创业更能让人做自己喜欢做的事，并从中获得乐趣，能够激励自己不懈怠、不骄傲，一路踏实走

下去。

总之，创新创业是实现人生价值、获取自身全面发展的有效途径。

李彦宏与“百度”人生

李彦宏，31岁创建中国最大的搜索引擎公司——百度网络技术有限公司。

知识改变了命运！百度公司创始人、CEO李彦宏坐在北京中关村的海泰大厦会议室，望着北京四环繁华地段，想起这些年的寒窗苦读，感叹不已。也许是成长的人生路上读的书太多了，现在的他很少读书了。美国8年的人生历程，西方文明改变了李彦宏的人生观。硅谷文化深深影响了他——硅谷的“完全投入模式”和“从零开始”，“一切为了股票上市的价格”，“失败是允许的……”身在美国硅谷，每天看到商战无数。

1999年底，李彦宏携120万美金的风险投资回国与好友徐勇先生共同创建百度网络技术有限公司，并在短短6个月的时间内完成目前中国最大、最好的中文搜索引擎的开发工作。“众里寻他千百度，蓦然回首，那人却在灯火阑珊处。”

在经历了阳泉—北京—硅谷—北京后，他才发现原来19岁时所学的北京大学（简称“北大”）信息管理专业就注定他终身的追求在“搜索”上。李彦宏打出口号：“活的搜索改变生活。”“搜索是百度成功的所有秘密，”李彦宏说，“这是互联网用户最常用的服务之一，越来越多地影响着互联网产业，百度就是一个明证。”

李彦宏不仅有技术背景，还对商战有敏锐的直觉和出色的判断。也许这与李彦宏在硅谷的耳濡目染有关，也许与在美国股市小试牛刀，关注股市起伏与公司战略间的关系有关。

创业与守业没有哪家公司会一帆风顺。在百度成立初期，有记者写文章“八问百度”，其中很多问题针对其客户资源和利润增长点。现在看来，当初的一些担心并非多余，百度成立半年内狂扫国内门户网站，占领了国内搜索引擎80%的市场，但后来一些客户投靠了Google（谷歌），有的自立门户自己开发搜索，市场的竞争是残酷的。

百度公司的创业因子，带有浓烈的硅谷文化，并在中国本土继承和发扬。没有严格的等级观念，可以自由地发言。随着公司的扩大，这种文化还在延续。而一旦讨论成为决策时，就要不折不扣地执行。李彦宏稳健的风格不是他的同龄人都能具备的，海外归来的他也在适应中国的环境。在浮躁的互联网产业，李彦宏以一种另类的平和心态，不急功近利，不随波逐流，专注经营搜索领域中自己这“一亩三分地”。

像很多硅谷技术人员的理想一样，李彦宏的理想是希望靠技术改变世界。“希望自己做的事能改变大多数人的生活方式，让足够多的人受益，这是我的人生理想和目标。无论当初做Infoseek还是现在做百度，我看到每天有上千万的人在用自己的技术，大家从中受益了，我心里就特别高兴，觉得对社会做出了贡献。而且现在这个社会越来越趋向合理，你对社会做出贡献了，社会也会给予你同样的回报。”对于很多创业者来说，如果说创业者是为了赚钱和发财，这种心态通常使之抵御风险的能力非常低。而创业者如果认准了要做事并做出东西来的初衷，那么一旦做成，社会会给你同样的回报，财富也随之而来。

（资料来源：360doc·个人图书馆．www.360doc.com.）

请分析：从李彦宏的创业人生经历中，你悟到了什么？请谈谈自己的人生观、人生目标。

延伸阅读

大学生创业，都能享受哪些优惠政策？

创业，不是少数人的专利，而是多数人的选择，对于朝气蓬勃的大学生更是如此。在2016年首届中国“互联网+”大学生创新创业大赛总决赛举行时，李克强总理曾批示：“大学生是实施创新驱动发展战略和推进大众创业、万众创新的生力军。”2016年4月21日和6月10日，有关扶持大学生创业的内容也两次被列为国务院常务会议议题。

中国政府网新媒体推出国务院支持“双创”系列百科，针对不同创业群体、不同创业问题，逐一详细梳理。对于那些初出校门怀揣创业梦想的年轻人来说，创业该怎么开始？国务院又为他们准备了哪些优惠政策？

1. 税收优惠

持《就业失业登记证》（注明“自主创业税收政策”或附着《高校毕业生自主创业证》）的高校毕业生在毕业年度内（指毕业所在自然年，即1月1日至12月31日）从事个体经营的，三年内按每户每年8 000元为限额依次扣减其当年实际应缴纳的营业税、城市维护建设税、教育费附加和个人所得税。对高校毕业生创办的小型微利企业，国家规定享受相关税收支持政策。

2. 小额担保贷款和贴息支持

对符合条件的高校毕业生自主创业的，可在创业地按规定申请小额担保贷款；从事微利项目的，可享受不超过10万元贷款额度的财政贴息扶持。对合伙经营和组织起来就业的，可根据实际需要适当提高贷款额度。

3. 免收有关行政事业性收费

毕业两年以内的普通高校毕业生从事个体经营（除国家限制的行业外）的，自其在工商部门首次注册登记之日起三年内，免收管理类、登记类和证照类等有关行政事业性收费。

4. 创业贷款贴息

对大学生创办的小微企业新招用毕业年度高校毕业生，签订一年以上劳动合同并交纳社会保险费的，给予一年社会保险补贴。对大学生在毕业学年（即从毕业前一年7月1日起的12个月）内参加创业培训的，根据其获得创业培训合格证书创业情况，按规定给予培训补贴。

5. 免费创业服务

有创业意愿的高校毕业生，可免费获得公共就业和人才服务机构提供的创业指导服务，包括政策咨询、信息服务、项目开发、风险评估、开业指导、融资服务、跟踪扶持等“一条龙”创业服务。

6. 取消高校毕业生落户限制

高校毕业生可在创业地办理落户手续（直辖市按有关规定执行）。

7. 创新人才培养

创业大学生可享受各地各高校实施的系列“卓越计划”“科教结合协同育人行动计划”等，同时享受跨学科专业开设的交叉课程、创新创业教育实验班等。

8. 开设创新创业教育课程

自主创业大学生可享受各高校挖掘和充实的各类专业课程和创新创业教育资源，以及面向全体学生开设的创业基础、就业创业指导等方面的必修课和选修课。

9. 强化创新创业实践

自主创业大学生可共享学校面向全体学生开放的大学科技园、创业孵化基地等。同时可以参加全国各级各类大学生创新创业大赛，提升创业实践能力。

10. 改革教学制度

自主创业大学生可享受各高校建立的自主创业大学生创新创业学分累计与转换制度。

11. 完善学籍管理规定

有自主创业意愿的大学生，可享受高校实施的弹性学制，放宽学生修业年限，允许调整学业进程、保留学籍休学创新创业等管理规定。

12. 大学生创业指导服务

自主创业大学生可享受各地各高校对自主创业学生实行的持续帮扶、全程指导、一站式服务。

（资料来源：中国政府网. www.gov.cn.）

思维训练

创业需要创新精神，请思考，是否具备了创新精神，就一定能创业成功？

行动锻炼

查阅“创客”“众创空间”的相关资料，提炼他们创新创业精神的具体表现。

模块总结

本模块介绍了“大众创业、万众创新”的时代意义，既有国家战略层面的，也有个人发展层面的，创新创业已经成为时代最强音。同时阐述了创新与创业之间的辩证关系，以及创新创业精神的培育方法，以此唤醒和强化学生进行创新创业的意识。

参考文献

[1] 李伟，张世辉. 创新创业教程［M］. 北京：清华大学出版社，2015.

[2] 陈奎庆，丁恒龙. 大学生创新创业教程［M］. 北京：科学出版社，2014.

[3] 杨敏. 创新与创业指导［M］. 杭州：浙江大学出版社，2011.

[4] 蒋建军，等. 创新创业创青春［M］. 杭州：浙江大学出版社，2015.

[5] 许湘岳，邓峰. 创新创业教程［M］. 北京：人民出版社，2011.

[6] 高道才. 广义创新学［M］. 北京：中国书籍出版社，2013.

[7] 成杰. 永不放弃：马云给创业者的 24 堂课［M］. 北京：中国华侨出版社，2011.

[8] 大众创业、万众创新的意义[EB/OL]. [2016-10-02]. http://www.yjbys.com/qiuzhizhinan/show-484496.html.

[9] 袁帅. 创新创业的理解[EB/OL]. [2016-10-02]. http://www.xuexila.com/chuangye/684427.html.

[10] 刘万韬. 大学生创新与创业教程［M］. 天津：南开大学出版社，2016.

第二章　创业者与创业团队

励志格言

创业者群体是一个国家最宝贵的财富，一个国家没有创业者，这个国家就没有未来。

——刘强东

学习目标

通过学习，形成对创业者的理性认识，纠正神化创业者的片面认识，了解创业者具备的基本素质、能力以及创业素质的培养。认识创业团队的重要性，掌握组建和管理创业团队的基本方法。

重点难点

1. 创业者的素质与能力
2. 创业团队的组建与管理

模块一　创业者

案例导读

俞敏洪：一只土鳖带着一群海龟奋斗

作为国内最大的英语培训机构，新东方声名显赫。十几年来，他帮助数以万计的年轻人实现了出国梦，莘莘学子借此改变了命运。然而俞敏洪谈到自己最成功的决策时却说道："就是把那帮比我有出息的海外朋友请了回来。"

1995年年底，积累了一小笔财富的俞敏洪飞到北美，这里曾是他魂牵梦绕的地方，当年就是为了凑留学的费用，他丢掉了在北京大学的教师工作。在俞敏洪的鼓动下，昔日好友徐小平、王强、包凡一、钱永强陆陆续续地从海外回国加盟了新东方。经过在海外多年的打拼，这些"海龟"身上聚集了巨大的能量，这些从世界各地汇聚到新东方的桀骜不驯的人，把世界先进的理念、文化、教学方法带到了新东方。

俞敏洪笑言自己是"一只土鳖带着一群海龟奋斗"。如何将这些有个性的人团结到一起，并让每个人都保持活力和激情，是他首先要面对的问题。俞敏洪说："在新东方，没有任何人把我当领导看，没有任何人会因为我犯了错误而放过我。我曾在无数场合下，难堪到了无地自容的地步。我无数次后悔把这些精英人物召集到新东方来，又无数次因为新东方有这么一群出色的人才而骄傲。没有他们，我到今天可能还是个目光短浅的个体户；没有他们，新东方到今天可能还是一个名不见经传的培训学校。"

（资料来源：关晓丽，郑莹，方胜虎. 创业基础［M］. 北京：人民出版社，2014.）

一、创业者

创业者，和"企业家"这一词可谓同样意思，可以从两方面来理解：一是要有创意的想法；二是实际进行创业活动。因此，可以将本书中的"创业者"定义为具有创意想法、从事创业活动、创办新企业的核心人员。既可以是创业创始人或开创团队领袖，也可以是其中的核心技术专家等。

1. 创业者素质

创业并不是一件简单的事情，而是一项复杂而艰巨的工程。创业，是一个发现和捕捉机会，并创造出新颖的产品，提升服务，实现其潜在价值的过程。创业者在创业过程中是一个最关键的因素，其素质和能力直接影响着创业活动的成败。因此，考察创业者的能力和素质有着至关重要的意义。

创业者并不是特殊人群，也不是天生就会创业，但是具备一些独特的素质和能力将有助于成功创业。那么，什么是创业者的素质和能力呢？我们可以将创业素质定义为某种专门人才具有的创业方面的基本品质，是以人的自然属性为基础，在环境影响和创业教育的共同作用下形成的，具有相对稳定性并且在创业实践活动中表现出来的有利于创业成功的基本品质和能力结构。一般来说，创业素质是一个由多个要素组成的系统结构，主要包括身体素质、心理素质、知识结构和综合能力四个方面。

（1）强健的身体素质。

俗话说，"身体是革命的本钱"。同样，身体也是创业的本钱，是成功的资本。创业是艰苦而复杂的，创业者工作繁忙、时间长、压力大，若没有强健的身体素质，难以承受创业重任。由于创业者需要统筹一切，方方面面都要照顾到，因而总是非常忙，创业者通常必须在"不寻常的时间"和不固定的空间料理事务，勤奋作业。比尔·盖茨在创业时期就是个典型的工作狂。

小故事

比尔·盖茨的生活极其紧张。在阿尔布开克创业时期，除了谈生意、出差，盖茨就是在公司里通宵达旦地工作。他一般都在办公室或者快餐店吃饭，很少在家中吃饭，这是因为不想花费时间准备食物，从而更快更有效地做成某件事。3天不睡觉对他来说如同家常便饭。据一位朋友说，他通常是36个小时不睡觉，然后倒头便睡。有一次，为阿尔塔8800设计BASIC语言，一连8个星期，比尔·盖茨没有去上课，也没有工夫玩牌。他和保罗爱伦夜以继日地待在电脑旁，为阿尔塔8800编程。他们一天工作20个小时，有时还要长些，一直工作了8个多星期，终于取得了成功。他们为世界上最早的微型计算机8800配备上了BASIC语言，从而开辟了PC软件业的新纪元，改变了整个工业结构。他的导师，在为他的聪明才智感到惊奇的同时，也为他那旺盛而充沛的精力而赞叹。

（资料来源：陈小春．商道：成功创业者必备的33种特质［M］．北京：中国商业出版社，2004．）

（2）过硬的心理素质。

多个创业者的创业实践证明，创业过程曲折，艰难万分，因而要实现创业成功，离不开良好的创业心理素质。创业心理素质是指创业者的心理条件，包括创业欲望、诚信、自信心、胆略、创新意识等心理构成要素。良好的创业心理素质是创业者在创业实践过程中克服重重困难，实现成功的前提和关键。

①要有强烈的创业愿望和明确的创业目的。欲望是最大推动力，创业者只有产生了创业的欲望，才会有创业的动力和方向，才能坚持下去。创业愿望越强烈，就越能引导创业者激发潜能，拓展潜能和实现潜能，使得创业者能够在创业过程中保持着强大的创业动力和热情。初步的创业者可以没有经验，但必须有明确的创业目的。不满足于稳定的生活，不安分于现在的环境，对财富、名誉的狂热追求躁动于每个创业者的内心。雄心成了那些成功创业者的必备素质，坚定地支持着他们继续走下去。

小故事

因为欲望，而不甘心，而创业，而行动，而成功，这是大多数白手起家的创业者走过的共同道路。丝宝集团的梁亮胜现在很有名，上了《福布斯》中国富豪榜，但寻究当年，梁亮胜也不过是一名打工仔。只是这个打工仔有点与众不同。1982年，梁亮胜带着他的太太，和所在内地工厂的其他40多名青年工人一道被派往香港工作。当时“（梁亮胜）一家在香港只有四五平方米的住房。那是一间不到30平方米的房子，住了三家人，除去公用厨房、洗手间、走道，房间之小难以想象。他们两口子住客厅，另两家人各租了一间房，因为别人白天上班时要经过客厅，他就从客厅里拉一块塑料布，留一条过道，他们夫妻两人只能挤在沙发上睡。那时，梁亮胜的梦想就是想有个楼花”。即使是在这样艰苦的条件下，梁亮胜还是每天晚上坚持去上学。在香港的3年时间里，梁亮胜系统学习了航运、英语、国际贸易和经济管理等课程。后来梁亮胜就依靠做国际贸易，向内地贩卖檀香木材淘到了第一桶金，再后来，就办起了丝宝集团，出品舒蕾、风影洗发水等。现在梁亮胜站在成功者的角度说：“回头来看，一起到香港的40多人现在都还在工厂里做工，因为他们满足现状，觉得现在做工比原来在内地做工好多了。”梁亮胜这句话的意思就是说，是欲望促使了他的成功。因为他觉得自己可以做得更好，赚更多的钱，过更好的生活，他要自己当老板，做自己的主人。而原来一起随他到香港做工的40多个工友，却没有他这样的欲望，所以他们20年前给别人做工友，20年后仍然只能给别人做工友，为别人赚钱。

（资料来源：http://www.360doc.com/content/13/0427/19/12143335_281362974.shtml.）

②要有诚信。诚信是在创业过程中创业者所表现出的诚实守信、合法创业、文明经商等品质。诚信是构建市场经济体制的基础，也是创业者从事创业活动的素质要求。一个优秀的创业者一定要诚实守信，对投资人、市场、客户、合伙人、财富的态度都要诚实。台湾贤林灯饰的创业者、“一代灯王”林国光说：“我会劝客人在没有把握产品好与不好之前，卖得掉与卖不掉之前不要下太大的订单，你下了太大的订单害了你自己也会影响我。为什么呢？如果你下了很大的订单，你的资金卡住了，你不能再赚钱，你没有资金向我买产品，那我怎么赚钱。所以做生意要先考虑到对方，这是我一向的原则。让对方能够用他的资金钱滚钱帮你赚钱，你的生意不断，自然而然你的生意就倒不了了。”

小故事

徐小平生平的第一笔投资，是给了杭州的一个做电子杂志的年轻人。这个年轻人出身贫寒，满怀抱负，身上又具有强烈的奋斗意识和创业精神，徐小平投了100万元，项目没做好，为了鼓励他，徐小平又追加了100万元，但最终还是失败了，徐小平权当做贡献了，但那个杭州小伙子在徘徊三年后，转型改做培训，2010年收入2 000万元，虽然没有新的约定，但他将徐小平的股权转到了新公司，这就是信誉在信人者的人生账户里，永远有盈余。人生的树枝上，一定会挂满因为信任而滋长的甜美果实。

［资料来源：杨一琼．从创业投资看创业者素养［J］．合作经济与科技，2015（4）．］

③要有自信和坚持。创业过程是艰辛且高风险的，同时也有很多机遇，创业者对创业是否有信心和坚持，关乎创业的成败。创业不是百米冲刺，而是马拉松长跑，要有坚持不懈、不屈不挠、顽强努力的心理品质。创业就像夸父追日一样，你只要不断追逐太阳，也许你永远到达不了太阳，但你却会离太阳越来越近。因此，创业者在理性做出创业决定后，一定要对自己有信心，坚持走下去，克服困难，只有这样才能实现预期的创业目标。

小故事

51Talk 创始人黄佳佳在确定创业，打算做英语口语在线教育之后，先后给徐小平发过微博、写过私信，但都没任何回应。他跑到北大门口，等徐小平演讲结束后拦住了他回家的车。“徐老师人非常好，他摇下车窗玻璃，留下了我们的商业计划书。”黄佳佳的坚持和赤诚，打动了徐小平，徐小平直接把 51Talk 这个项目推荐给红杉资本，后来真格基金的投资也就顺理成章。

[资料来源：杨一琼. 从创业投资看创业者素养[J]. 合作经济与科技，2015(4).]

④要有胆略，敢于冒险和尝试。在市场经济大潮中，机会与风险共存。而创业是一种开拓创新事业的活动，过程充满了机会与风险。事业的范围和规模越大，取得的成就越大，过程中的风险也越大，需要承受风险的心理负担也就越大。立志创业，必须要有胆有识、敢于实践、勇于承担风险。同时，要具有驾驭风险的有效方法和策略。

小故事

吉尔是简雅公司的创始人兼首席执行官。这是一家直销公司，主要经营礼物和快餐食材，她曾经深刻体会到恐惧的滋味。那时候她的银行贷款已经超过最终期限 3 个月，银行电话就像梦魇一样缠绕着她。“那时候，我一直感觉快要失去我的房子了。”吉尔说。祸不单行，就在最艰难的时刻，她先后失去了哥哥和丈夫。然而，面对如此巨大的打击她却坚强地挺了过来。尽管“在丈夫葬礼后的那个晚上，我想过也许我应该放弃，做份简单的工作，也做一个称职的妈妈”。吉尔说，“我们有控制自己想法的能力，当我们精神上做到了，才会付诸行动。”她做出了明智的抉择，战胜恐惧继续坚持。终于，天道酬勤，2012 年，公司取得了高达 9 800 万美元的销售额。

[资料来源：乔·鲁滨逊. 伟大创业者的七个特质[J]. 劳动保障世界，2014(12).]

⑤要有创新意识，敢于打破常规。创新意识，简单理解就是具备积极进取、敢于解决自己未曾接触过的问题的勇气和灵活性。而灵活性又有助于创业者适应市场环境，应对大众多变的喜好，围绕着市场的变化进行调整。

小故事

据巴布森学院的一项报告显示，只有13%的美国人最终可以进入到创业者的行列，这些人大都富有创造力。当马特·劳森还是巴布森学院学生的时候，就想制造出个性化的珠宝。2008年，在从资本合伙人处获得了50万美元的融资之后，他创办了一家定制珠宝设计的零售店，但是这家店开了一年，还没有获得任何收益。“从理论上来说，这看上去是一个非常完美的方案，但是实际上我们很难说服珠宝商将销售重点放在那些需要投入巨大资金的珠宝上。”劳森回忆道。他联系顾客征集他们的反馈意见。“其中一位顾客坦诚地告诉我，‘你的确做了一件很完美的事，非常有潜力，但是你应该让人们可以直接用上。’”他说。这也正是劳森想做的，于是，当他获得了另一轮融资以后，他就在波士顿重新开始了自己的创业公司，用户可以在该网站直接体验定制珠宝。如今，网站不仅没有亏损，还获得了另外5 100万美元的投资，投资方包括最初支持他创意的资本合伙人。他甚至把世界上最大的珠宝公司蒂芙尼的销售总经理挖了过来。

[资料来源：乔·鲁滨逊. 伟大创业者的七个特质[J]. 劳动保障世界，2014(12).]

(3) 合理的知识结构。

创业者广博的知识积累和合理的知识结构对创业成功起着重要的助推的作用，是创业者实现创业目标的必要条件，也是个人发展事业的基础。具体来说，有以下几方面。

①了解政策法律法规。理解法律与政策的内涵和意义，依法行事，用法律维护自己的合法权益。

②了解科学的经营管理知识和方法，提高管理水平。

③掌握与本行业、本企业相关的科学技术知识，依靠科技进步增强竞争能力。

④具备市场经济方面的知识，如财务会计、市场营销、国际贸易、财政金融等知识。

⑤具备一些有关世界历史、世界地理、社会生活、文学、艺术等人文素养方面的知识。

以上就是创业者应该具有扎实的专业基础和完善的知识结构。创业者应该在事业起步之前就建立起合理的知识结构，培养科学的思维方式，提高自己的实用技能，以适应千变万化的创业要求。

(4) 较强的综合能力。

创业者仅有创业的愿望和激情是不够的，他必须还要有能够创业的能力，否则仍是一纸空谈。创业能力是创业者拥有的，促使创业成功的一系列知识、经验、技能和态度的集合。

①决策能力。创业者在进行有关创业机会的识别和选择、创业团队的组建、创业资金的融集、企业发展战略及商业模式的设计等重大决策时，决策正确与否，直接关系着创业的成败。这要求创业者在决策时，要充分掌握信息，进行客观理性的分析，周密考虑现实性和可行性，科学地求证和评估，力求每一环节的完美。

小故事

EQ 公司利用火车、轮船进行长途邮政运输。它存在的主要问题是：职工违章违规现象严重；运输的质量、安全性不高；出勤率低，伤、病假多。经过研究，EQ 公司的领导决定打破职工的铁饭碗，用合同的形式与职工形成权利与义务的关系，并明确严重违章的责任，最严重的可除名、开除。在执行这项决策前，曾请示过上级，上级的答复是：先搞起来。可实施之后，与预想的差距很大，职工们怨言颇多，根本无法理解此项政策。虽然可以开除严重违纪的员工，但对其他职工起到的教育作用不大。

看到这个结果之后，EQ 公司研究出台了另一项政策——“职工流动蓄水池”。对大错没有、小错不断的员工给予进入“蓄水池”的处理，即只拿基本生活费，每天照常上班，但没有任何任务分配，并进行职业培训和职业道德教育。一旦员工转变观念，表现积极即可重新“上岗”。这项政策实行几年内，进“蓄水池”待工的人数不到十人，不少人只待了几天就“上岗”了。职工们说，天天坐在单位里没事干，既在邻里、同事面前丢脸，对家里也不好交代，压力很大。后来大家都不愿进“蓄水池”，工作质量、劳动态度、纪律观念都有很大好转。

（资料来源：卢飞成. 创业能力［M］. 杭州：浙江大学出版社，2012.）

②沟通能力。著名组织管理学者巴纳德认为：“沟通是把一个组织中的成员联系在一起，以实现共同目标的手段。”有效沟通是创业团队成员之间以及创业者与其他利益相关者之间建立信任、凝聚共识、消除误解的重要手段，能使企业内部及时化解冲突。学会主动、真诚、策略性地沟通，可以化解很多工作与生活中完全可以避免发生的误会和矛盾。

小故事

小贾是公司销售部的一名员工，为人比较随和，不喜争执，和同事的关系处得都比较好。但是，前一段时间，不知道为什么，同一部门的小李老是处处和他过不去，有时候还故意在别人面前指桑骂槐，对跟他合作的工作任务也都有意让

小贾做多些，甚至还抢了小贾的好几个老客户。起初，小贾觉得都是同事，没什么大不了的，忍一忍就算了。但是，看到小李如此嚣张，小贾一赌气，告到了经理那儿。经理把小李批评了一通，从此，小贾和小李成了绝对的冤家。

（资料来源：卢飞成．创业能力［M］．杭州：浙江大学出版社，2012.）

以上案例中，小贾和小李由于不明原因产生了矛盾，但双方都没能进行有效沟通，特别是小贾在没与小李取得沟通之前就直接向经理进行告状。如此一来，同一部门的小贾和小李就成了冤家。正确的做法应该是小贾先与小李进行沟通，弄清楚她对自己的意见是什么，如果真的是自己某些方面存在问题则进行自我改正；若是存在误会，则应把误会解释清楚。

③组织执行能力。是指创业者为了有效地实现企业目标，把企业生产经营过程中的全部要素和环节，从纵横交错的相互关系上，从时间和空间的相互衔接上，高效地、科学地组织起来并使之有序运行的能力。创业者这种组织执行能力的发挥，可以使企业围绕总体目标的实现形成一个有机整体，并保证其高效率地运转。

④团队建设能力。建设一支优秀的创业团队对任何创业者而言，都是一项至关重要的工作。在人力面前，一切物质（包括资金、设备）都显得格外渺小，“二人同心，其利断金；同心之言，其臭如兰”。“同心”的团队，能够确定共同的目标，互相给予支持，也能够克服一切困难。“宁愿投资一流团队的二流技术，也不投资一流技术的二流团队”，这是创业投资上不成文的信条，明明白白地说明了建立好一流团队对于创业的重要性。

创业者既要能够把不同专长、不同个性的人凝聚到一起，更要能够让他们在一起融洽地、愉快地工作，组成优势互补的创业团队，形成协同优势。一个企业需要细致的“管家”、活跃的“外交家”、战略的“设计师”、执行的“工程师”、发散思维的“开拓者”，需要技术研发、市场开拓和财务管理等方方面面的人才。工作分工不同，也就需要不同个性的人。

⑤发现和掌握市场能力。要对市场保持敏锐的触觉，在接触市场中锻炼把握市场机遇的能力。通过调查生产领域，寻找新的产品与服务发展趋势；比较产品领域的数据及其变化，确定增减战略。在消费者方面，通过问卷调查确定销售市场的优势和劣势，了解某一区域的消费特点及购买力，定位客户群。

2. 创业动机

（1）内涵。

创业动机是驱动个体创业的心理倾向或动力，它是创业个体在环境的影响下，将自己的创建意向付诸具体行动的一种心理状态。创业行为是创业认知和创业动机共同作用的结果，动机帮助创业者获得创业认知因素（知识、技巧和能力），并为实施创业行为提供动力和能量。那么，创业动机是什么？也就是为什么要创业？这是每个创业者都必须问的一个问题。

（2）创业动机类型。

曾照英和王重鸣提出了中国情境下创业者动机的二维模型（即类型），包括事业成就型和生存需求型。其中，事业成就型包括获得成就认可、实现创业想法、扩大圈子影响、成为成功人士、控制自己人生五个维度；生存需求型包括不满薪酬收入、提供经济保障、希望不再失业三个维度。在目前我国生存创业比例占绝对优势的创业态势下，创业动机还是以“生存需求型”为主。

（3）影响创业动机的因素。

创业动机分为不同的类型，不同的个体可能受到不同类型的动机激励而进行创业。而人格特质、组织因素和环境因素则被看作是创业成功原因而得到创业研究关注。这里着重说明的是推动创业行为的因素，包括人格特质、自我效能感、目标，以及环境因素等。

①人格特质。

人格特质在创业过程中影响创业者决策的制定。姜红玲、王重鸣和倪宁对中国背景下高科技企业的创业特质进行研究，发现创业特质是由创新性、内控性、稳健性、合作性四个维度构成。大多数的人格特质都和创业倾向有着显著的影响，如开放性和外向性都与个体创业倾向存在显著相关；开放性、外向性都是个体创业应该具备的个性特征，此外，责任认真性与个体创业倾向也存在显著差异。

②自我效能感。

自我效能感是指相信一个人能够聚集和运用必要的资源、技能和能力，在给定的任务上获得一定水平的成就。“创业自我效能感”是创业者的一种信念和自信，具体是指创业者对其能力能够影响所处环境并通过相应行为获得成功的自信。自我效能感对创业过程很重要，因为这一过程经常充满着不确定因素，而高自我效能感的个体具有高创业倾向。

③目标。

目标具有指导性、激励性，能影响毅力，因此它能使个体付诸创业行动，促使个人对创业目标的策略的唤醒、发现和产生。具体地说，目标具有以下功能：第一，它能提高个体的注意力，使其努力朝向目标相关的活动，而远离不相关的事项；第二，高目标比低目标能产生更大的动力；第三，目标影响毅力；第四，目标可以间接地影响行动。

④环境因素。

一个国家或地区的文化环境影响当地人的创业意识和动机。积极的创业文化能促使人更多地萌发创业动机，从而使有创业动机的个体有意识地搜寻因环境变动带来的商业机会。

案例分析

李郁丰是浙江富阳人，出生于1970年。他高考落榜后曾在家乡当过代课教师，之后为了谋生到义乌养猪场工作，在养猪场工作期间得到了一个学医的机会。在学医过程中得到贵人相助，走上了与医学相关的创业之路。高考失败、创业开设风湿病专科失败，28岁时走投无路的李郁丰来到杭州。在朋友的引荐下，进入杭州天利鸟计算机公司工作，从事供水营业管理软件的营销。营销中李郁丰享受到自由和快乐，在营销大舞台上得到锤炼、提升和发挥——从一贫如洗到有所积蓄。在营销过程中，李郁丰有目的地历练自己要成为优秀的营销人员，总结四个字：“技、行、思、慧。”“技”即技能，“行”即行动，“思”即思考，“慧”即智慧。李郁丰说，健康才能幸福，学习才能聪慧，诚信才能发展，宽容才能善良，行动才能结果，合作才能成功，感恩才能积德，勤俭才能致富，明确目标才有方向，善结人缘才有力量。

伙伴和朋友钱炳炯向李郁丰提出，能否自己创办一家公司。1999 年，山科电子在汽轮大厦十楼成立，租了 50 平方米，共 5 套办公桌椅和 1 部销售税表数据采集器。创始人为钱炳炯、李郁丰、王雪洲。山科电子 13 年创业历程，产值突破一个亿。同时期，中国能活过十年的企业只占千分之一。

未来，山科公司正锁定节能产业，立志成为中国数字化节能监控管理平台整体解决方案的专业提供商。对于成功，李郁丰的解读是股东产权明晰，他和他的团队非常勤奋、非常想赚钱、非常会想象、非常能策划、非常爱沟通。李郁丰的事业目标是成为一名优秀成功的企业家，为政府多纳税，为社会多解决就业，为弱势群体提供帮助，从小我演变为大我的人。

（资料来源：杨敏，陈龙春. 大学生创业基础 [M]. 2 版. 杭州：浙江大学出版社，2014.）

请分析：

1. 从李郁丰的创业经历看，你认为成功创业者应具备哪些特质?
2. 大学生想取得创业成功在大学学习期间应该做些什么准备?
3. 李郁丰的成功之路有哪些特点值得你学习?

马云对创业者的认识

马云讲：“创业者也许有多重身份，但最重要的就是领导身份，领导的意义在于不是一个人把所有的事情都干完，也不是把所有的事情交给别人干，而是带领别人一起干。在创业路上，创业者不要做孤胆英雄。”马云的管理模式对于领导创业者有很大的启示。

①拥有能让大多数成员接受的管理方式。企业的管理方式直接关系到老板和员工的关系，无论多么民主，员工永远都不能代替老板决策，充其量是让其参与管理并提出合理化建议。因此，在管理时，要懂得如何解决这个矛盾，实行最大化的民主。

②懂得如何让成员接受自己的方案，并让他们保持一致。当领导创业者的管理风格和方式确定时，就要知道该如何让自己的团队成员在最大限度上和自己保持一致。企业为了获取最大利润，需要内部的高度一致。

③如果上下级之间有冲突，领导创业者要努力让成员采用和自己相同的步调。很多情况下由于掌握信息多少的不同，上下级的决策和看法是存在差距的，因此双方在看待问题上就会产生矛盾。领导创业者要做好内部的协调工作，使问题在内部消化掉，这是领导创业者需要花心思的一项重要工作。

④应该把成绩归功于成员，切不可自我夸耀成绩。根据马斯洛需求层次理论，人们

在脱离追求生存和安全两方面的需求后，进而要求地位和荣誉感。在公众场合得到老板的赏识和表扬，把完成重大工作取得重大成就的功劳归功于成员的努力，成员就会更加卖力地工作，而作为领导创业者，就应适时激励每位成员，使他们更为忠诚，更加努力工作。

（资料来源：关晓丽，郑莹，方胜虎．创业基础［M］．北京：人民出版社，2014.）

思维训练

布莱恩（Brian）2007 年到旧金山市工作时只有 1 000 美元的银行存款，而租房要 1 200 美元，没钱付房租就已经破产。当时旧金山市有个国际设计大会，而周边的酒店早就抢光了。Brian 和其朋友乔（Joe）就想这些设计师来开会总要找地方住，于是将房间多余的空间出租给了 3 位来开会的人。此举不但解决了自己当月的房租问题，还找到了一个很酷很有趣的方法去赚钱。这就是后来的爱彼迎（Airbnb），它获得了高达 255 亿美元的估值。请分析此创业机会的特征、类型和商业模式及风险。

行动锻炼

分析、评估自己的创业潜能，至少从 10 个方面来判断。通过创业者素质评估，了解自己是否适合创业和如何才能适合创业。

模块总结

创业者是创业世界的核心，成功的创业者都具备一定的基本素质和能力，包括强健的身体素质、过硬的心理素质、合理的知识结构和能力素质结构。创业动机是创业者进行创业行为的驱动力，可分为事业型和生存需求型创业动机，同时也是一个复杂的心理现象，它的产生受机体内外多种因素的影响，包括人格特质、自我效能感、目标和环境因素等。

模块二　创业团队

案例导读

没有完美的个人，只有完善的团队

新东方创始人俞敏洪说："对于迅速发展的初创企业来说，也许有多个关键因素决定其能否取得更大的成功，但其中最重要也最困难的要数'团队建设'。原因很简单，没

有人会拥有企业不断发展扩大后所需的全部技能、经验、关系或者声誉。因此，一个创业者至关重要的工作是组建一支核心团队。”

几个人，身在一起凑成的是团伙；几个人，心在一起组成的是团队。当聚在一起的人心共同锁定一个创业目标时，创业团队随之产生，他们的创业之路也由此起步。大多数创业活动不可能由个别人来推动、组织和完成，而需要一支团队的努力。创业一般由两个或两个以上成员组成团队，团队成员共同制定创业目标、参与新创企业战略决策并共享财务权益，团队成员往往在所创企业中担任管理层的职务。因此，创业团队是指由一群才能互补、责任共担、愿为共同的创业目标而奋斗的人所组成的特殊群体。在创业团队的概念中，人数的组成不是主要问题，重点在于价值观念和权责分配。

（资料来源：张玉华，王周伟．创业基础［M］．北京：清华大学出版社，2014.）

一、创业团队的重要性

创业团队是由一群具有创新意识、不同专业知识背景的人组成的整体。这群人如同人的五官一样，共同协作维持一个人的生存，缺一不可。如果想要创业成功，就必须组建一支团队。良好创业团队的组建，有助于弥补创业者创业运营所缺乏的技能、经验、关系和声誉等因素。对创业者自身素质的提高和互补有很大的推动作用，也是创业成功的必备条件。

组建创业团队的重要意义在以下几个方面。

1．提高机会识别、开发和利用的能力

旦恩创投的创始合伙人凌代鸿先生曾说过，一个创业者要把你的一技之长发挥到极致，更要有开放的精神，去组建一支团队，刻骨铭心地理解自己的短板，找别人来补充自己。因为创业团队是由具有不同机会识别能力的创业者组建，团队内每一位成员具有不同的知识结构、处理信息方法和机会评价的标准。同时，团队内的信息分享机制也有利于团队所有成员实现对机会的共同认知。所以说，一支好的创业团队可以打破单个创业者聪明才智的局限，提高识别发展机会的能力，同时也可以冲破资源限制，从其他投资者和风险资本处吸引资本，使企业更易走向成功。

2．提高企业的凝聚力和战斗力

一支创业团队的组建，并不是简单的人力资源的组合，而更是一种意识的融合、激情和理想的碰撞。他们相互配合、相互帮助，通过坦诚的意见沟通形成了团队协作的行为风格，能够共同对拟创建的新企业负责，具有一定的凝聚力。一支优秀的创业团队的凝聚力、合作精神、立足长远目标的敬业精神会帮助新创企业渡过危难时刻，加快成长步伐。任何企业的成功都体现在团队的卓越和优秀之上，是否具有一支凝聚力和战斗力强的创业团队是一个企业是否具有后继发展实力的象征。

小故事

史玉柱是我国少有的经过大难又能够东山再起的优秀企业家。由于史玉柱的决策失误，导致巨人集团几乎陷入绝境。但谁都没有想到几年后，史玉柱居然奇迹般地复出。他不但还清了近亿元的债务，还创造了事业的新高峰。史玉柱东山再起的重要原因是：巨人集团陷入最低谷时，仍有十几个创业伙伴在不拿任何报酬的情况下，追随史玉柱打拼事业。

［资料来源：武勇．优秀的创业团队是创业成功的法宝［J］．改革与战略，2006（7）．］

3．提供创意和提高创新能力

创业团队成员之间有着不同知识背景。知识与能力的互补、协调以及创业者之间的补充和平衡，对新创企业的事业持续良好发展具有重要作用。创新人才和意识说明了一个企业的创新能力和水平，一支优秀的创业团队组合正是企业创新所必需的条件和动力，因为，创新是一种持续的创造和努力，只有团队成员之间进行有机、科学和不懈的磨合，才能成就更具高度的智慧。

二、高效创业团队组建的策略

组建一支优秀的创业团队对任何创业者而言，都是一项至关重要的工作，它决定着创业的成败。组建创业团队需要结合远景、理念、目标、文化、价值观等一系列元素。在决定组建团队前，需要先思考以下六方面问题：①想创立什么样的企业？②为何要创立这家企业？③创业的风险和创业者抗击风险的情况如何？④领导创业者具有哪些与企业核心竞争力相关的知识和经验？⑤目前是否有合伙人和必须的关系网络？⑥企业的营运模式以及盈利模式是怎样的？因此，要组建一支成功的、高绩效的创业团队，作为企业组织领导者应该注意以下几个问题。

1．共同目标的确立

团队成员是否有一个共同认可的价值观和目标，对于组建成功的创业团队至关重要。不同的价值观会导致团队成员在企业发展过程中矛盾重重；团队成员若不认同企业的目标，就会缺乏工作动力。要使个人目标与企业目标相一致，就需要有一个共同认可的企业文化，也要有科学的制度，使个人利益与企业利益保持一致，形成共同的企业文化理念。共同的创业目标和理念决定着创业团队的性质和宗旨，也指导着创业团队成员如何配合工作，取得成功。被创业团队接受和认可的、清晰的与每个成员的个人目标有机结合的奋斗目标可以将整个团队拧成一股绳，使团队成员齐心协力、共同为完成这个目标而奋斗。

小故事

郭广昌曾这样评价自己的团队："我们这些人，能力上可能每人只能打70～80分，但是我们要做能力的加法和乘法，企业的发展像一条河，像一条不断流淌的河，我们每一个人正像河中的每一滴水，无论是在上游、中游还是下游，都能找到自己汇入的位置。"他建议创业者："在你决定谁可以成为合作伙伴的时候，最重要的是要找到两种感觉，一是对于人生的基本价值的信条，他跟你一致不一致；二是找到彼此之间有互补性的人。"

［资料来源：余胜海. 组建优秀创业团队［J］. 企业管理，2010（12）.］

2. 团队成员的组成

创业团队最核心的力量是人才。创业团队由不同专业背景、不同能力、综合素质强或富有个性的成员组成。每个成员都有各自的强项和弱项，创业团队成员之间可以有一定的交叉，但又要尽量避免过多的重叠。成功的创业团队关键在于能够做好人员之间的合理搭配。安排好每一个角色。优秀的创业团队角色分配包括领导、技术专家、项目领导者、财务管理者、纪律管理者等。国内有学者认为按照不同人员在团队中所扮演的角色和作用，一个创业团队可以基本划分为战略管理层、智囊团、开拓者、核心团队。剑桥产业培训研究部前主任贝尔宾在自己所出版的《团队管理：他们为什么成功或失败》一书中提出了由八种人组成的团队角色模型：①行政者或实干家；②协调者；③推进者；④创新者；⑤信息者；⑥监督者；⑦凝聚者；⑧完美主义者。

小故事

复星科技集团的创业团队。1989年，郭广昌从复旦大学毕业后留校任教。3年后他和4个同学用借来的3.8万元创业，如今已经坐拥200多亿元资产，复星集团也成为中国民营企业三甲，并在医药、房地产、钢铁、商业4个领域都有出色的表现。复星的成功源于5人的创业团队。他们5个人就像5根手指，哪根也少不得。5根手指攥紧，就是一个拳头。当年创办广信科技（源于郭广昌和梁信军的名字，1993年更名为复星科技）时，郭广昌是复旦大学团委干部，梁信军是校团委调研部长，汪群斌是生命学院团总支书记，范伟是学校影印社的经理，谈剑还在读书。他们几个人除了在学校就建立了良好的关系外，还有许多共同之处，比如有共同的理想、共同的人生哲学。在企业理念上，郭广昌提出"修身、齐家、立业、助天下"的"九字"思想作为复星创业的共同追求。复星集团创业时的几个人都是团干部出身，都希望做一些个人能力不能企及的事业，都不太在乎物质方面的享受，家庭成员也支持他们的理念，而且他们有团队合作的精神，他们都同意他们创造的事业终将归于社会。如今，在复星多元化的产业链条中，郭广昌成了整个企业集团的灵魂。郭广昌是个极有魄力的领导者。他情商高，能很好地整合与协调团队；梁信军现在是副董事长兼总裁，成为复星投资和信息产业的领军人物。梁信军的口才好、反应快、精力充沛、善于沟通交流，这些几乎是复星创业团队公认的，所以他做了集团的党委书记和新闻发言人；汪群斌是复星实业总经理，专攻生物医药；范伟掌管房地产；谈剑负责体育及文化产业，作为5人中唯一的女性，谈剑的特殊优势体现在政府公关等事务。如今复星的董事会的人数由当初的5个增加到7个，新增加的是财务、法律、人力资源等方面的专家。

［资料来源：余胜海. 组建优秀创业团队［J］. 企业管理，2010（12）.］

3. 团队精神的培育

一支没有团队精神的队伍是经不起考验的。团队精神是一支高效创业团队的灵魂和特质，它包括这个团队的凝聚力、合作意识以及士气。团队精神强调的是团队成员为实现共同的利益和目标而紧密合作。培育团队精神，首先，企业组织者和领导者要以身作则；其次，在团队培训中加强团队精神的理念教育；最后，也是最重要的，要将这种理念落实到团队工作的实践中去。

小故事

携程计算机技术（上海）有限公司总裁季琦告诉青年创业者，“携程网”的成功，除了抓住当初互联网快速发展的契机，有一个良好的创业团队是关键。“携程网”的团队成员来自美国Oracle公司、德意志银行和上海旅行社等，是技术、管理、金融运作、旅游的完美结合。大家在一起创业，分享各自的知识和经验，同时也避免了很多创业“雷区”。

4. 团队管理机制和完善股权分配制度的规范

“无规矩不成方圆。”要想保持着创业团队的稳定，必须一开始就要注重制定规范的团队管理机制及妥善处理团队成员之间的权力和利益关系。创业团队管理机制的制定，要有远见性和实操性，要遵循先粗后细、由近及远、逐步细化、逐次到位的原则。

俗话说：“亲兄弟明算账”。凡涉及团队成员之间权利义务与利益分配问题，要先明文规定，不能感情用事或避而不谈。创业团队成员的股权分配一定要合理、透明与公平。创业初始的股权分配与以后创业过程中的贡献往往并不相同，因此会产生某些具有突出贡献的创业团队成员其贡献与报酬不一致的现象。这种不公平情况会严重挫伤创业团队成员的积极性。因此需要有一套完善的股权分配制度，来维护创业团队成员的合理利益分配。

小故事

如家的股权中，孙坚大约占股1.26%、季琦占股逾8%、沈南鹏占股逾9%、梁建章占股逾7%。正是相加后的这份总和才能保持住对于创业企业的掌控。其中无论是谁把股票卖给别人，这个团队都有可能失去对企业的控制权。Google、Yahoo、如家、南极人、当当网都是这方面成功的案例。

[资料来源：余胜海. 组建优秀创业团队[J]. 企业管理，2010（12）.]

三、创业团队成员选择

从人力资源管理角度来看，建立一支优势互补的创业团队是保持创业团队稳定的法宝。大学生接受高等教育，有着专业的知识、敏捷的思维、一定的创新意识，这是优势；而缺乏行业背景和社会经验、对市场把握能力弱、成员流动性大则是其劣势。团队成员的异质性能有效弥补成员间的差异，因此创业团队的组建可以从以下方面进行考虑。

1. 根据绩效度选择团队成员

重点从价值观、技能和专业背景等对创业活动、绩效度较大的方面进行重点关注，从而选择创业团队成员。这样才能用最少精力和成本找到最合适的团队成员，组建高绩效的创业团队结构，提高创业团队组建的效率。

2. 围绕价值观选择团队成员

相似的价值观能够增强团队成员的凝聚力，从而改善团队成员流失严重的情况。如果团队成员价值观相对一致，则能够使彼此之间增加信任，减少不必要冲突，把所有精力都放在创业上，创造更大的创业绩效。

3. 按照多元性选择团队成员

如选择有不同专业背景的团队成员，使团队技能多层次、多元化；在创业过程中多方位地培训团队成员，学习相关营销、法律、财务和管理等知识；有意识地吸收创业经验丰富的人员加入创业团队。

四、创业团队的管理技巧

创业团队的发展伴随着创业过程，其风险是客观存在、难以避免的，但通过科学的方法对创业团队进行管理，则能使创业团队发展过程中的风险降到最低，从而保证创业团队和企业的稳定和持续发展。

1. 确定共同的目标和发展理念

在创业团队的组建过程中，首先要将创业共同目标和发展理念作为前提条件，使团队成员明确具体的工作目标和要求，严格遵循企业规章制度并建立个人的行为准则。其次，在创业过程中根据企业发展情况不断调整目标，保证团队目标的现实可行性。再次，目标要具备一定的激励性并符合所有团队成员的利益，以实现团队与成员的共同发展。最后，基本的发展理念要努力坚持，不要做太大的改变。

2. 建立良好的沟通渠道

良好的沟通渠道不仅反映了创业团队成员的沟通力和协调力，更体现了完善的企业制度和健康的企业文化。团队管理过程中，不顺畅的沟通和交流是造成大部分问题的原因。这就要求上自团队领导者下至团队普通成员都要在遇到问题和矛盾的时候及时地进行沟通和交流。而对于创业团队来说，要尽可能建立较多的沟通和交流途径，并逐步常规化、制度化，如每个星期规定开一次例会，会议的方式可以是线上交流，也可以是面对面的会议，有问题会议上彻底解决清楚，工作和执行过程中出现的问题再另行及时解决。

3. 制定规范的团队管理制度

"没有规矩，不成方圆。"一套目标明确、定位科学、发展思路清晰的团队管理制度是任何一支高效创业团队的必备宝典。在制度中应包括明确的创业目的、业务范围、业务发展方向、资金来源和组成结构、职能部门和成员的具体职责、成员需要承担的义务和享有的权利、人事任免等内容，这些内容的约定能够保障整个团队按照既定的目标处理日常事务，有助于理顺团队内部和外部的各种关系，促进团队工作的正常运行。只有以一套规范、科学的团队管理制度做保障，创业团队后面的工作才能顺利地开展，也才能厘清各种关系。

4. 建立考核激励机制

合理的考核激励机制是创业团队高效运作的保证。主要包括利益分配方案、奖惩制度、考核标准、激励措施等。通过考核激励，实现员工利益，从而充分调动成员的积极性，最大限度地发挥团队成员作用。按照公平性、实用性与可行性原则运用目标管理法对每个成员进行工作目标分解，根据其完成的绩效进行全面而公正的考核和反馈，使每个成员的付出都得到合理的回报。

5. 整合有效资源

创业过程中的有效资源包括人力、资金、知识、信息等。整合各类有效创业资源是创业团队建设的主要任务之一，每一名团队成员应充分发挥积极性，来获取各类资源。如创业团队的启动资金，可通过游说家人，或从亲戚朋友处筹借，也可以利用平时兼职打工的所得来筹集。创业团队成员也要积极利用高校创业教育课程如 SYB 课程等，来提高自己的创业知识与技能；也可以向正在创业的有经验人士请教，保持与成功人士沟通以借鉴他们的经验与教训，少走创业弯路；创业团队还要加强与外界联系，建立信息资源平台，及时把握市场商机。总之，创业资源的有效整合是团队建设能力的体现，也是创业团队可持续发展的重要保证。

五、领导创业者

领导者，主要处理变化的问题，通过开发未来前景而确定前进方向。然后，把这种远景与他人进行交流，并激励他人克服障碍达到这一目标。在创业过程中，创业带头人就是创业团队的领导者。这些创业带头人精心设计公司远景并带领、激励、说服和诱导骨干人员参与实现企业目标，其能力是决定整个企业成败盈亏的关键所在。在企业的不同生命周期，领导者有不同的角色定位。在创业期，领导者是组织的心脏；在成长期，领导者是企业文化的缔造者；在发展期，领导者是企业文化的维系与弘扬者；在转变期，领导者是变革的代言人。

六、创业团队的社会责任

创业团队承担社会责任是必不可少的，从创业团队成立之日，就应该引入社会责任管理体系。创业团队首先要把共同目标、共同创业、共同利益、共同发展作为自己的社会责任理念。每一创业团队都应承担社会责任，也就是说在创造利润、对股东承担法律责任的同时，还要承担对员工、消费者、社区和环境的责任，要保护消费者权益，保护社会的利益和发展，保护社会的自然环境。

案例分析

小俞是一个痴迷《大话西游》，喜欢朱德庸、几米、皮卡丘的杭州小伙子。一个偶然的机会，小俞创办了以商业会展与广告运营为主的公司，即杭州汇融投资管理咨询有限公司。那时的每一个日夜，他带领他的团队探索运营模式、探索业务方向。公司成立的第12天，他就拥有了第一个广告客户，宁波一家生产整体厨房的企业；公司成立的第二个月，营业额突破60万元。公司成立半年，成为浙江卫视多个频道的主要广告代理公司之一，在个别品牌栏目中，一度占据30%以上的份额；公司参与开发、代理销售的人力资源管理软件取得了不错的销售业绩……在这期间，小俞学习华为，给公司制定了《杭州汇融投资管理咨询有限公司基本法》，系统地提出了对企业、对事业、对梦想的理解，并提出要引进新的创业团队成员，跨越“熟人管理”，缔造以“合伙人制度”为基础的公司治理结构。

创业一年后，公司出现了不和谐的声音。新的项目投资迟迟未能获得通过，即使仅仅是个别人的反对，最终往往也会有强大的执行阻力出现；公司的管理费用开始上升，各种招待费用、公关费用似乎开始失去控制；市场拓展的力度，特别是对市场营销队伍的管理渐渐松懈。

小俞觉察到了这种变化，他提出三点建议：第一，与公司一直在合作的电视台保持密切关系，以杭州西湖博览会为契机，策划主题性的信息广告业务；第二，主张创办一份DM杂志，打造自己的广告平台；第三，决策权相对集中，决策权和执行权分离。然而，一石激起千层浪。部分创业伙伴在得知小俞提议个别股东不再担任董事后，威胁要撤走资金，当时，他真正感受到了创业的艰辛。

而就在此时，公司的几个主要股东的经营理念也不同程度地出现了分歧。公司最原始的三名创业伙伴单独注册《中国制造》杂志，公司越来越背离小俞创办专业化企业的初衷。小俞打包向深圳某企业出售了《中国制造》后，毅然决定保留公司股份，辞去总经理职务，前往上海。

（资料来源：杨敏，陈龙春. 大学生创业基础［M］. 2版. 杭州：浙江大学出版社，2014.）

请分析：

1. 从小俞的成败分析应该如何组建创业团队？
2. 在选择创业合作伙伴的时候应注意哪些问题？
3. 在面对创业过程中出现的危机问题（创业团队散伙）时应采取哪些措施？

延伸阅读

像《西游记》中的唐僧团队就是非常典型的优秀团队，唐僧有“崇高信念”，不要说困难，就是在生死关头，哪怕是丢掉性命都不会眨眼，所以他是把握大方向的；孙悟空能力很强，又忠心耿耿，关键时刻要他出手；沙和尚勤勤恳恳、任劳任怨，师徒三人互相配合、团结合作。唐僧具有仁德之心，对妖怪都会怜悯，自然不会算计下属，克扣工资，强迫加班等，唐僧需要三个徒弟保护自己，绝不剥削他们，而是带领他们一同努力，共同成长，一起成功。最后，唐僧取得了真经，三个徒弟也都有了各自的成就，唐僧既没有像赵匡胤那样“杯酒释兵权”，也没有像勾践那样“狡兔死，走狗烹”，自然是一个非常完美的团队组合。当年新东方的“三驾马车”也大致是这种关系。《中国合伙人》里谈到做在线教育，程东青说在线教育好像离我们太远了，孟晓骏说，离我们近的离别人也近，你必须看到别人看不到的东西。一个团队必须脚踏实地——既有蜗牛在那里爬，也有雄鹰在那里看，而雄鹰会告诉蜗牛，旁边有一只麻雀，它可能会把你吃掉。

［资料来源：杨一琼. 从创业投资看创业者素养［J］. 合作经济与科技，2015（4）.］

思维训练

S2io 科技公司是一家大有可为的新创企业，企业准备开发和营销一种能够极大提高数据网络服务提供商处理能力的集成电路或芯片。该企业由曾在北电网络公司（Nortel Networks）供职的5名成员于2001年9月创建。2002年8月19日，企业任命戴夫·查布鲁斯基（Dave Zabrowski）担任新的董事长和首席执行官。查布鲁斯基对驾驭像S2io之类的公司非常自信。他年龄39岁，拥有在惠普公司营销和金融部门工作16年的丰富经验。更为重要的是，他有各种“关系”，对在硅谷如何经营企业了如指掌。对于新创企业而言，最让人羡慕的就是企业引进的领导者在投资者、供应商和潜在消费者中具有深厚的关系网络。组建S2io新创企业团队时，招募查布鲁斯基的举措曾使创建者们陷入了两难境地。从一开始，创建者们就知道，他们必须要获得风险投资以及招聘外部首席执行官来领导企业参与产业竞争。但是，他们应该先做什么呢？是先招聘首席执行官再去筹集资本呢？还是先筹集资本后招聘高素质首席执行官？

行动锻炼

选定一个创新或创业实践项目，并思考如何组建设完成这个项目所需的创业团队，列出并界定清楚创业团队的每个成员的角色，制定团队的管理办法。

模块总结

一个创业者至关重要的工作是组建一支核心团队。从创业之初就要抓紧团队建设。组建创业团队能提高机会识别、开发和利用资源的能力；有利于体现企业的凝聚力和战斗力；提供独特的、多元化的创意和角度；有利于提高创新意识和创新能力。对于公司需要什么样的人才，打造怎样的精英团队，这些都是创业者需要考虑的问题。要组建一支成功的、高绩效的创业团队，作为企业组织领导者应该肩负好创业领导的角色和社会责任。

创业团队发展过程中的风险是客观存在、难以避免的，但通过一定技巧对创业团队进行建设和管理，则能使创业团队发展过程中的风险降到最低：确定共同目标和发展理念、建立良好的沟通渠道、制定规范团队的管理制度、建立考核激励制度、整合有效资源。

参考文献

[1] 燕波涛，王丹. 创业基础［M］. 北京：煤炭工业出版社，2013.

[2] 关晓丽，郑莹，方胜虎. 创业基础［M］. 北京：人民出版社，2014.

[3] 侯文华. 大学生创新创业教育教程［M］. 北京：科学出版社，2012.

[4] 陈小春. 商道：成功创业者必备的33种特质［M］. 北京：中国商业出版社，2004.

[5] 张玉华，王周伟. 创业基础［M］. 北京：清华大学出版社，2014.

[6] 郑炳章，刘德智，贾东水，等. 创业计划及其竞赛的研究、应对与启示：大学生创新创业教育的探索与实践［M］. 北京：中国大地出版社，2005.

[7] 杨敏，陈龙春. 大学生创业基础［M］.2版. 杭州：浙江大学出版社，2014.

[8] 卢飞成. 创业能力［M］. 杭州：浙江大学出版社，2012.

[9] 南京信息职业技术学院. 思路与出路：大学生创新与创业指南［M］. 南京：江苏科学技术出版社，2008.

[10] 苏益南. 高校大学生创业心理品质模型构建及培育［J］. 企业经济，2010（1）.

[11] 乔·鲁滨逊. 伟大创业者的七个特质［J］. 劳动保障世界，2014（12）.

[12] 武勇. 优秀的创业团队是创业成功的法宝［J］. 改革与战略，2006（7）.

[13] 余胜海. 组建优秀创业团队［J］. 企业管理，2010（12）.

[14] 杨一琼. 从创业投资看创业者素养［J］. 合作经济与科技，2015（4）.

[15] 彭源. 创业动机影响因素述评［J］. 教育教学论坛，2016（6）.

[16] 段锦云，王朋，朱月龙. 创业动机研究：概念结构、影响因素和理论模型［J］. 心理科学进展，2012（5）.

第三章　创业机会与创业风险

励志格言

无论是一个企业，还是一个人，都一定是时势造英雄，千万不要英雄造时势。顺流而上，这是手法。形势好了，大家才有机会成为英雄。只有成为英雄后，才有可能去适应时势、改造时势。

——朱骏

学习目标

通过本章的学习，使学生了解创业机会及其识别要素，了解创业风险类型以及如何防范风险，了解由创业机会开发商业模式的过程，掌握商业模式设计策略和技巧。

重点难点

1. 创业机会的来源和类型
2. 蒂蒙斯的创业机会评价框架
3. 创业机会识别与把握
4. 创业风险的防范
5. 商业模式创新和商业模式画布

模块一　创业机会

案例导读

2007 年，一个叫潘文伟的学生考入中山大学地理科学与规划学院，他出生在贵州一个小县城的工人家庭，原来一家五口全靠在供电局当技术工的父亲每月 1 000 多元的工资维持生计。家庭经济不是很好的他来大学的时候口袋里只有200元，为了减轻父母的负担，潘文伟不但申请了学校的勤工助学，还四处找机会赚钱。于是在很多同学还在尽情享受大一优哉游哉的校园生活时，潘文伟开始赚外快，做家教、推销信用卡、卖T恤……

真正的在创业路上小试牛刀是从他承包学院的院服开始，2007年，学校招投标一批学院的院服，潘文伟看到了商机，他明白自己最大的优势就是不仅了解市场，而且更了解学生的需求。对于服装行业感兴趣的他一直憧憬着有一个自己的服装品牌，从进入大学开始就积极地“逛工厂”，为了投标成功，那段时间他天天往虎门跑，天天与工厂谈价格，最终靠最优惠的价格、最满足学生的款式投标成功。这次院服的生意不仅让他获得了30 000元的第一桶金，更让他坚定了自己的创业路。为了了解市场，大一期间，他几乎走遍了珠江三角洲——东莞、中山、佛山、深圳、惠州……大一暑假时，他还去了深圳龙岗的一家小制衣作坊打工。对于这段打工经历，他记忆犹新：“那家作坊是白天休息，下午接单，晚上开工，我在那做了5天，没拿工钱就离开了。”之所以打这段工，他潇洒地说：“只是为了了解一下市场上服装的成本价格。”

跑市场的过程让潘文伟结识了更多生意上的朋友，也获得了朋友的支持和信任。有一次一个地产项目的负责人正在招标安检设备，他了解情况后，与一名做安检设备的朋友一起参与招标，他利用自己出色的营销能力帮助朋友成功中标。他不仅与朋友在生意上合作，还积极开展多元的投资。2008年7月，开始和朋友一起合伙投资“聚点”酒吧，目前已经有3家门店。2008年12月，开始接触媒体和IT行业，投资50万元成立广州艾若企业管理咨询有限公司。2009年6月，开始接触教育、茶叶与保健品行业。2009年7月，出资100万元，投资茶叶与保健品行业。目前，潘文伟的身份很多，他是广州艾若企业管理咨询有限公司CEO，广州中祁凯业投资有限公司合伙人、投资顾问，拥有技术、传媒及管理整合背景，是一个成功的大学生创业明星。

（资料来源：百度百科）

一、创业机会的内涵

被称为“创业教育之父”的杰弗里·蒂蒙斯认为：创业始于创业机会，而不是资金、战略、平台、团队或商业计划书。每个创业者都明白，创业机会远比创业的其他要素重要得多。我们身边都被机会包围着，但是只有被发现的机会才有价值。寻找机会的关键在于如何去认识机会、利用机会、抓住机会和创造这些机会。

1. 创业机会的定义

（1）从价值来看。

从价值的角度看，只有有价值的机会才是值得关注的。创业机会之所以具有吸引力的特征，根源于创业机会可以为消费者或客户创造价值或增加价值。

（2）从商品交换领域看。

创业本质上也是一种商业行为，其过程中必然存在商品的交换。真正的创业机会是可以通过提供新的更大价值的产品和服务，或者减少在创业中的成本，并最终能够赚取利润。

（3）从创业实践的特征来看。

创业本身就是一场有目的的实践活动，创业的成功必然具有一些创新的成分。因此，创业机会也必然在事件中通过产品创新、服务创新、原材料的创新以及管理等商业模式的不断创新来实现创业的成功。

综上所述，我们认为，创业机会主要是指在商业活动中可以创造价值、较长时间内可以赚取利润并具有创新特征的商业机会。创业者把握住创业机会就可以为社会提供有价值的产品或服务，同时满足自身的需求。

2. 创业机会的特征

（1）广泛性。

我们知道，有人的地方就有商业，有商业的地方也必然存在着创业机会。因此，创业机会广泛存在于我们生活的商业社会的各种生产与经营活动之中。

（2）偶然性。

虽然创业机会具有广泛性的特征，但对一个创业者来说，创业机会的发现和捕捉带有很大的偶然性，真正的创业来临的时候往往源于创业者的“意外”因素。

（3）主客观条件的匹配。

创业机会的出现具有一定的条件性，在不同的环境中，创业机会不同，不同的创业者，创业机会也不同；随着创业主客观条件的变化，创业机会也会发生改变。因此，创业者必须要及时把握创业机会，在真正主客观条件具备的情况下，主动掌握创业机会需要的关键资源，真正把握创业机会，才能真正创造商业价值。

（4）有吸引力。

吸引力是创业机会的一个重要特征，有吸引力的市场能够让创业者在市场中稳步快速获得利润。

（5）能够在现实环境中实施。

能够实施的创业机会才是真正的创业机会，这就要求创业者在把握创业机会时，能够在一定的时间内实现其创业想法，而不是过于超前，社会尚不具备条件，或者市场上竞争对手已经把产品推向市场而导致创业机会的丧失。

3. 创业机会的分类

对于创业者来说，了解创业机会的类型有利于创业者增进对市场的认知与把握。根据市场的发现程度、市场的主次和市场的空间差异可以分为以下几类。

（1）当前市场机会和待开发的市场机会。

当前市场机会是指那些明显未被满足的市场需求以及社会变化带来的市场机会，而那些隐藏在需求背后的、未被满足的通过市场研究或预测分析将在未来的某个时期出现的创业机会，我们称之为待开发的商业机会。

当前市场机会非常明显，容易被人发现，因此从业者多，竞争也激烈，相应获利也会较小。而待开发的市场机会一般都是很难被发现，需要专业的识别，而且具有偶然性，当然也具有较大的商机。如果创业者能够准确预测这种商业机会出现的时机而做好准备，及时进入，自然就可以获得领先的优势，从而获利较多。

（2）行业市场机会与边缘市场机会。

行业市场机会是指某一个行业内的市场机会，而在不同行业之间的交叉结合部分出现的市场机会被称为边缘市场机会。一般而言，人们对行业市场机会比较重视，因为发现、寻找和识别的难度系数较小，但往往竞争激烈，成功的概率也低。而在行业与行业之间出现“夹缝”的真空地带，往往无人涉足或难以发现，需要有丰富的想象力和大胆的开拓精神，一旦开发，成功的概率也较高。比如，人们对于饮食需求认知的改变，创造了美食、健康食品等新兴行业。

（3）全面市场机会与局部市场机会。

全面市场机会是指在大范围市场出现的未满足的需求，如国际市场或全国市场出现的市场机会，着重于拓展市场的宽度和广度。而局部市场机会则是在一个局部范围或细分市场出现的未满足的需求。在大市场中寻找和发掘局部或细分市场机会，见缝插针，拾遗补阙，创业者就可以集中优势资源投入目标市场，有利于增强主动性，减少盲目性，增加成功的可能。

二、创业机会来源的认识与把握

杰弗里·蒂蒙斯认为：机会是指不明确的市场需求，或者未被利用的资源和能力。而关于创业机会的来源，国内外专家从不同视角提出各自的见解。

蒂蒙斯认为创业机会主要来自于社会的改变、市场的混乱或是不连续的状况，主要有以下六个来源：①政策法规的改变；②技术的创新与变革；③产业或行业价值链随着基本因素的改变而重组；④管理与经营的不善；⑤社会出现真正具有战略严管的企业家推动新的行业机会出现；⑥现有的市场管理者对于未来机会的把握不足也为社会提供一次升级换代的机会。

管理学大师彼得·德鲁克主要从外部环境分析创业机会，这一理论也是当前比较受大众认可的观点。他认为以下外部环境构成创业机会的主要来源：①出乎意料的情况发生产生创业机会；②因为比较的不一致性产生的创业机会；③为了更好地完成过程或者程序的需要产生的创业机会；④产业与市场结构的变化与调整带来的创业机会；⑤人口的增减带来的创业机会；⑥公众认知的变化产生的创业机会；⑦新知识、新理论带来的创业机会。

我国学者也对创业来源进行了探索，也提出不同的个人的观点。我们认为创业机会从来源上看，主要包括痛点导向、环境变化、科技创新、市场竞争、新知识和新技术等五种。

1. 痛点导向产生机会

创业从价值导向上看是满足客户需求，不能满足的需求就是问题，就是痛点。所谓的创业不是要思考一个完美的创业方案，而是找准一个切入点，这个点就成了创业的起始点。痛点导向就是善于发现需求上的不满足，从而准确地找到痛点，解决痛点。当我们运动完很累需要一杯可乐但是不想动时，可乐就是我们的需求，但是我们不想亲自买，这就是痛点，代购服务解决的就是这个痛点。所以我们明白，不是所有的需求都是痛点，只有真正找准痛点的创业才会真正满足客户的需求。

（1）从需求出发寻找痛点。

在近几年，“互联网+”模式已经成为所有研究企业和创业的人的流行语。该模式就是为了解决生活中的痛点，而采取的线上线下一体的全网模式。众所周知，“互联网+”模式已经在慢慢地改变我们所有人的生活，吃穿住行各行各业都在逐步解决着我们的痛点。

小故事

懒人家政成立于2014年6月，是由悠家客家庭服务平台推出的互联网产品，即懒人家政APP。它有以下几个特点。

（1）懒人家政不是为“懒人”提供家政保洁服务，而是为特殊人群提供刚需服务，主要是以月嫂、育儿嫂、患者护工等时长更久，单价和爽约成本更高的家政服务。

（2）懒人家政每日为应聘的阿姨提供就业机会，其APP对于高级的应聘人才推行猎聘收费服务，提高了满意度。

（3）阿姨们在懒人家政平台享受的是免费提供就职机会，并以忠实阿姨为代表在传统家政公司门前蹲点等方式进行线下拉拢阿姨。但是对阿姨进行六步面试：身份验证、理论考核、履历考核、视频拍摄、安装APP建档、与客户面试。

（4）懒人家政的商业模式极其简单，目前主要是以VIP增值服务（一对一顾问、辅助面试签约、优先级推送阿姨）和月嫂套餐的折扣服务，只收取客户的佣金。

懒人家政目前已经成为中国最大找阿姨平台，与传统的保姆公司最大的差别在于：第一，利用互联网平台免费发布招聘信息，最快速实现阿姨抢单，最快速解决客户需求；第二，六步面试确保阿姨的质量，确保客户的满意度。这种标准化的面试保证了客户的需求得到满足，比传统的家政公司更有效。而这两点恰好解决了客户的痛点需求。

（资料来源：360百科. 懒人家政）

（2）有些需求本身就是痛点。

在我们身边很多的创业案例，解决的痛点问题就是需求不满的问题，我们知道需求不满足未必是痛点，但痛点一定是需求不满足的问题。

2. 环境变化带来机会

彼得·德鲁克认为创业者就是能够积极寻找市场变化，及时发现并积极利用这些机会的人。

任何创业的机会都产生于特定的市场环境，环境一旦变化，市场的需求以及产业的结构都将随之改变，这样必然产生新的创业机会。根据对创业环境的分析，我们认为环境变化主要包括：产业结构的调整升级、政府决策的变化、人口数量以及结构的改变、居民收入与消费观念的改变、全球化趋势带来影响等方面。比如我们看到随着技术的进步、收入的提高以及消费理念的变化，汽车逐步成为现代人的基本的交通工具，随之也催生了汽车维修、租车、汽车代驾等各个行业。

小故事

随着社会经济的发展，私家车越来越多地走进千家万户，结果就是中国的大城市普遍出现交通拥堵严重的问题，停车位紧张。一嗨租车就是这一形势变化的产物，它主要提供的是租车业务，后来业务扩展到代驾业务。一嗨租车目前开展异地取还车、送车上门、上门取车，特价车、免验车，周租月租优惠包等业务，其专业、可靠、创新的服务日渐受到了业界的广泛好评，并获评为“2010年《汽车杂志》汽车租赁服务年度产品”。目前已经成为众多世界500强企业在中国指定的商务用车公司。更是凭借这套业内领先的技术平台以及创新的“水泥—鼠标”商业模式，获得了“21世纪中国最佳商业模式奖”“Red Herring 2009年度亚洲最具潜质100强”等诸多奖项。

（资料来源：360百科）

3．创造发明带来创业机会

发明创造是指运用现有的科学知识和科学技术，首创出先进、新颖、独特的具有社会意义的事物及方法，来有效地解决某一实际需要。创造发明不仅提供了新产品、新服务，还带来了创业机会，从而更好地满足顾客需求。比如随着电脑的诞生与普及，催生出维修、软硬件开发、培训、网络等相关的创业机会，从而为有志于创业的人带来商机。

小故事

说到创新、创造发明带来的创业机会，微信就是一个经典的案例。微信的创始人张小龙，1969年12月生于湖南，目前担任腾讯公司高级副总裁。毕业于华中科技大学电信系的张小龙，在同学和教师的眼中就是一个爱玩、会玩的人。2012年，张小龙提出一个新观点：微信是一种生活方式。2013年，他继续完善微信，微信支付风生水起，微信用户迅速破亿，截至今日微信已经拥有接近10亿中国用户。

（资料来源：360百科）

如果说当年的马云凭借淘宝为中国带来数以百万计的创业机会的话，今天的微信平台也同淘宝一样必将成为一个创业创富的平台，目前微信上出现的庞大的微商群体就是创造发明带来创业机会的突出案例。

4．市场竞争带来机会

在市场竞争中，一个企业不能完全满足市场的需求，必然会有一部分无法满足的需求被竞争对手抓住，从而转化成为创业机会。因此，在任何环境下，创业者必须善于分析对手的优劣势，善于分析自己的优劣势，并及时把自己的优势转化为市场需要的产品或服务，从而成功创业。

小故事

2014年，北京青年报一篇文章《完美世界的一地碎片》这样描述诺基亚：从1996年开始，诺基亚手机连续15年占据手机市场份额第一的位置，并且连续推出了Symbian和MeeGo的智能手机。2003年，诺基亚1100在全球已累计销售2亿台。2009年诺基亚公司手机发货量约4.318亿台，当时约占手机市场的39.3%。2010年第二季度，诺基亚在移动终端市场的份额约为35%，领先当时其他手机市场占有率20.6%。

2008年10月，由Google注资研发的带有Android操作系统的Android智能手机发布。2011年第一季度，Android在全球的市场份额首次超过塞班系统，跃居全球第一。2007年乔布斯推出第一代iPhone，苹果手机开始在手机市场上分羹。诺基亚面对Android系统智能手机和苹果手机的夹击，从不接受到无奈接受智能机系统的竞争，在2011年之前还一直顽固坚持其塞班系统，毫无危机意识，其地位逐渐被竞争厂商苹果和三星超过。

诺基亚手机的衰落预示着在竞争中只要能抓住对手的不足同样也有巨大的商机，在竞争中，最大的优势就是创造出更好的产品与服务。

5. 新知识、新技术产生机会

随着科技的进步、知识的更新，这一过程中也必然带来诸多的创业机会。

小故事

2016年7月，中国网上一篇文章《创意装饰时代来临，邓贯贤VR智能神画引领千亿商机》，宣传了一个打工者传奇的经历。邓贯贤，一个打工仔，一个对新知识和新技术非常敏感的年轻人，他成功地为装饰业做出了创意贡献——VR智能神画，而且已经在国家相关部门申请了专利技术和商标，受到国家知识产权的保护。一经上市，便会引起市场的热烈追捧，成为人们消费的主流，并且引爆了千亿商机。

VR智能神画，采用全新的科技工艺进行制作，和普通的装饰画相比，不但画面可以进行个性定制，而且具有了神奇的多种功效，比传统画具有了更多的功能和卖点，更容易受到消费者的追捧和现代人的喜爱。与传统画不同的是，VR智能神画把音响各个功能部件镶嵌在画的夹层中，与装饰画融为一体，达到看是一幅画，实际是音响的绝妙效果。采用引擎发声技术，使音响效果更达到高品质的级别，拥有多种接口，可以直接连接SD卡、U盘等，直接实现音乐外放功能。而且把净化器的核心部件置于画的夹层中，实现不断过滤净化的功能，吸附装修过程中产生的有毒气体如甲醛等，另外不断释放负氧离子，使空气清新如在森林里一般。

此外，VR智能神画的画面可以按照顾客需求进行个性定制，可以把个性写真、婚纱照、毕业照等照片做成各种效果的画，有3D效果的、冰晶效果的、金属效果的、油画效果的，等等，充满了创意和新奇的感觉。采用全新技术对传统画进行技术升级，赋予其鲜活的生命力，既具有观赏性，又具有很高的艺术收藏价值。一张照片经过养生画的技术处理，产品价格将会轻松增值10倍以上，是真正的高附加值创意产业。

VR智能神画的各种功能满足消费者的各种需求，邓贯贤用一幅VR智能神画，开创一个创意装饰时代，同时也带来了巨大的商机。

（资料来源：中华网 http://www.finance.china.com/jykx/news/11179727/20160726/23152637.html.）

三、创业机会识别的个体影响因素

在创业机会识别中，为什么有的人能够发现，而有的人却很难发现呢？个体的因素对于创业机会识别起到很大的作用。主要有以下几个方面：经验知识、认知能力、社会网络、创造力。

1. 经验知识

具有行业经验知识的人，会更加敏锐地识别出商业机会，这被称为走廊原理。它是指创业者一旦创建企业，他就开始了一段旅程，在这段旅程中，通向创业机会的“走廊”将变得清晰可见。这个原理告诉我们，创业者在投身于某一产业的创业或从业过程中，比那些从产业外观察或从业的人，更容易看到该产业内的新机会。因此，在创业选择上，很多专家也主张“做熟不做生”。

根据调查发现，在我国创业环境下，大部分创业者创业都是从事自身具有一定经验知识的领域内选择的，甚至还一定程度上受到来自家庭职业观和经验因素的影响。当然我们也明白，有一定的行业经验知识的人，更容易看到创业机会，也更容易创业成功，因为经验知识为他们提供了一个清晰的创业走廊。

如一位画家，就比一位数学家更加懂得收藏艺术品的价值，因而保持市场的敏感性。俗话说，隔行如隔山。想要在一个行业站稳脚跟不是一时心血来潮就可以的，要做到别人不懂的你要懂，别人懂的你要精，这样才能更及时准确地抓住机会。

2. 认知能力

创业者与非创业者在个性特征中存在着认知能力上的差异。机会识别能力可能是一项先天技能或一个认知过程。很多创业者认为，他们有“第六感”，能让他们看到别人错过的机会。当然，通过学习，也可以提升一个人在认知方面的能力。拥有某个领域更多知识的人，相对于其他在该领域缺乏知识的人也会更容易看到创业机会。

这种认知能力具有以下特征：①具有直觉敏感察觉事物的能力。②善于发现别人没发现的机会。③这种能力可以通过学习获得一定程度的提升。

3. 社会网络

社会网络是指社会个体成员之间因为互动而形成的相对稳定的关系体系，社会网络关注的是人们之间的互动和联系，社会互动会影响人们的社会行为。而每一个创业者也必然在这个社会网络中，受到来自成员群体相互之间的影响。一个创业者的社会网络影响着他对社会的判断力，同样，个人社会关系网络的深度和广度影响着机会识别。有研究表明，社会关系是创业者识别创业机会的主要来源，社会关系网络越强，越有助于创业的成功识别与把握。

因此，要想在社会中成功创业，人脉网络尤其重要。社会网络不仅可以让创业者了解更多创业的方法，更可以让创业者获得更多的社会资源。

4. 创造力

我们知道，创造力是一个人创新思维能力以及在实践中积极创造的能力。创业机会识别过程也是一种创造性思维的过程，还是不断产生创意和创新事物的过程。对于创造者来说，创造力的功能从这 5 个阶段表现出来：准备、孵化、洞察、评价和阐述。在创业者的创业过程来看，很多新的产品、新的服务都可以在这 5 个阶段展示出创造力的大小。创业者创造力的大小直接影响着创业者对于市场和社会的影响，一项新的技术或者知识的更新，或者新的发明创造都可以在很大程度上提升创业的价值，也能对创业者带来更大的市场回馈。

四、创业机会的评估

成功的创业来自于绝佳的创业机会，真正好的创业机会让创业团队与投资者都寄予极高的期待，也让创业家满怀信心，使其不断地努力且不放弃。但是，并不是每一个好的创业机会都会带来成功的创业实践，为了尽可能地避免挫败，创业者应该学会以比较客观的方式对创业机会进行评估。

1. 创业机会的评估准则

李文忠在《创业管理：案例分析·经验借鉴·自我评估》提出评估的准则有两种。一种是市场评估准则，另一种是效益评估准则。

（1）市场评估准则。

①创业公司定位。创业公司的定位包括市场定位、顾客分析、产品流通渠道、产品的可持续革新等几个方面。定位越清晰，创业带给客户的价值越明确，而客户市场也越大，价值越大，当然创业也更容易取得成功。

②创业面临的瓶颈。创业实践时在市场上必然会遇到 6 个瓶颈，而对这些瓶颈进行分析有助于创业者了解自身是否在市场中掌握一定的优势：市场进入的障碍、上游供货商、下游顾客、中游与经销商的谈判力量、替代性产品的威胁和市场内部竞争的激烈程度，由此 6 项瓶颈的分析可以了解创业者在创业中可能存在的问题，从而对创业做出合

适的评估。

③创业目标市场规模。对于创业者来说，创业目标市场规模大，初创创业者进入的障碍相对较低，市场竞争激烈程度也相对较弱。当然在一个成熟的市场中，创业的利润空间也必然很小，不值得再进入；只有尚未成熟的或正在培育中的市场，才能给创业者带来更大的获利空间。

④市场渗透力。市场渗透力作为市场机会评估的一项重要指标，是创业企业的产品或服务市场占有的速度和潜力。对于一个具有巨大市场潜力的创业机会，市场渗透力评估将影响着创业者选择最佳的时机进入市场，从而获取最快最大的市场占有率。

⑤市场占有率。市场占有率是指一个公司的产品销售量占该类产品在整个市场销售总量中的比例。一般而言，市场占有率越高，公司的经营能力和竞争力越强，公司的销售和利润水平越好，越稳定。而真正要成为市场的领导者，最少需要拥有20%以上的市场占有率。若是新兴的高科技型创业公司，开始市场占有率不高，但是由于高科技企业的性质决定了这种企业必然会有较大的市场需求，所以这样的创业机会也是值得期待的。

⑥公司的成本构成。一家企业的固定成本和可变的成本的比例，以及企业的规模大小，可以推断出企业创造的附加值的规模以及未来的可能获利的空间。所以现在很多企业在成本构成上尽量减少固定成本的比例，从而加快流动成本的周转，获取更大的利润。

（2）效益评估准则。

①合理的纯利润。从经济管理的层面看，对于一个创业者来说，真正好的创业机会，至少需要创造15%以上纯利润。而如果纯利润是在5%之下，对于创业者来说就要谨慎投资。很多初创企业失败的原因就是看到一个创业的点子但忽视了对纯利润的评估。

②达到损益平衡所需的期限。损益平衡的时间决定了创业的成本高低，一般来说合理的损益平衡时间以两年为期限，最长不超过三年。这样的期限才能保证创业的投资不会因周期过长从而导致资金出现问题。当然，有的初创的创业机会确实需要经过比较长的培育和成长，通过前期投入，制造进入的行业障碍，从而保证后期较长时间的持续获利，但是这样的情况没有庞大的资金支持是不可能维持的。

③投资回报率。在很多风险投资者看来，一个创业项目的投资价值考虑到创业面临的各种成本和风险，其合理的投资回报率应该在25%以上。而作为创业者，也要估算好合理的投资回报率，才能在吸引投资、成本回收等方面掌握一定的主动。

④创业资本需求。任何创业都具有一定的创业成本，而基本的资本投入也是创业的基本要求。但在考虑创业资本投入的时候，创业者一般比较喜欢选择资本需求量较低的创业机会，从而避免资本额过高带来的负面的效应。通常知识密集型的创业机会比起劳动密集型的创业机会资金需求较少，投资回报反而会较高，也更容易获得风险投资。但需要注意的是，初创企业最好通过盈余积累的方式来创造资金，从而不断提高每股盈余，还可以进一步提高未来上市的价格。

⑤较高的毛利率。从损益平衡的角度看，毛利率高的创业机会，风险相对较低，即便遇到决策失误或市场产生较大变化的时候，企业也不太容易遭受损失。一般而言，理想的毛利率是40%。当毛利率低于20%的时候，这个创业机会风险较大。高科技型创业的毛利率通常都很高，只要有足够的客户，就比较容易赚取利润，获得创业的成功。

⑥资本的活跃度。今天很多新型的创业机会都比较在意资本的投资，获得更多资本的投资有利于解决企业成长中的市场和资金问题。当新企业处于一个具有高度活力的资本市场时，它的获利回收机会相对也比较高。一般而言，新创企业在活跃的资本推动下比较容易创造更大的价值，因此资本的活跃度也被认为是一项用来评价创业机会的外部环境指标。

2. 蒂蒙斯的创业机会评价框架

创业机会评价框架对于创业者来说，非常全面，该框架涉及行业和市场、经济因素、收获条件、竞争优势、管理团队、致命缺陷问题、个人标准、理想与现实的战略差异等8个方面的53项指标（见表3－1）。

表3－1　蒂蒙斯创业机会评价框架

项目方向	具体指标
行业和市场	市场容易识别，可以带来持续收入 顾客可以接受产品或服务，愿意为此付费 产品的附加价值高 产品对市场的影响力高 将要开发的产品生命长久 项目所在的行业是新兴行业，竞争不完善 市场规模大，销售潜力达到1千万元到10亿元 市场成长率在30%～50%甚至更高 现有厂商的生产能力几乎完全饱和 在五年内能占据市场的领导地位，达到20%以上 拥有低成本的供货商，具有成本优势
经济因素	达到盈亏平衡点所需要的时间在1.5～2年 盈亏平衡点不会逐渐提高 投资回报率在25%以上 项目对资金的要求不是很大，能够获得融资 销售额的年增长率高于15% 有良好的现金流量，能占到销售额的20%～30% 能获得持久的毛利，毛利率要达到40%以上 能获得持久的税后利润，税后利润率要超过10% 资产集中程度低 运营资金不多，需求量是逐渐增加的 研究开发工作对资金的要求不高
收获条件	项目带来附加价值的具有较高的战略意义 存在现有的或可预料的退出方式 资本市场环境有利，可以实现资本的流动
竞争优势	固定成本和可变成本低 对成本、价格和销售的控制较高 已经获得或可以获得对专利所有权的保护

续上表

项目方向	具体指标
竞争优势	竞争对手尚未觉醒，竞争较弱 拥有专利或具有某种独占性 拥有发展良好的网络关系，容易获得合同 拥有杰出的关键人员和管理团队
管理团队	创业者团队是一个优秀管理者的组合 行业和技术经验达到了本行业内的最高水平 管理团队的正直廉洁程度能达到最高水准 管理团队知道自己缺乏哪方面的知识
致命缺陷问题	不存在任何致命缺陷问题
个人标准	个人目标与创业活动相符合 创业家可以做到在有限的风险下实现成功 创业家能接受薪水减少等损失 创业家渴望进行创业这种生活方式，而不只是为了赚大钱 创业家可以承受适当的风险 创业家在压力下状态依然良好
理想与现实的战略差异	理想与现实情况相吻合 管理团队已经是最好的 在客户服务管理方面有很好的服务理念 所创办的事业顺应时代潮流 所采取的技术具有突破性，不存在许多替代品或竞争对手 具备灵活的适应能力，能快速地进行取舍 始终在寻找新的机会 定价与市场领先者几乎持平 能够获得销售渠道，或已经拥有现成的网络 能够允许失败

（资料来源：http://detail.docer.com/642554.html.）

五、创业机会发现能力的培养

创业机会就在我们的身边，但是发现创业机会也是需要一定的知识和能力，如何发现市场需求，如何把握市场机会，如何参与创业活动，都是可以通过学习获得知识、意识和技能的提升的。关于如何提升发现创业机会的能力，创业者可以有意识地加强实践，从而提升这方面的能力。

1. 培养良好的市场意识

创业者首先就是对市场敏感的人，发现创业机会的最根本一点是积极深入市场、了解市场，了解市场商品的供求状况、变化的趋势，了解顾客需求的满足程度以及对商品或服务的需求类别，了解行业内竞争的程度以及进入的瓶颈。

2. 善于学习

只有善于学习的人才能真正获取更多的信息和知识。创业者必须善于学习，从实践中摸索学习，从别人的知识经验中学习，以获得更多的经验、知识，避免在创业的决策中出现重大的失误，从而提升创业中的机会发现的准确性，并增强创业的成功概率。

3. 培养独立的思维方式

创业者不应是人云亦云的人，而是有独立思维见解的人，不从众，不盲从，相信自己，才能从身边众多的观点和建议中吸取有利的营养，把握自己认为有价值的创业机会。作为创业者，要在平时的日常生活中，积极地锻炼自己的独立能力，从而在决策中才能坚持自己的选择。

4. 培养积极的心态

著名成功学大师拿破伦·希尔说："一切成功，一切财富，始于意念。"真正想要创业的人，人生无处不在把握机会，一切的机会都是在酝酿，在成长。创业者要避免出现消极被动的思维方式，把一切的经历都当成成长的锻炼和财富。

5. 积极参加创新创业实践活动

作为大学生要学会运用自己的知识，积极参与创新创业实践，积极训练创新思维，善于把自己的知识特长转化为新产品，通过参加大学生"挑战杯"、创新创业大赛等方式不断接受检验，不断完善自己。在条件成熟的时候，通过自己的努力自主创业或者合伙创业，或者参与公司创业，真正创造属于自己的事业。

案例分析

1978 年 5 月，领导当时小型立体声录放机潮流的索尼 TC－D5 上市了。厚重如教科书的 TC－D5 离 MINI 还有很长一段距离。那时，索尼的名誉会长井深大每次出差都会在飞机内用 TC－D5 听音乐。直到有一天，前往美国出差的井深大忽然打了个电话给当时的索尼副社长大贺："我又要出差了，但我觉得在长途旅行时，TC－D5 实在有些笨重，你们能否设计出更小、更便于随身携带的录放机?"大贺立即与录放机事业部的大曾根幸三通了话，这种想法同时也得到盛田昭夫的大力支持。经过一年多的努力，世界上第一台随身听——索尼 TPS－L2 正式上市。同时，井深大和盛田昭夫还共同创造了"Walkman"的概念。1986 年，"Walkman"正式被收入牛津英语词典，成为随身听的代名词。随身听就解决了笨重带来的痛点，从而带来了一个大的商机。

（资料来源：http://blog.sina.com.cn/s/blog_702183da0102voil.html.）

请分析：该案例中蕴含的创业道理?

延伸阅读

大学生创业原则

专家说，创业如同婚姻：只有合适的项目，没有最好的项目。那么，当我们拥有着爱情一般的创业冲动的时候，究竟该怎么样去选择适合自己的项目呢？大学生创业选择项目一定要遵循以下原则。

(1) 要适合自己。俗话说："隔行如隔山"。因此应尽量选择与自己的专业、经验、兴趣、特长能挂得上钩的项目。

(2) 要看准所选项目或产品市场前景。对于创业者来说要多考察当地市场。对所发展项目要有直观的利润。有些产品需求很大，但成本高、利润低，忙活一阵只赚个吆喝的大有人在。

(3) 要从实际出发，不贪大求全。瞄准某个项目时最好适量介入，以较少的投资来了解认识市场，等到自认为有把握时，再大量投入，放手一搏。

(4) 要尽量选择潜力较大的项目来发展。选择项目不要人云亦云，尽挑一些目前最流行最赚钱的行业，没有经过任何评估，就一头栽入。要知道，那些行业往往市场已饱和，就算还有一点空间，利润也不如早期大。

(5) 要周密考察和科学取舍。当今，各种信息充斥每个角落，许多人都是根据信息来选择项目的。所以，我们对信息一定要重考察、善分析，没有经实地考察和对现有的用户经营情况进行了解，千万不要轻易投资。重考察，一要看信息发布者的公司实力和信誉，当然少不了向当地工商管理部门了解情况；二要看项目成熟度，有无设备、服务情况如何，能不能马上生产上市等；三要看目前此项目的实际实施者在全国有多少，经营情况如何等。

（资料来源：http://www.dvdc100.com/v-roll-d-20160805-n-462851164/）

思维训练

思考适合自己的创业机会在哪里？分析目前距离创业的差距在哪些方面？

行动锻炼

运用所学知识，写出本专业大学生创业的机会有哪些，需要在哪些方面加强。

模块总结

本模块主要讲解了创业机会的概念，创业机会的不同类型，创业机会的来源，以及如何识别创业机会，怎么提高识别创业机会的能力。通过本模块的学习，让同学们掌握创业机会的相关知识，并培养学生识别创业机会和把握创业机会的能力。

参考文献

[1] 王伟，朱燕空. 创业机会评价指标体系构建 [J]. 北京：商业时代，2015 (2).
[2] 燕波涛，王丹. 创业基础 [M]. 北京：煤炭工业出版社，2013.
[3] 关晓丽，郑莹，方胜虎. 创业基础 [M]. 北京：人民出版社，2014.

模块二　创业风险

成都“第一研究生面馆”的故事

2004年的圣诞节，成都市一所高校食品科学系6名研究生自筹资金20万元，在成都著名景观——“琴台故径”边上开起了“六味面馆”。6个研究生的面馆横空出世，这个开头，够石破天惊。放眼成都，一时之间恐怕找不出第二家比这更牛的面馆了，人家连跑腿的小二哥都是清一色硕士呢。自称秘诀：南北结合天下无敌。店长讲“北方的面讲究筋口好，有嚼头；南方的面在汤底上追求独特口味。我们要是把这些特点结合起来，就是天下无敌了。”创业之初，6位股东在第一家店未开张前就设定了五年的目标：5年后开20家连锁店，到时候跟肯德基、麦当劳较量较量。然而事实是残酷的，“研究生面馆”开业不久，6名研究生就一个个被学校领导找去谈话，要他们在学业和面馆之间做出选择：要么退出，要么退学。轰动效应的背后生意并不红火，因为功课忙无人管理的店面经常出现混乱；而面馆本身的质量并没有得到顾客的好评；加上闹市区的支出过于庞大，结局不难想象：草草收场、情伤钱损。短短四个月的经营留下来更多的是创业的无奈和教训。

（资料来源：http://coolyoung. nedu. edu. cn/w_ 40&39. html.）

一、创业风险的内涵

创业风险是指在创业过程中存在的或者可能存在的商业风险，风险是客观存在的，也是可以被认识、被避免的。作为创业者，要理解创业环境、创业机会的复杂性，创业者自身素质、创业团队的素质带来的风险，以及创业投资环境带来的风险等，从而学会规避风险，实现成功创业。

1. 大学生创业者的常见风险

（1）机会成本风险。

创业的机会成本风险是指创业者在选择创业项目时必须放弃其他的机会选择，项目失败造成的资金和时间成本的损失，还包括在创业过程中，由于项目选择把握的不准确或推理不正确，退出时机的选择造成的成本损失风险。

小故事

2007年夏天，广州大学城一位19岁的大二女生陈晞主动休学经营起了一个总投入4 000万元的商业地产项目，准备打造中国第一个校园文化会所，建设成理想中的青年公馆，包括大学生兼职创业园区、小圈子聚集的休闲咖啡厅、清吧。经营一段时间后，陈晞将其中2 600平方米物业转给了别人做旅馆，又多租了一楼500平方米物业做超市。已经成为创业明星的她，半年多时间投入20万元，承租的物业还没有整体开业，这让她感觉越来越苦恼。由于个人的理想与现实的差距，加上与合作商的沟通不畅，在她投入了近50万元资金，甚至影响到她复学的情况下，她被迫放弃了经营。

（资料来源：https://www.kanzhun.com/k－chuangyexiangmu/1499050.html.）

分析陈晞创业的经历，我们看到她为了创业不仅投入了资金，还投入了一年的时间。相信她在这次经历中收获了很多经验和教训，但我们也要看到她对于创业项目的选择是不准确的，她理想中的青年公馆与现实的环境不太相符。同时，她调整经营方式之后，在同质化竞争中缺乏创新，因此最后的结局也是可以预见的。

提醒：第一，大学生创业前一定要做好调查研究。第二，在创业过程中学会及时调整，甚至放弃、降低成本风险。

（2）资金风险。

资金风险是指因资金不能得到及时周转而导致创业出现的失败风险。主要包括：现金流不平衡的风险、资产损失风险、负债和融资风险等。可以说，资金风险贯穿在创业活动的整个过程。当今的商业社会，任何的创业都需要资金的投入，这决定了创业能否顺利起步，决定了创业过程中能否顺利周转，当然也成了很多初创企业能否成功的关键。

小故事

2008年从中国矿业大学毕业后，常军进了江淮汽车集团，成为市场营销策划的储备军。曾经在大学开过校内花店，经营也不错的他，再度涌起了创业的热情。2009年春节，趁着全家人聚在一起，常军拿出了自己的策划案：决定开一个美容美发店。常军从亲戚那里筹到了他所需要的资金——12万元。5月，店铺如期开业，却没有预想的客流滚滚。因为选址的问题和开业时机选择的问题，开支远远大于收入，并不丰厚的创业资金几乎弹尽粮绝，常军只能更加卖力。后来由于希望接下一个大专院校的美发店，常军疏于管理自己的店，最后因美发店老板的反悔，导致他实在无法继续经营而转手退出。

（资料来源：http://www.795.com.cn/wz/92223.html.）

这个案例让我们看到，因为经济问题常军到处筹钱创业，必然存在财务的风险；由于经营中出现管理和选址问题导致成本过高，而资金的不足，导致他很难继续坚持下去，即使看到了创业问题所在，也没有办法改变创业失败的结局。

提醒：第一，大学生创业由于资金的不足，可以采取合作的方式创业，减少压力。第二，大学生创业项目的选择最初应尽量选择轻资产的项目，避免经济压力过大。第三，提高资金管理的知识和技能，尤其是贷款的企业必须预防因通胀而造成的资金现金流断链。

（3）技能风险。

技能风险指的是在创业中技能不足或者技术更新换代可能产生的创业失败的风险。一般来说，大学生还比较缺乏创业必备的知识和技能，尤其是大学生在传统的项目领域内创业。而新技术从研究开发到实现产品化、产业化的过程中，任何一个环节的技术障碍，都将使产品创新前功尽弃，主要是从新产品的研发到成熟推广还是需要不断地完善。

在上述常军创业的案例里，创业的风险主要在于他不懂技术或者技术不专业，所以在创业中对于员工更加依赖，一旦管理不好就必然导致失败。

提醒：第一，大学生创业选择应慎选陌生的自己不专业的行业。第二，选择技能或技术相对成熟的行业创业。第三，加强技能学习，尽量合作创业。

（4）资源风险。

资源风险主要是由于社会网络的贫乏而产生的风险。初创企业面临的诸多的问题对于大学生来说是比较难以解决的。比如如何创办企业、如何进行市场开拓和宣传等工作都需要调动社会资源。大学生在校期间进行创业所利用的社会资源相对较少，有创业教师的指导，政府与学校的大力支持，创业项目相对来说属于科技知识型创业，也得到各个方面的扶持。但是一旦进入社会，就难免面临着诸多的困难和挑战，也需要更多的社会网络的支持。

提醒：第一，大学生积极参与社会交际，扩展自己的人脉。第二，可以在参加实习和工作并积累一定的人脉后再创业。

（5）管理风险。

管理风险是指大学生创业者由于管理决策、资金管理、产品管理、营销管理、人力资源管理等方面的管理能力欠缺而造成的创业风险。

主要表现在以下方面：第一，团队负责人用人不当，主观情绪化影响较大，不懂得团队合作。第二，决策不科学，容易被情绪左右。第三，缺乏各种制度设计，管理不科学。

提醒：第一，要加强制度设计，从规范开始。第二，团队成员选择应尽量做到技能多样化。

（6）环境风险。

创业一定是在特定的环境下进行的实践，环境的改变会给创业者带来一定的影响和冲击。环境风险是指在创业过程中由于环境发生变化而给创业带来的风险。而且环境风险尤其是社会变革、政治改革、政策调整以及意外灾难等对于企业来说，是很难避免的，尤其是对于不成熟的企业来说，更是难以应对。

提醒：第一，做好各种环境带来的变化的预判，做好应对措施。第二，强化创新机

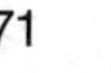

制，主动积极应对市场环境变化的风险。

（7）市场风险。

市场风险是指创业者从事经济活动中因市场变化所面临的盈利或亏损的风险。很多创业者在对市场进行评估时，即便是面对市场调查的数据，在估算时也仍然可能高估市场需求。尤其是大学生创业，当创业的产品或服务面临一个传统的市场时，很容易忽视一个产品或服务为客户所接受是需要花费时间来培育，同时还需要资金投入进行宣传，结果造成市场的规模不足导致创业的失败。

提醒：大学生创业要形成积极的快速的市场反应机制，主动适应市场。

2. 大学生创业失败的常见原因

（1）大学生职业精神和道德秩序的缺失。

一个良性的、成熟的、健康的市场竞争环境是创业者必须接受和维护的，大学生创业不仅要在法律的框架下追求商业利润，还需要自觉地把商业行为与传统的道德行为规范和谐统一起来，做一个真正有信誉有良知的社会企业家。大学生创业因为环境的因素对于市场竞争往往缺乏必要的心理准备，而容易因困难做出违背市场准则和基本道德的行为，不仅败坏了行业名声，也注定了企业的经营危机。

因此，大学生创业更需要用高标准来规范自己，做一个真正的企业家，引领时代潮流。

（2）盲目的扩张和多元化。

企业失败的另一大根源是急速的扩张和多元化。国内企业多元化现象普遍，但是在没有核心竞争力品牌的情况下，多元化一定会分散企业的力量，并且透支企业长远发展的潜力。在资本的推动下，企业容易产生快速扩张的冲动。如：凡客的快速扩张导致快速地滑坡，三九集团多元化的盲目扩张，陷入资金链的危机。这样的案例有很多，尤其是大学生创业更容易因短期的成功而冲动，导致很多大学生创业者的经营失败。

（3）团队管理不善。

人才对企业的发展有着重要意义，很多大学生创业的企业在人才的使用上强调创业员工的忠诚，而不重视员工的利益，这样就不利于公司内部的沟通和合作。

创业者对于人才录用标准的不适合导致企业管理不善。有些企业为了节约成本，随便聘用一些不合适的员工。有些为了面子好看而过分看重那些学历高、长相好的员工，而不是从公司真正需要出发。

（4）责任和权力过度分散。

很多初创企业的老板喜欢找一些自己人作为公司的员工兼合作伙伴。对于初创企业有以下两个建议：首先，合伙人与招聘的员工一定要做好区分，避免经营出问题导致团队合作的失败。其次，选择合作伙伴尽量选择互补型伙伴，要么是资金投入，要么是技术参与，或者是管理营销等各方面人才。大家对于合作企业的盈利与亏损共同承担，形成协议，避免产生不必要的纠纷。

二、创业风险的识别与防范

风险识别是指在风险出现或出现之前，就予以识别，从而有效把握各种风险信号及其产生的原因，从而找出最佳的处理办法。因此，风险管理的第一步就是积极面对，全面认识企业运营中可能出现的风险。

1. 风险识别的具体方法

（1）业务流程标识法。

创业者都是按照业务流程图的方式进行商业活动，创业者可以在业务流程图上把商业活动中每个环节的具体业务详尽地标识出来，从而在每一个环节把风险注意点重点布置，从而做到在具体的流程中抓住重点，解决问题，全力避免风险的发生。

（2）专业咨询法。

创业者不一定在每一个领域都擅长，因此，在不擅长的领域可以向更专业的人士进行咨询，邀请或者聘用专业人士对于公司的风险进行调查和识别，从而提出解决风险的方案，供创业者参考，并加强在过程中的监督。

（3）亲身调研。

创业者为了避免经营中的风险，需要深入企业的运营过程中，了解运营中可能面临的各种风险，进而采取措施进行预防和补救，真正地把风险控制在一定的程度。

（4）财务分析。

财务分析是了解一家企业运营情况的“晴雨表”，财务分析主要是分析资产负债表、损益表、现金流量表三大报表中的会计科目，确定企业在何种情况下会发生什么样的损失，并找到损失的原因。这种方法直接、客观、准确，但是这种分析是要企业运营一段时间后才能进行的全面的总结与分析，要与其他的方法结合使用。

风险识别的意义就在于，每个创业者都认真了解风险，积极预防风险，对一些后果严重、影响巨大的风险必须提前做好准备。

2. 防范风险措施

（1）防范资金风险。

防范资金风险的对策有：向专业人士咨询，重视对财务的分析；合理分配企业运营中的资金使用比例，节约使用现金；认真分析资金与订单之间的关系，避免出现订单导致的资金问题；注意企业的流动资金与固定资金的分配比例，保证企业的正常运营。

（2）预防开业风险。

创业的第一步就是选择好行业开业，而降低开业风险的主要措施有：选择自己熟悉的或擅长的行业进行创业，这样更容易避免风险；制订符合自己实际的创业计划书，做好最坏的预计；在资金上要保证有一定的流动资金，以免意外发生；尽量选择投入资金较少的行业进行创业，避免出现资金投入的不可控局面发生。

（3）积极预防市场风险。

对于创业者来说，市场风险是无时不在的，因此积极预防市场风险是对创业者的基本要求。主要措施有：面向市场和消费者；密切关注市场信息，认真分析，制定策略，抓住市场的每一个有利机会；准备好企业自身的资金，了解和掌握竞争对手的基本情况，打造一个优秀的团队，从而占据市场优势。

（4）防范人力资源管理风险。

创业者防范人力资源管理风险的对策有：建立完善的雇员选择标准，综合考虑技术

能力和合作能力两个因素；建立合理的信息沟通及汇报制度，使创业者能充分掌握员工及企业动态；制定有效的投资力度，从长计议，加强员工内部凝聚力；人员来源要寻找最能胜任工作的人选；记录并跟踪新雇员情况，熟悉各个职员素质及发展，做到人尽其才；友好对待并鼓励新雇员，使其早日适应新环境，进入工作角色。

（5）加强财务管理的科学性。

财务管理的好坏直接影响到企业的运作。很多初创企业不太重视财务管理的问题而导致经营的失败。要加强财务的科学管理，可从以下几个方面强化：首先安排专门的人负责财务，密切监控财务的风险，并及时向财务专家或银行进行咨询；在适当的时机选择最适合的方式吸引外部资金的参与，尤其是国家的扶持资金要善加利用。

（6）评估技术的转化能力。

很多的初创企业自身的技术尚不完备或没有专业技术而需要引进他人技术，因此在运营中需综合考虑企业自身技术能力、资金量和所需时间，选择技术获得途径；若选择引进技术，则要在引进技术前对所引进技术的先进性、经济性和适用性进行评价；加强对职工的技术培训，提高员工对高科技设备的操作熟练度，减少不必要的风险损失。

三、提升大学生创业风险识别与防范能力

1. 提升自身素质

分析众多大学生创业成功的案例，他们的成功创业可以归因于以下几方面的能力：创新意识和能力较强；在校期间锻炼了一定的组织、策划能力和管理能力；思想活跃、公关能力较强。因此，大学生在校期间可以加强自己在管理能力方面的培养，尤其要注意营销管理、时间管理、财务管理、客户管理、绩效管理、人力资源管理等方面的知识和能力的培养训练。

2. 准备好创业的基本条件

大学生创业要了解创业的基本条件：首先要有创意，这是创业的前提；其次要有资金的保障，否则很难把创意真正转化为现实的创业；最后，要有一定的经验、团队和技术，这是创业的基本要素。对于大学生来说，要善于把握大学生的优势，善于引进高科技项目创业，善于利用社会资金，真正把创业落到实处。

3. 面对创业风险，提高创新水平

当前，很多高校与社会机构都开设有关于创业风险的课程，通过讲述参观案例创业的实际案例让大学生了解创业风险，学习创业经验。并在创业实践中通过教师的指导积极应对创业风险。在学习与实践的同时不断提升创业能力，增强创业的信心，做到创业中失败不气馁，不断努力找到适合自己的创业项目。我们认为，大学生创业学习和实践的过程是一种体验，同时对大学生创业提出更高的要求，一定要在创业中学习创新，努力实现岗位内创业。

4. 认真学习创业政策和相关法律法规

大学生创业是党和国家当前积极倡导的行为，为支持大学生创新创业，党和国家以及各级政府出台了很多的优惠政策，希望帮助大学生在校期间积极创新，敢于创业，进

而推动国家产业的转型升级。大学生创业必须要积极学习各种法律法规，合法开展创业实践活动，保障自身的合法权益；积极了解各种优惠政策，保证创业实践中得到各种支持和指导。

5. 注意解决创业不同阶段不同的问题

在创业前期，要谨慎选择项目，避免盲目跟风，合理组建团队，避开熟人搭伙，注重实践磨炼，回避准备不足。

在创业中期开始要强化内部管理，培养骨干队伍，积极参与竞争，杜绝急功近利，加强内涵建设，创立品牌形象。

在创业后期，面对“守业”的艰巨任务，要懂得建立激励机制，凝聚创新人才，尝试权力授予，完善组织架构，逐步合理扩张，健全制约机制。如此，才能算得上成功创业。

6. 组建搭配合理的创业团队

创业不是一个人单打独斗的游戏，而是一群人合作经营的事业。因此，团队的建设尤其重要。其中有两点非常重要：第一，制度设计在前，积极沟通。第二，合伙创业确保发挥各自的特长。

小故事

案例一：李先生大学毕业以后在广州一家汽车配件行业从事外贸销售工作，跟着别人的公司工作两年多的时间，对于整个行业有了自己一定的见解，而且自身的能力也得到公司老板以及客户的普遍认可。2014 年，他决定出来创办自己的外贸企业，他带着几个曾经的同事组建了自己的公司创业团队，同时也投资了近 300 万元现金。但是好景不长，创业团队的成员纷纷提出离职的申请，尤其王经理是当初跟自己最铁的“哥们”，这令李先生非常心痛。后来他分析了原因，他一直认为公司应该是快速扩展业务，公司元老也应该跟自己一样勒紧裤腰带把资金投在业务上，尽量少拿工资，可几位元老认为公司的发展应该是公司的目标，不是一时半会的事情，不应该压缩大家的基本福利。为此，创业半年左右，公司的老员工基本上所剩无几，李先生也开始在失望中思考着公司的未来。

案例二：广州某无人机配件公司是由广东工业大学五个大学生 2015 年合伙创立的一家公司，该公司的五个同学分别来自于五个不同的专业，两个来自计算机和电子专业负责技术问题，一个来自于艺术设计专业专门负责设计，另外两个来自外语和市场营销专业负责国内外的营销工作，就这样一个创业团队产生了。

7. 善于学习经验

大学生创业因为经验问题，很容易出现想当然的问题。在做创业方案的时候，对于市场的调查比较少，而是理想化地认为产品好市场就一定好，这样的主观的思考方法对于创业者来说是危险的。

创业不仅需要在知识上进行储备，更需要在实践上加强锻炼。虽然政府对于创业给了各种优惠政策，但是仅靠政策支持那还是远远不够的，还需要在实践的过程中不断学习，利用大学的创业平台，在实践中体验创业、摸索创业、积累经验、提升素质、把握技能。向创业导师学习，向创业前辈学习，避免创业中走太多弯路，务实创业，争取创业的成功。

案例分析

刘明是成都理工大学的学生，也是成都高博科技有限公司的法人代表。吴阳是成都一名成功的青年企业家，2008 年在成都推出大学生创业“导师带徒”时，以结对的方式成为刘明的创业导师。

一开始，刘明几个大学生非常理想化。企业做什么项目不知道，但自信满满，就觉得自己能一鸣惊人。吴阳说，刘明的创业经历在大学生中很典型，热情很高，但不够实际。于是吴阳建议他们针对市场情况和自身优势多做调研，最终选定开发“电器仪表”的项目。

之后的研发、生产，考验的是大学生的动手能力。刘明从导师这里可以学到很多，比如怎么控制成本，怎么搞前期调研。刘明说，有时候导师自己去和客户谈生意也带上他，一方面学习如何谈判，另一方面认识了更多的企业家，积累人脉。

然后他们遇到了困难。钱花得差不多了，理想的产品又研发不出来，几个人开始争吵，甚至要解散。吴阳说，这时就要给一些鼓励和支持，一些导师在必要时，还会自己借钱给大学生，帮其渡过难关。

产品终于研制生产出来，在有关政府部门的帮助下取得了第一笔收入，但之后的推广又停滞下来。因为前期享受了许多政策优惠，所以后来一碰到困难就想着请政府帮忙。吴阳明确告诉几位大学生，企业的发展不能老靠在政府身上。

最近，刘明和他的团队完成了产品的第一次招商，初步确定了 60 多万元的首期货款，预计今年可实现销售额 500 万元。“这个小企业活了。”以自己十多年的办企业经验，吴阳对他们做出判断。

今年，成都市聘请了上百名企业家导师，一对一或一对多来指导大学生创业，效果良好，有的导师已指导成功了八九家大学生企业。目前，导师队伍正不断扩大。

（资料来源：http://blog. sina. com. cn/s/blog_ 74632c560100tmjb. html.）

请分析：本案中创业者遇到哪些风险，是如何应对的?

延伸阅读

Peter C. Cairo 在 *Why CEOs Fail* 总结 CEO 失败的特质

傲慢——只有我是对的，你们都是错的。

戏剧化人格——想要成为注意力的中心。

心绪不稳定——决定易被情绪左右。

过度谨慎——不敢做出决定。

习惯性的不信任——只看到消极一面。

叛逆心理——相信规则就是用来打破的。

消极抵抗——言行不合一，所说非所想。

完美主义——所有的小事都做对了，大事都做错了。

讨好型人格——渴望被每个人喜欢。想要满足所有成员的愿景。

（资料来源：http://edu.china.com/examine/mba/mbanews/90138/20160928/30007128.html.）

思维训练

思考如果自己创业，可能面临的风险有什么？

行动锻炼

运用所学知识，总结本专业大学生创业中存在的风险。

模块总结

本模块主要讲解了创业风险的概念，创业风险的根源，创业风险的识别与防范，以及大学生如何提升创业风险防范的能力。通过本模块的学习，让同学们掌握创业风险的相关知识，并培养学生识别和防御创业风险的能力，增强创业的成功机会。

参考文献

[1] 李伟，张世辉. 创新创业教育［M］. 北京：清华大学出版社，2015.

[2] 陈奎庆，丁恒龙. 大学生创新创业教程［M］. 北京：科学出版社，2014.

[3] 杨敏. 创新与创业指导［M］. 杭州：浙江大学出版社，2011.

[4] 蒋建军，等. 创新创业创青春［M］. 杭州：浙江大学出版社，2015.

[5] 许湘岳，邓峰. 创新创业教程［M］. 北京：人民出版社，2011.

[6] 燕波涛，王丹. 创业基础［M］. 北京：煤炭工业出版社，2013.

[7] 陈吉明. 创造学与创新实践［M］. 2 版. 北京：科学出版社，2016.

模块三　商业模式开发

案例导读

VANCL 凡客诚品，是一个曾经红透中国的互联网快时尚品牌，是由卓越网创始人陈年创办，2007 年 10 月 18 日正式运营。公司先后获得联创策源、IDGVC、软银赛富、启明创投、老虎基金、淡马锡等多轮投资。正如 2010 年凡客诚品主管市场营销的副总裁杨芳介绍："凡客诚品自 2007 年成立以来，营业额翻了 3 倍，2010 年有望实现 20 亿元人民币营业收入，并且在 2011 年，其增长率将达到 150% 以上。"在荣誉方面，凡客诚品曾获得"2009 德勤高科技、高成长亚太区 500 强"第一名。2010 年 10 月，凡客诚品获"2010 年中国最具投资价值企业 50 强"企业。

凡客诚品的交易策略是：①"30 天不满意免费退换货"，也就是说收货付款后，如果你仍不满意，有 30 天时间的后悔期，解决了所有消费者的忧虑。②做到极致的上门服务，不光是送货上门，退货也上门，退款也上门。这样在短期内建立了互联网快时尚品牌。但是凡客诚品推出 30 天仍可以退货，消费者的风险是没了，可是商家的风险就大了，如果所有的消费者都退货怎么办？因此在价格合理的基础上必须保证质量一定要过硬。

2012 年开始，凡客诚品却快速地走了下坡路：公司开始裁员，接着库存积压严重，高达数十亿的惊人数字被踢爆，巨额亏损、高管离职……突然之间似乎一切都失控了。这个失控是必然的，一个被热钱冲昏头脑，忽视质量和技术的提升，仅仅依靠营销的企业不可避免地会走向衰落。凡客诚品的产品甚至不如凡客的包装盒，这是业内人士对凡客产品质量最为形象的嘲讽。

虽然，今天凡客诚品依然还在，但是要想再次重返辉煌似乎可能性不大，这也为更多的互联网创业者提供更多的思考和借鉴。

（资料来源：360 百科. 凡客）

一、商业模式的内涵

很多人都明白，商业模式对于企业来说，无论是初创企业还是成熟的企业都是非常重要的。一个企业有一个好的商业模式，很大程度上就确保了企业成功运作。但是对于商业模式的定义无论是学术界还是商界都没有一个固定的答案。

被称为国内"商业模式理论鼻祖"的李振勇先生在《商道逻辑：成功商业模式设计指南》一书中对商业模式做了以下定义：商业模式是一个完整的系统，是一个高速运转的、有效率的，而且有别于其他企业或其他产业价值链的能持续赢利的系统。在书中，他认为商业模式是一个能够实现价值最大化，能够整合各种优势资源形成的独特的完整系统。

360 董事长周鸿祎在《周鸿祎自述：我的互联网方法论》一书中对于商业模式做出

这样的解读：商业模式不是单纯的赚钱模式，而是你能提供什么样的产品，给什么样的用户创造价值，在创造价值的过程中，用什么方法获得商业价值。他从互联网的角度对于商业模式进行解读，着重提出了商业模式能够创造价值，并且也是可以实现商业的价值。

从商业模式的功能来看，商业模式的概念可以做以下定义：为实现价值最大化，企业整合内外资源，不断创新，从而形成一个独特的、有竞争力的运营系统。

二、商业模式的特征

1. 商业模式的独特性

说到商业模式，首先是具有独特性。很多成功企业的商业模式都有独特的价值主张。以互联网行业为例：阿里巴巴创业之初提出要为全世界数量众多的中小企业服务的主张，毅然推出了企业免费入网的模式。第一，免费入网为他争得了最大数量企业的参与。第二，针对市场主体的企业诚信问题，2002 年提出了企业信用证的概念。第三，在收购雅虎中国之后推出电子商务搜索——关键字竞价搜索，帮助企业进行网站推广。我们知道，阿里巴巴以此模式帮助了全世界众多的中小企业，而且也使自身也成为互联网行业霸主之一。

同时我们也看到，在国内众多的互联网企业中，每一个崛起的互联网品牌背后都有着自己独特的商业模式支撑。传统门户网站从在线新闻特点出发提出自己的价值主张；腾讯 QQ、微信、新浪微博等从快捷通信以及交流的方式出发各自解读自己的价值主张；盛大公司着眼于游戏客户的体验进行开发与解读；百度最初专注于搜索，不断提升客户的搜索体验；优酷、爱奇艺等在网络上为客户提供更好的视频观赏体验；淘宝、携程、当当等电子商务的模式提供更加快捷的购物体验和服务；前程无忧、智联招聘等更是提升了招聘的成效等。当然，随着科技和互联网的发展，也有更多的企业以更独特的商业模式出现在商业竞争中。

2. 商业模式的系统性

商业模式是企业运营中各个因素共同组成的相互影响、相互联系的系统。从企业整个运营系统来看，商业模式可以分为用户模式、产品模式、市场模式以及收入模式等几个方面的系统。用户模式，回答谁是自己的用户，给他们提供什么样价值的东西，也就是企业的价值主张。产品模式就是企业提供的产品以及该产品的市场优势。市场模式，就是要明确产品的市场定位以及客户的定位，从而确定市场的营销与宣传。收入模式，就是企业如何赚钱的问题，就是如何把商品转化为利润的模式。

3. 商业模式的周期性、局限性和可移植性

日本的三谷宏治在《商业模式全史》一书中提出："无论何种商业模式，寿命不过 5～10 年。"他认为，既然商业模式具有周期性，因此很多企业在成长的过程中也在根据内外部条件的变化不断创新商业模式。很多企业在发展初期通常选择服务和产品盈利模式，随着企业的实力增长，盈利增长压力增大，为了持续发展，企业可能将逐步过渡到品牌盈利模式，品牌管理和品牌并购将是企业需要重点考虑的问题。

虽然某种商业模式一旦形成便会被竞相模仿从而失去最初的盈利效益，但也可能被移植而产生新的活力。在今天，一旦一种新商业模式的出现并且获利，很快这种商业模式就会被移植到其他的行业，从而推动了其他行业的创新。

4. 商业模式的创新性

商业模式本身就是一个创新的产物，企业只有不断地创新商业模式，才能真正建立自身的竞争优势，才能在市场上居于领导地位。据统计，当今美国的企业创新60%以上都是商业模式的创新，而技术的创新还不到40%。而事实上，商业模式的创新会推动企业不断地进步。美国通用公司的杰克·韦尔奇认为公司就是要不断地否定过去才能在竞争中保持领先。随着科技的发展和互联网技术的普及，传统的商业模式必须创新才能适应社会的需求。

小故事

在广州某学校旁有好几家豆浆店，大部分的店家生意起起落落、时好时坏，但有一家生意特别兴旺，每天客人川流不息。经过细心的观察，原来这家店生意特别好是有原因的。一般豆浆店卖的甜豆浆只能加白糖，但这一家却提供三种不同的糖供顾客选择。第一种是白糖，和其他几家并无不同。第二种是具有滋养喉咙保护声带功用的蔗糖，这是为在附近教学的教师所贴心准备的。第三种更绝了，由于学生群也是该店的主力客户，而学生们喜欢新奇，店家特别针对他们的特性准备了黑糖，加上去整碗黑黑的，别有一番滋味，学生们戏称为“巧克力豆浆”。除此之外，这家店对客户的姓名都能熟记，并亲切招呼，同时还为老顾客准备了一些赠品相送。例如浮在豆浆上的豆皮层，店老板特地捞起来送给年纪较大的老客户，让他们带回去作为营养补品。轧豆浆剩下的豆渣则是送给老太太们，并教她们带回去用酸菜煎炒，做成一道可口又下饭的佳肴。所以他们这一家店每天车水马龙，每个人也都忙得不亦乐乎，与其他店家的门庭冷落车马稀形成强烈的对比。

这家豆浆店在经营的创意上比别人多用了一份心。不仅提供顾客需要和喜爱的产品，让顾客满意；同时用亲切、额外的服务，让老顾客产生了共鸣和感动的“最大满意”——“让顾客感动”，强化了“顾客忠诚度”。以更低廉的价格提供比竞争对手更为优质的商品和更好的服务，是我们占有顾客的第一步，能够提供“超越顾客期望的产品和服务”，从“围绕商品的战斗”转向“围绕感觉的战斗”，最终“感动顾客”，才能击败对手，在市场竞争中获得生存与发展。

(资料来源：http://www.chinatat.com/renliziyuanguanlishi/251/ma1509162459.shtml.)

三、商业模式的重要性

管理学大师彼得·德鲁克在《德鲁克日志》中曾说过：“当今企业之间的竞争，不是产品之间的竞争，而是商业模式之间的竞争。”无独有偶，我国一本专业研究商业投资的杂志《科学投资》根据多年对创业企业的调查总结认为：在创业企业中，因为战略原因而失败的只有23%，因为执行原因而夭折的也只不过是28%，但因为没有找到盈利模式而走上绝路的却高达49%。

商业模式的重要性在很多伟大的公司的兴衰历史中都可以看出来，诺基亚曾经是手机行业的霸主，而对于智能系统的市场认知偏差导致其丧失了市场霸权，走向没落最终被微软收购。而专业生产相机的索尼、佳能等公司也随着智能手机自带相机的功能叠加没有及时调整策略，导致市场日益萎缩。

四、商业模式的类型

商业模式系统的商业运行一般会涉及供应商、制造商、经销商、终端商以及消费者等综合性利益，因此，商业模式是一种多赢价值体系下，主导企业的一种战略性构思。阿里巴巴商友圈在分析了商业模式的案例之后，提出商业模式的基本分类，主要包括以下两种。

1. 运营性商业模式

重点解决企业与环境的互动关系，包括与产业价值链环节的互动关系。运营性商业模式创造企业的核心优势、能力、关系和知识，主要包含以下几个方面的内容。

（1）产业价值链定位：企业处于什么样的产业链条中，在这个链条中处于何种地位，企业结合自身的资源条件和发展战略应如何定位。

（2）盈利模式设计（收入来源、收入分配）：企业从哪里获得收入，获得收入的形式有哪几种，这些收入以何种形式和比例在产业链中分配，企业是否对这种分配有话语权。

2. 策略性商业模式

策略性商业模式对运营性商业模式加以扩展和利用。应该说策略性商业模式涉及企业生产经营的方方面面。

（1）业务模式是指企业向客户提供什么样的价值和利益，包括品牌、产品等。

（2）渠道模式是指企业如何向客户传递业务和价值，包括渠道倍增、渠道集中/压缩等。

（3）组织模式是指企业如何建立先进的管理控制模型，比如建立面向客户的组织结构，通过企业信息系统构建数字化组织等。

五、商业模式创新

1. 商业模式创新的价值逻辑

商业模式的基本逻辑就是通过在对产品和技术的识别基础上，明确顾客的价值，明确价值创造的来源，明确合作伙伴，从而制定竞争策略，创新商业模式，实现价值的获取最大化。这一逻辑包括价值发现、价值匹配、价值获取等三个方面。

（1）价值发现。

通过对市场的调查、研究、分析等方式，找出市场中没有充分反映出来的潜在价值的商品。价值发现的过程注重价值导向、客户服务导向、价值链整合等，这是一个重新定位的过程。很多公司不同阶段的成功都是经历了价值发现的过程，忽视了价值发现是许多创业实践失败的重要原因之一。1991 年，作为手机霸主的摩托罗拉为了进一步拉开与其他手机公司的差距，利用美国最先进的技术，成立铱星公司，研制开发世界上最先进的卫星电话——铱星手机。铱星手机目标市场定位是传统网络无法覆盖地区的人们，当然手机与通信费用也比较贵。最终的结果是铱星公司因订货不足而破产。这个例子充分说明忽视价值发现的过程盲目经营的结果必然失败。

（2）价值匹配。

价值匹配的过程也是明确合作伙伴，实现价值创造的过程。企业的发现需要整合内外各种资源和能力。在此过程中，选择什么样的合作伙伴对于企业价值的实现非常重要。如戴尔公司以对供应商忠诚、对供应商的快速支付而闻名。因此，戴尔要推动其上下游合作伙伴保证生产与销售的即时性，从而降低成本，提高服务的质量和竞争的水平。

（3）价值获取。

商业模式的创新性是企业在竞争中占据领先的重要因素，但是商业模式的可复制性也导致很多企业在成为技术和产品的开创者的同时，没能及时占有创新的价值，从而被竞争对手占有。为了避免这种情况，创新模式的开拓者要尽量避免被抄袭，同时要尽快获取创新的价值。比如 Google 公司就是一直在与其他公司的合作中适度地及时公开有关信息但同时严守它的商业模式秘密，避免被复制。在竞争中，先进的商业模式保密的时间越长，它获得的巨额利润越大。

2. 商业模式创新的 4 种类型

（1）盈利模式的创新。

不同的盈利方式可能会颠覆行业。根据 360 百科介绍，360 杀毒软件是中国用户量最大的杀毒软件之一，360 杀毒是完全免费的杀毒软件，它创新性地整合了五大领先防杀引擎，包括国际知名的 BitDefender 病毒查杀引擎、小红伞病毒查杀引擎、360 云查杀引擎、360 主动防御引擎、360QVM 人工智能引擎。在 360 杀毒软件刚推出的时候，杀毒软件市场上被卡巴斯基、金山、江民、瑞星等多个收费杀毒软件包揽，而 360 杀毒软件以安全免费的模式进入市场，一年不到的时间就彻底搅乱了杀毒软件市场，8 个月就占有了国内超过 50% 以上的用户。据统计，360 杀毒是迄今国内获得 AV - C 和 AV - Test 两大国际评测认证次数最多的杀毒软件，并多次取得查杀率、拦截率全球第一的成绩。“每一次战争，都会以免费的胜利告终，并且带来更好的产品、更优质的服务，以及更强大的商业模式。”奇虎 360 公司总裁齐向东说。

360 杀毒软件的免费模式是一种商业模式的创新，这种商业模式基础是拥有众多的用户，并且免费的模式持续增加用户的忠诚度。它的盈利模式不在于直接的客户，而在于以下几点：第一，广告和软文推广的费用。第二，附属软件的盈利，比如浏览器、视频软件等。第三，软件排名、差评排名等竞价排名的方式成为其他软件的“保护伞”，从而收取费用。第四，游戏的收入分成。

有人说，未来的商业模式中，免费的商业模式才是真正有竞争力的模式。不过，我们也明白，免费是针对直接客户而言，不过是转嫁给其他的商家而已。

（2）运营模式的创新。

曾经很火热的苹果 5S 土豪金就是一个很好的运营模式的创新。如果按照专业角度讲，也许会称为香槟金手机，但是苹果手机运营中结合中国的文化，土豪金，代表着身份，所以它成了中国人关注讨论的话题的同时，也引发了国人对于手机抢购的热潮。

（3）产业链模式的创新。

我们知道，在我国有一家企业虽然一直亏本但是市值一直在上升，这个企业就是京东。为什么京东亏本的同时还一直能够获得一轮轮的融资，其原因要从京东的产业链创新说起。首先，京东的产品供应是采购到京东自己的仓储，然后进行配送。其次，为了节约运营成本，京东引入大量的产品供应商，无论你是厂家还是普通的代理商，只要你有产品。每个产品供应商必须铺 100 万元价值的货物，且每月结算一次。就是因为这个改变，保证了京东的流动资金，让京东的投资商们纷纷继续投资。

（4）价值创新。

有的产品本身可能短期内不挣钱，但是它的价值却很大，或者品牌价值很大同样也是可以在市场中活得很滋润。亚马逊公司（Amazon，简称亚马逊）就是一个这样的公司。亚马逊成立于 1995 年，之后连续 20 年几乎不盈利，却由于其独特的价值“低价”赢得了市场众多客户，从而为投资者所青睐，目前仍然是美国最大的电子商务公司。亚马逊的创始人贝佐斯曾说过：世界上有两类公司，一类提高价格，一类降低价格。亚马逊无疑属于后一类，它残酷高效地追求降低价格。“低价”给亚马逊迎来了顾客青睐。然而这条道路也限制了亚马逊本身对于利润的追逐。而它的战线越丰富，就要花费更大的代价去压缩利润。很多人认为，亚马逊有可能永远不可能获利，但是对于一直注重研发和创新的亚马逊来说，推出自己的智能化移动平台，扩展线下实体书店等业务，不断扩展自身的业务，目前它的身份已经不仅限于电子商务巨头，同时还是世界上最大的产品零售商。不仅如此，它还经营着世界上最成功的云计算业务。2015 年最终实现盈利，目前形势一片大好，2016 年已经成为美国排名前五的公司。

3. 商业模式创新的工具

为了设计创新商业模式，我们必须考虑创新的复杂环境，例如竞争对手、技术、法律以及环境等。但是，只要我们运用恰当的工具，就可以更好地提高我们商业模式创新的能力。亚历山大·奥斯特瓦德在《商业模式新生代》一书中提供了 6 种方法。这些方法包括：客户洞察、创意构思、可视思考、原型制作、故事讲述和情景推测等。

（1）客户洞察。

我们要从客户的角度来看待商业模式，这样可以让我们找到全新的机会。这并不意味着要完全按照客户的思维来设计商业模式，但是在评估商业模式的时候需要把客户的思维融入进来。创新的成功需要依靠对客户的深入理解，包括环境、日常事务、客户关心的焦点及愿望。苹果的 iPod 是一个很好的案例。苹果知道人们需要能够搜索、下载和收听数字内容，包括音乐，并且用户愿意为这种能成功解决这些问题的服务付费。苹果为客户建立了一种无缝音乐体验，将 iTunes 音乐与媒体软件、iTunes 在线商店和 iPod 媒体播放器整合在一起。以这种价值主张为核心的商业模式，使得苹果成为在线数字音乐市场的领导者。

移情图（见图3-1）是Xplane公司开发设计的一个可视思考工具，用于大致描述出所需要满足的客户细分群体的特征。我们可以将其称为“超简客户分析器”，这个工具可以帮助你超越客户的人口学特征，更好地理解客户的环境、行为、关注点和愿望。

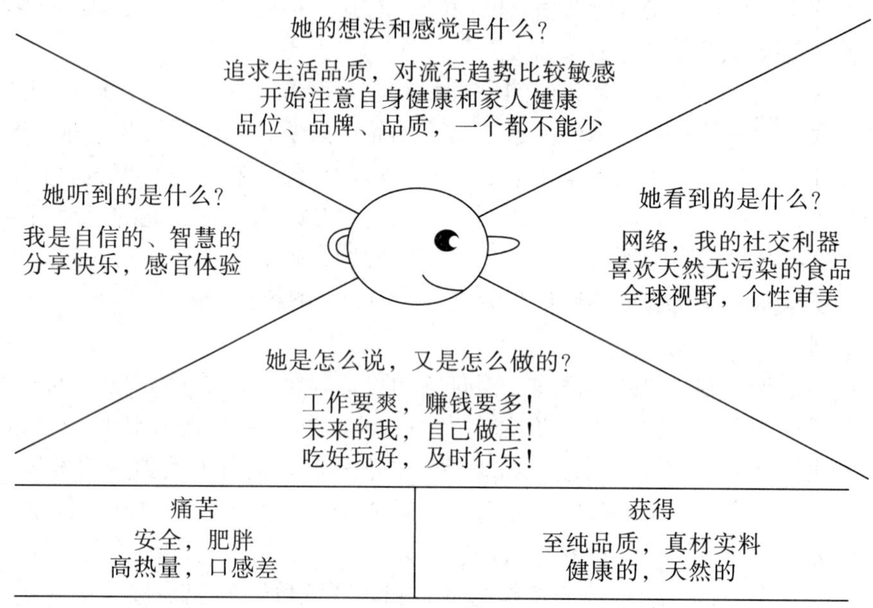

图3-1 移情图

移情图是这样发挥作用的。找出你的相关商业模式中可提供服务的所有客户细分群体。选出3个有希望的候选人，并选择一个开始客户描述分析。首先给这个客户一个名字和一些人口统计特征，诸如收入、婚姻状况等。然后参考图表，通过询问回答以下6个问题，在活动挂图或白板上描绘你新命名的客户。

第一，她看到的是什么？描述客户在她的环境里看到了什么。

· 环境看起来像什么？
· 谁在她周围？
· 谁是她的朋友？
· 她每天接触什么类型的产品或服务（相对于所有市场产品或服务）？
· 她遭遇的问题是什么？

第二，她听到的是什么？描述客户所处环境是如何影响客户的。

· 她的朋友说什么？她的配偶呢？
· 谁能真正影响她？如何影响？
· 哪些媒体渠道能影响她？

第三，她真正的想法和感觉是什么？设法概述你的客户所想的是什么。

· 对她来说，什么是最重要的（她可能不公开说）？
· 想象一下她的情感，什么能感动她？
· 什么能让她失眠？
· 尝试着描述她的梦想和愿望。

第四，她说些什么又做些什么？想象这位客户可能会说什么或者在公开场合可能的行为。

·她的态度是什么？

·她会给别人讲什么？

·要特别留意客户所说的和她真正想法与感受之间的潜在冲突。

第五，这个客户的痛苦是什么？

·她最大的挫折是什么？

·在她和她想要事物或需要达到的目标之间有什么障碍？

·她会害怕承担哪些风险？

第六，这个客户想得到什么？

·她真正想要和希望达到的是什么？

·她如何衡量成功？

·猜想一些她可能用来实现其目标的策略。

（2）创意构思。

新的商业模式需要产生大量商业模式创意，并筛选出最好的创意，这是一个富有创造性的过程。这个收集和筛选的过程被称作创意构思。

创意构思的过程可以采取多种形式。

①团队构成关键问题：我们的团队是否有足够的多样性来创造新的商业模式构想？

召集合适的团队对于有效产生新的商业模式创意来说是必不可少的。团队成员应该具备多种不同的资历、年龄、经验水平以及业务部门归属、客户知识和专业技能。

②全情投入关键问题：在创造新的商业模式创意之前，我们需要研究哪些要素？

理想情况下，团队应该进行一个沉浸投入的过程，其中包括普遍研究、了解客户或潜在客户、审议新兴技术，或者评估现有商业模式。全情投入的过程可以持续数周，也可以像几次专题研讨会练习一样短。

③扩展关键问题：针对商业模式的每个构造块，我们都能想到哪些创新？

在这个环节中，团队扩展可能解决方案的要旨是生成尽可能多的创意。商业模式的每个构造块都可以成为创新的起点，所以这个阶段的目的就是数量，而不是质量。强制型头脑风暴可以强迫人们持续专注于发掘新的创意，而不是过早进入评估各个创意的可行性的阶段。

④条件筛选关键问题：什么是我们商业模式创意排序的最重要准则？

通过扩展可能的解决方案之后，团队需要定义条件准则，把创意减少到几个可管理的数目。条件准则应该与你自己的业务相关，可以包括诸如预期实施时间、收入潜力、潜在客户阻力和对竞争优势的影响等。

⑤“原型制作”关键问题：每个入围创意的完整商业模式是什么样子的？

有了条件准则的定义，团队应该能把创意缩减到一个包括3～5个潜在商业模式创新优选的短名单。

（3）可视思考。

所谓的可视思考，是指使用诸如图片、草图、图表和便利贴等视觉化工具来构建和讨论事情。因为商业模式是由各种构造块及其相互关系所组成的复杂概念，不把它描绘出来将很难真正理解一个模式。

有两种方便实用的视觉化思考的技术：便利贴和结合商业模式画布略图描绘。便利贴的功能就像创意的容器，你可以增加、减少或在商业模式构造块之间进行调整移动。而绘图甚至能比便利贴更加有效。草图和图画在许多方面都能发挥作用。最明显的作用是基于简单图画解释和交流商业模式。

（4）原型制作。

原型制作来自设计和工程领域，在这些领域中，原型制作被广泛地用于产品设计、架构和交互设计。原型是一个思维工具，可以帮助我们探索不同的方向——哪些是商业模式应该尝试选择的方向。原型作为探索新可能性的思考辅助工具，可以帮助我们获得对商业模式本质更好的理解。同样的设计理念可以应用于商业模式创新，通过创造商业模式原型，我们可以探索创意的各方面，比如新的收入来源等。

（5）故事讲述。

讲故事的目的，是要把一种新的商业模式以形象具体的方式呈现出来。故事的内容一定要简单易懂，主人公也只需要一位。可以从公司、客户两种视角出发。讲故事可以采用谈话和图画、视频片段、角色扮演、文本和图画、连环图画等技巧。

（6）情景推测。

在新商业模式的设计和原有模式的创新上，情景推测能起到很好的作用。情景推测把抽象的概念变成具体的模型。它的主要作用就是通过细化设计环境，帮助我们熟悉商业模型设计流程。两种常见的情景推测是：描述不同的客户背景；描述新商业模式可能会参与竞争的未来场景。客户情景推测可以在商业模式设计中引导我们做出正确选择，而在未来商业模式的设计中，一般要比依靠头脑风暴更为方便和有效。

六、商业模式画布

商业模式画布是一种可视化商业模式创新工具。因其内容丰富，运用较广泛，特单独列出来讨论。

1. 商业模式画布的内涵

（1）商业模式画布定义。

商业模式画布是指一种能够帮助创业者催生创意、降低猜测、确保他们找对目标用户、合理解决问题的工具。

绘制商业模式画布时，把商业模式涉及的9个关键部分整合在“商业模式画布”9个空格中，每个部分对应画布上的一个空格。通过向这些空格里填充相应的内容，描绘商业模式或设计新的商业模式。

（2）商业模式画布图分析。

亚历山大·奥斯特瓦德在《商业模式新生代》中，专门介绍了商业画布的9个部分，并详细解释了如何使用商业模式画布，关于9个部分的解释如下。

①客户细分。

客户细分所要解决的问题是“我们正在为谁创造价值？谁是我们最重要的客户”？

②价值主张。

价值主张则要解决“我们该向客户传递什么样的价值？我们正在帮助我们的客户解决哪些难题？我们正在满足哪些客户需求”？

③渠道通路。

公司沟通、接触其细分的客户传递其价值主张是通过渠道通路。“我们的渠道如何整合？哪些渠道最有效？哪些渠道成本效益最好？如何把我们的渠道与客户的例行程序进行整合?”

④客户关系。

客户关系用来描述公司与特定客户细分群体建立的关系类型。“我们每个客户细分群体希望我们与之建立和保持何种关系？这些关系成本如何？如何把它们与商业模式的其余部分进行整合?”

⑤收入来源。

如果客户是商业模式的心脏，那么收入来源就是动脉。“什么样的价值能让客户愿意付费？他们更愿意如何支付费用？每个收入来源占总收入的比例是多少?”

⑥核心资源。

每个商业模式都需要核心资源，这些资源使得企业组织能够创造和提供价值主张、接触市场、与客户细分群体建立关系并赚取收入。核心资源可以是实体资产、金融资产、知识资产或人力资源。

⑦关键业务。

和核心资源一样，关键业务也是创造和提供价值主张、接触市场、维系客户关系并获取收入的基础。关键业务可以分为制造产品、问题解决、平台/网络等几类。

⑧重要伙伴。

商业模式的优化和规模经济的运用、风险和不确定性的降低、特定资源和业务的获取等三种动机有助于创建合作关系。很多公司创建联盟来优化其商业模式、降低风险或获取资源。

⑨成本结构。

成本结构构造块用来描绘运营一个商业模式所引发的所有成本。成本结构分为成本驱动和价值驱动两种类型，而很多商业模式的成本结构介于这两种极端类型之间。

小故事

苹果公司（Apple Inc.）是美国的一家高科技公司，2007 年由苹果电脑公司（Apple Computer，Inc.）更名而来，核心业务为电子科技产品，总部位于加利福尼亚州的库比蒂诺。苹果公司由史蒂夫·乔布斯、斯蒂夫·沃兹尼亚克和罗·韦恩（Ron Wayn）在 1976 年 4 月 1 日创立，在高科技企业中以创新而闻名，知名的产品有 Apple II、Macintosh 电脑、Macbook 笔记本电脑、iPod 音乐播放器、

iTunes 商店、iMac 一体机、iPhone 手机和 iPad 平板电脑等。由此，我们可以做一个商业模式画布。如图 3－2 所示。

<table>
<tr><td rowspan="2">重要伙伴：
唱片公司 OEMS</td><td>关键业务：
硬件设计、营销、
电子科技产品</td><td rowspan="2">价值主张：
无缝音乐体验</td><td>客户关系：
挚爱品牌
转换成本</td><td rowspan="2">客户细分：
大众市场</td></tr>
<tr><td>核心资源：
品牌、管理、
硬件和软件</td><td>渠道通路：
苹果商店、零售商店、
苹果网站</td></tr>
<tr><td colspan="3">成本结构：
人力、设计、制造、营销</td><td colspan="2">收入来源：
硬件收入、部分音乐收入</td></tr>
</table>

图 3－2　苹果公司商业模式画布图

2. 商业模式画布图的功能

（1）完整性。

它可以确定你的商业模式的方方面面已经考虑完整。这里说的不是事无巨细的完整性，而是从整体上把握一个公司的商业模式，这是一个公司必须思考的内容。

（2）一致性。

它可以判断商业模式的各个方面是否一致。一个公司的商业模式必须保持各部分的一致性，比如，合作伙伴与渠道从本质上来说必须是一致的。

（3）一目了然。

商业模式画布可以让别人很清楚你正在做什么，你的价值主张是什么。尤其在准备一起创业的伙伴之间，每个人都独自画一张商业模式画布，如果不一致，它将很清晰地呈现出需要进一步探讨的焦点，以免在合作中产生误解或不同见解。

（4）易沟通性。

你向创业导师、顾问、合作伙伴和投资者畅谈自己的商业设想时，可以画出商业模式画布图，也可进行调整。它可以确定员工会议、董事会讨论或投资者演示的焦点。相比一页文字，人们更容易记住一张图。

对于准备创业的人来说，花上一点时间，把自己的创业思考形成画布。把它留在一块白板上，与同事和导师们一起分享。让他们粘上便利贴，提出自己的问题。每次至少和几个人一起来回顾这张图，让头脑风暴激发出好点子。不要担心一些细枝末节的事情，即便是由九部分组成的商业模式画布，也只需重点填写六、七部分就可以推进，因为部分内容不需要所有人都去关心。

所有公司的关键活动都是“销售和营销”，无须事无巨细。真正要操心的是明确价值主张，包括每个细分客户群体、细分的关键资产和关键合作伙伴以及推动经济效益的营收和成本分项。

3．商业模式画布案例分析

小故事

唯品会，“一家专门做特卖”的网站，成立于2008年，在中国开创了“名牌折扣＋限时抢购＋正品保障”的创新电商模式，并持续深化为“精选品牌＋深度折扣＋限时抢购”的正品特卖模式。即每天早上10点和晚上8点准时上线超过100个正品品牌特卖，以低至1折的折扣实行2～3天限时抢购，为消费者带来“网上逛街”的愉悦购物体验和超高性价比的购物惊喜。

接下来，我们对唯品会公司的商业模式画布做一个具体的解析（见图3－3）。

<table>
<tr>
<td rowspan="2">合作伙伴
◆庞大的供应商网络
◆联合太平洋保险，推出了正品担保服务</td>
<td>关键业务
◆奢侈品电子交易
◆自建仓库
◆售后服务</td>
<td rowspan="2">价值主张
“消费者满意”是唯品会最大的追求目标，因此唯品会坚持以安全诚信的交易环境和服务平台，为会员提供优质、高效、愉悦的售卖服务，以提升客户满意度为己任，让消费者享受畅快、安全、放心、便捷的消费流程体验和服务</td>
<td>客户关系
◆购物体验
◆无条件退货
◆CSC呼叫系统</td>
<td rowspan="2">客户细分
◆奢侈品消费者
◆高档消费者
◆二三线品牌偏好者</td>
</tr>
<tr>
<td>核心资源
◆折扣商品
◆服务规划
◆仓库网络</td>
<td>分销渠道
◆电子交易平台
◆仓储物流</td>
</tr>
<tr>
<td colspan="2">成本结构
◆进货费用
◆物流费用
◆库存管理</td>
<td colspan="3">收入来源
通过线上电子交易，直接获取销售与进货之间的毛利润</td>
</tr>
</table>

图3－3　唯品会商业模式画布分析

（1）客户细分。

品牌商品在价格定位上相对较高，因此唯品会在客户细分上瞄准的是：奢侈品消费者、高档消费者，还有精选的价格不算高档的二三线品牌偏好者。

（2）客户关系。

唯品会带给客户的是购物体验、无条件退货、CSC呼叫系统，一切方便客户。这样才能为其价值主张提供保障。

（3）分销渠道。

作为电子商务平台，唯品会为网上交易、网下仓储物流提供保障。

（4）价值主张。

“消费者满意”是唯品会最大的追求目标，因此唯品会坚持以安全诚信的交易环境

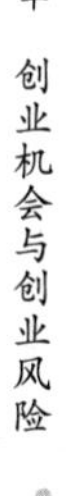

和服务平台，为会员提供优质、高效、愉悦的售卖服务，以提升客户满意度为己任，让消费者享受畅快、安全、放心、便捷的消费流程体验和服务。

（5）关键业务。

奢侈品的电子交易是唯品会的主要业务，而自建仓库与售后服务则是主要业务的保障。

（6）核心资源。

唯品会最大的优势就是拥有庞大的折扣商品，而其全面优质的服务以及仓储管理网络则带给了客户愉悦的购物体验。

（7）合作伙伴。

唯品会拥有庞大的供应商网络，这样保证了商品的供应及时充足，同时联合太平洋保险公司推出正品担保服务，既为唯品会的商品质量给予保障，也为客户的利益提供保障。

（8）成本结构。

唯品会作为一个纯粹的电子商务网站，主要的成本来源于进货费用、仓储费用、物流费用以及公司运营的成本。

（9）收入来源。

唯品会主要的收入来源在于进货与销售的价格差带来的利润，同时还会有部分的广告收入。

延伸阅读

我们都知道比尔·盖茨是一个商业天才，1977 年 21 岁的他创办微软公司，1986 年上市，30 岁的他就成为亿万富翁。微软是怎么赚钱的呢？就是卖软件。在全世界每卖一套的 Windows 软件，其价格是 260 美元，而其成本对于微软来说接近于零，假如世界上有 10 亿人的电脑用户，哪怕只有一亿客户付这个钱，这就是 260 亿美元的收入。如果再加上广告等方面的收入，微软想不赚钱都不可能。因此，微软只需要开发出更先进的软件，接下来就会有不断的收入进账。

（资料来源：http://blog.sina.com.cn/s/blog_54b65e9b0101cx6g.html.）

请分析：该案例中微软的商业模式是什么？

延伸阅读

2015 年中国十大商业模式

一、联想

从产业价值链定位来看，依托强大的销售网络，以“贸工技”向“创新驱动”的路径，围绕国际计算机及信息服务产业价值链，从加工代销的低端环节向重研发、重服务的高端环节与高级业态攀升与演化。

盈利模式：在产业升级的过程中，逐步由以往的大规模低成本制造作为盈利源开始向以服务增值作为盈利增长点的方向转变。

创新性：在缺乏甚至一度弱化自主知识产权的“弯路”下，依托庞大的国内市场与政府支持，利用民族情结建立起庞大的营销体系、服务网络与市场优势，逐步以产业后端（市场）的控制力提高对产业中端资本的控制力，进而以产业中端（资本）的控制力提升对产业前端（技术）的控制力。

二、华为

从产业价值链定位来看，以客户需求为驱动，定位为通信设备领域的系统集成服务商与量产型公司，为客户提供有竞争力的端到端通信解决方案，并围绕通信设备领域的整个产品生命周期形成完整的产品线。

盈利模式：主要依靠整个通信产品的整个产品生命周期赚钱。

创新性：凭借通信设备领域整个产品生命周期上完整的产品线的营收，以牺牲暂时的亏损为代价将投入市场的新产品按两三年后量产的模型定价，利用企业规模效益、低耗与高效的供应链管理、非核心环节外包、流程优化等方法挖掘出的成本优势挤垮或有效扼制国内竞争对手，并利用研发低成本优势快速抢夺国际市场份额，打压在成本上处于劣势的西方竞争对手，形成著名的“华为优势”。

三、百度

从产业价值链定位来看，力求“让人们最便捷地获取信息，找到所求”，为网民提供基于搜索引擎的系列产品与服务，全面覆盖了中文网络世界所有的搜索需求。

盈利模式：采用以效果付费的网络推广方式实现营收。

创新性：借助超大流量的平台优势，联合所有优质的各类网站建立了世界上最大的网络联盟，使各类企业的搜索推广、品牌营销的价值、覆盖面均大面积提升，并从中扩大盈利来源。

四、阿里巴巴

从产业价值链定位来看，抓住互联网与企业营销相结合的机遇，将电子商务业务主要集中于B2B的信息流，为所有人创造便捷的网上交易渠道。

盈利模式：通过在自己的网站上向国内外供应商提供展示空间以换取固定报酬，将展示空间的信息流转变为强大的收入流并强调增值服务。

创新性：通过互联网向客户提供国内外分销渠道和市场机会，使中小企业降低对传统市场中主要客户的依赖及营销等费用并从互联网中获益。

五、腾讯

从产业价值链定位来看，抓住互联网对人们生活方式的改变形成新的业态的机遇，通过建立中国规模最大的网络社区“为用户提供一站式在线生活服务”，通过影响人们的生活方式嵌入主营业务。

盈利模式：在一个巨大的便捷沟通平台上影响和改变数以亿计网民的沟通方式和生活习惯，并借助这种影响嵌入各类增值服务。

创新性：借互联网对人们生活方式改变之力切入市场，通过免费的方式提供基础服务而将增值服务作为价值输出和盈利来源的实现方式。

六、巨人

从产业价值链定位来看，集团紧紧抓住企业价值链上“营”与“销”的环节，通过颠覆式的“营”定义新的产品或服务，通过“地毯式”与“侧翼进攻”的“销”加强对市场后端的控制力。

盈利模式：尽管在表面上“脑白金”“黄金搭档”“黄金酒”用的是传统盈利模式，而“征途”游戏采用“基础服务免费+道具收费”的模式，但实质上巨人是通过营销创新形成的产品服务新概念实现营收。

创新性：紧紧围绕消费者的消费习惯、消费决策处境、消费心理、消费心态等实际需求，用全新的“营”与“销”的方式将实际品质不高的产品或服务赋予全新的概念，并以较短的销售渠道、较宽的销售网络从侧翼迅速介入市场。

七、携程

从产业价值链定位来看，抓住互联网与传统旅行业相结合的机遇，力求扮演航空公司和酒店的“渠道商”角色，以发放会员卡吸纳目标商务客户，依赖庞大的电话呼叫中心做预订服务等方式将机票、酒店预订、度假预订、商旅管理、特约商户及旅游资讯在内的全方位旅行服务作为核心业务。

盈利模式：通过与全国各地众多酒店、各大航空公司合作，以规模采购大量降低成本，同时通过消费者在网上订客房、机票积累客流，客流越多，携程的议价能力越强，其成本就越低，客流就会更多，最终形成良性增长的盈利模式。

创新性：立足于传统旅行服务公司的盈利模式，主要通过“互联网+呼叫中心”完成一个中介的任务，用IT和互联网技术将盈利水平无限放大，成为“鼠标+水泥”模式的典范。

八、招商银行

从产业价值链定位来看，抓住信息技术与传统金融业相结合的机遇，以“金融电子化”建立服务品牌，先后推出国内第一张基于客户号管理的银行借记卡、第一家网上银行，第一张符合国际标准的双币信用卡、首个面向高端客户理财产品的金葵花理财、首推私人银行服务及跨银行现金管理等业务。

盈利模式：通过扩大服务面、延伸服务线取得多方面的利息收入与增值收入。

创新性：将信息技术引入金融业的发展，并以“创新、领先、因你而变”时刻不断推出新服务，引领金融业的发展。

九、苏宁电器

从产业价值链定位来看，以家电连锁的方式加强对市场后端的控制，同时加强与全球近10 000家知名家电供应商的合作，打造价值共创、利益共享的高效供应链，强化自身在整个产业价值链中的主导地位。

盈利模式：基于SAP系统与B2B供应链项目、通过降低整个供应链体系运作成本、库存储备并为客户提供更好的服务这一“节流+开源”的方式实现营收。

创新性：以家电连锁的方式加强对市场后端的控制力，并以此为基础加强向上游制造环节的渗透，使零售与制造以业务伙伴方式合作提高整个供应链的效率，进而打通整个产业价值链以谋求更高价值回报。

十、比亚迪

从产业价值链定位来看，依托某一产业领域的技术优势，在相关产业转型或兴起的背景下，将其产业优势向这一领域进行逆向的产业转移，形成跨领域的、稳步攀升的产业扩张。

盈利模式：在产业转移与扩张的过程中，通过改变产业景框、设定新的游戏规则、合并细分市场、整合顾客需求进行价值创新，以蓝海战略实现营收。

创新性：基于电池领域的绝对竞争优势与产业优势，在已有商业领域取得成功后，以较强的复制能力、稳定性、技术创新等，集中利用内部资源、整合各业务群中的优势元素塑造向新兴领域或转型产业进行产业布局的转移与调整，繁衍一个又一个新业务，实现塑造蓝海、产业扩张与价值创造的统一。

（资料来源：http://www.zhaoshangbao.com/news/20151026/Detail338386.shtml.）

思维训练

商业模式对于创业的人来说非常重要，掌握商业模式的内涵、类别以及商业模式开发的工具（技法），尤其是学会运用商业模式画布开发和创新商业模式尤其重要，请思考商业模式开发中最大的难点在哪里？

行动锻炼

根据课堂所学的理论以及技能，挑选一个自己熟悉的企业，分析该企业的商业模式特点，以及商业模式的创新点，并用商业模式画布的方法画出该公司的商业模式。

模块总结

本模块围绕商业模式展开，从内涵上解读商业模式的定义和功能，从商业模式的分类以及商业模式开发的技法上介绍商业模式开发和创新的思路与方法。随后讲述了商业模式画布的特点，并以实际的案例解读了商业模式画布这一具体形象的创新方法。

参考文献

[1] 奥斯特瓦德，皮尼厄．商业模式新生代［M］．王帅，毛心宇，严威，译．北京：机械工业出版社，2011.

[2] 戴天宇．商业模式的全新设计［M］．北京：北京大学出版社，2016.

第四章　创新创业项目选择

励志格言

创新是引领发展的第一动力，抓创新就是抓发展，谋创新就是谋未来。五大发展理念，“创新”摆在第一位，一定要牢牢把创新抓在手里，把创新搞上去。

——习近平

学习目标

通过本章的学习，了解各类面向大学生的创新创业项目及其申报要求和评审标准。能够根据自己的特长选择合适的项目，有针对性地组织材料，规范填写相关申报资料。

重点难点

1. 掌握“挑战杯”写作规范
2. 了解“挑战杯”参赛要求和评审标准
3. 掌握创业计划书的制订

模块一　“挑战杯”大学生课外学术科技作品竞赛概述

案例导读

健身搓背器、干肤机……这群大学生的发明很有生活味

洗澡时只要踩一下踏板，“健身搓背器”就会自动帮你搓背、按摩；洗完澡打开“干肤机”就能自动帮你吹干身体；给宝宝洗澡，父母坐在多功能浴椅上，还能根据自

己的身高调节椅子的高度……

如此令人享受的生活有望成为现实。日前，福州大学机械工程及自动化学院（简称“福大机械学院”）一批学生发明创造了这一系列便捷卫浴，这些发明很生活很实用，而且可推广性很强。23日，连中央电视台新闻频道都对学生们的发明创造做了报道，报道视频被发到微博上，引来网友围观。

央视新闻中的女主角是来自机械学院大三学生成楚楚。成楚楚说，央视报道的她那件小发明是2011年9月份参加全省机械创新大赛获一等奖的作品“搓背器”。她和其他组员当年6月就开始创作该作品，前后花了2个多月的时间。“根据我们起初的设计，‘搓背器’是用电的，后来指导老师说浴室用电不安全，才改为脚踏。”

据成楚楚介绍，此次比赛全省有14所院校的94件作品参加，13件作品获一等奖。她们学院有20多个组参加了这个比赛，其中9个组获得了一等奖，这些作品都由3~5名学生组成的小组完成，同样上央视的“可调程升降干肤机”，还获得了额外的“科技创新奖”。

该次创新比赛指导教师之一的陈硕教授透露，目前“可调程升降干肤机”正在申请国家专利，其他部分发明创造也正在不断地改进，争取申请国家专利，投入企业生产。

“我们学校非常支持、鼓励学生创新。”陈硕说，福大机械学院有专门的“机械电子创新协会”，专门组织学生学习软硬件知识，还有专门经费供学生科技创新。此次的“干肤机”发明大约花了1 200元，“搓背器”由学院提供材料加工。

健身搓背器

用脚踩踏板，带动两个滚轴转动，在滚轴上卷上毛巾，就可以搓背了。如果滚轴上卷上一些凹凸不平的毛织物，还可以按摩背部。

该学院蔡英杰老师称，“健身搓背器”可一物多用，在浴室可以当搓背器，在卧室可以当健身按摩器，作品小巧易移动，操作简单，占地面积小，很实用。

可调程自动干肤机

在一两个小电风扇前面加个电热丝，装在一个网状的铁盒子里，然后把铁盒子装在一个约3米高的可滑动铁架上，一打开开关，这个铁盒子就能在滑动架上自由活动，滑动架旁边还有三个按钮，分别控制铁盒子的高度、吹出来风的冷和热以及电源。

创作小组组员刘丽萍介绍，在秋冬季节，人们洗完澡身体容易受凉，用“干肤机”吹出来的热风烘干整个身体大约需要两分钟，“干肤机”也可以在大型游泳池推广使用，就像餐厅洗手间的手部烘干机一样。记者用手体验了“干肤机”的功能，发现烘干双手用了不到一分钟。

多功能浴椅

椅面可以自动翻起，椅面背部有一些小篮子，篮子里可以放洗发水等。这个篮子可以自由活动，当人坐在椅子上，装有洗发液的篮子就垂直于椅面，保证洗发液不会掉出来。当椅面翻起的时候，篮子就垂直于椅面。椅背很长，椅面可以自由调节高度。

据该创作小组的成员介绍，多功能浴椅主要供父母给宝宝洗澡时使用。洗澡的时候，根据父母的身高调节椅子的高度，然后让宝宝坐上去，椅子下面的篮子还可以装一些卫浴用品，十分便捷，父母给宝宝洗澡就不会那么累了。

（资料来源：东南快报，2011－11－25）

一、“挑战杯”全国大学生课外学术科技作品竞赛简介

“挑战杯”全国大学生课外学术科技作品竞赛是由共青团中央、中国科协、教育部、全国学联和承办高校所在地方政府共同主办，国内高校和新闻单位联合发起的一项具有导向性、示范性和群众性的全国竞赛活动，旨在全面展示我国高校教育成果，激发广大在校大学生崇尚科学、追求真知、勤奋学习、锐意创新、迎接挑战，为国家培养跨世纪的创新人才。每两年举办一届。

1989 年以来，已先后在清华大学、浙江大学、上海交通大学、武汉大学、南京理工大学、重庆大学、西安交通大学、华南理工大学、复旦大学、南开大学、北京航空航天大学、大连理工大学、江苏大学、广东工业大学和香港科技大学等国内著名高校成功举办了十四届。参赛高校的数量由最初的 52 所发展到第十四届的 1 000 多所，从 300 多人发展到 200 多万大学生参加。“挑战杯”影响越来越大，除了我国内地高校外，港澳台地区多所知名高校也慕名而来，第十四届还增加了香港科技大学一起举办。经过 20 多年的发展，“挑战杯”竞赛已经成为全国大学生科技创新领域中参赛人数多、科技含量高、社会影响大的赛事，被誉为当代大学生科技创新的“奥林匹克盛会”。

“挑战杯”竞赛发现和培养了一大批高素质创新青年人才，广大青年学生在参赛中开阔了视野、增强了能力、提升了素质，展现了我国高校的高质量育人成果，促进了高校科技成果的转化，为经济社会发展做出了积极贡献。“挑战杯”已成为大学生课外科技创新活动中的一面旗帜，深受广大青年学子的喜爱和推崇，引起了各高校的广泛关注与高度重视，在社会上产生了深远的影响。20 多年来，竞赛获奖者中已经产生了 2 位长江学者，6 位国家重点实验室负责人，20 多位教授和博士生导师，70% 的学生获奖后继续攻读更高层次的学历，近 30% 的学生出国深造。他们中的代表人物有：第二届“挑战杯”竞赛获奖者、国家科技进步一等奖获得者、中国十大杰出青年、北京中星微电子有限公司董事长邓中翰，第五届“挑战杯”竞赛获奖者、“中国杰出青年科技创新奖”获得者、安徽中科大讯飞信息科技有限公司总裁刘庆峰，第八届、第九届“挑战杯”竞赛获奖者、“中国青年五四奖章”标兵、南京航空航天大学 2007 级博士研究生胡铃心等。

二、“挑战杯”全国大学生课外学术科技作品竞赛事宜

1. 参赛资格条件及要求

（1）凡在举办竞赛终审决赛的当年 7 月 1 日以前正式注册的全日制非成人教育的各类高等院校在校专科生、本科生、硕士研究生和博士研究生（均不含在职研究生）都可申报作品参赛。

（2）申报参赛的作品必须是距竞赛终审决赛当年 7 月 1 日前两年内完成的学生课外

学术科技或社会实践活动成果，可分为个人作品和集体作品。申报个人作品的，申报者必须承担申报作品60%以上的研究工作，作品鉴定证书、专利证书及发表的有关作品上的署名均应为第一作者，合作者必须是学生且不得超过两人；凡作者超过三人的项目或者不超过三人，但无法区分第一作者的项目，均须申报集体作品。集体作品的作者必须均为学生。凡有合作者的个人作品或集体作品，均按学历最高的作者划分至本专科生、硕士研究生或博士研究生类进行评审。

毕业设计和课程设计（论文）、学年论文和学位论文、国际竞赛中获奖的作品、获国家级奖励成果（含本竞赛主办单位参与举办的其他全国性竞赛的获奖作品）等均不在申报范围之列。

2. 竞赛类型

申报参赛的作品分为自然科学类学术论文、哲学社会科学类社会调查报告和学术论文、科技发明制作三大类。自然科学类学术论文作者限本专科生。哲学社会科学类社会调查报告和学术论文限定在哲学、经济、社会、法律、教育、管理六个学科内。科技发明制作类分为A、B两类：A类指科技含量较高、制作投入较大的作品；B类指投入较少，且为生产技术或社会生活带来便利的小发明、小制作等。

参赛作品涉及下列内容时，必须由申报者提供有关部门的证明材料，否则不予评审。

（1）动植物新品种的发现或培育，须有省级以上农科部门或科研院所开具证明。

（2）对国家保护动植物的研究，须有省级以上林业部门开具证明，证明该项研究的过程中未产生对所研究的动植物繁衍、生长不利的影响。

（3）新药物的研究，须有卫生行政部门授权机构的鉴定证明。

（4）医疗卫生研究须通过专家鉴定，并最好附有在公开发行的专业性杂志上发表过的文章。

（5）涉及燃气用具等与人民生命财产安全有关用具的研究，须有国家相应行政部门授权机构的认定证明。

3. 竞赛主要流程

一般来说，“挑战杯”竞赛由校级选拔、省级初评、全国复赛决赛三级赛事构成，每届“挑战杯”竞赛历时约一年。具体时间安排见图4－1。

4.“挑战杯”竞赛书面评审标准

在“挑战杯”竞赛书面评审环节中，评委会综合考虑作品的科学性、先进性、现实意义等方面因素。评审工作分预审、终审两个阶段进行。全国评审委员会对各省级组织协调委员会和发起高校报送的参赛作品进行预审，评出80%左右的参赛作品进入终审决赛。参赛的自然科学类学术论文、哲学社会科学类社会调查报告和学术论文、科技发明制作三类作品各设特等奖、一等奖、二等奖、三等奖。各等次奖分别约占进入终审决赛各类作品总数的3%、8%、24%和65%。本专科生、硕士研究生、博士研究生三个学历层次作者的作品获奖数与其进入终审决赛作品数成正比例。科技发明制作类中A类和B类作品分别按上述比例设奖。

（1）自然科学类学术论文评审标准，如图4－2所示。

作品科学性占40%：科学意义15%、研究方法合理性10%、结论重要性15%；作

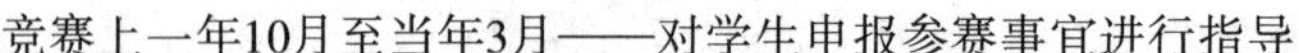

竞赛上一年10月至当年3月——对学生申报参赛事宜进行指导

竞赛当年3—4月——举办本校的竞赛活动

竞赛当年4月下旬至5月初——各参赛高校向本省（区、市）组织协调委员会报送本校作品及申报书

竞赛当年5月下旬——各省（区、市）评审委员会完成对各校申报作品初评，从各校申报的作品中每校至多选6件作品

竞赛当年6月中旬——向全国组委会报送作品及申报书

竞赛当年7—9月——全国预审和参赛准备阶段

竞赛当年10月——全国决赛终审、展览、总结和表彰

图4－1　“挑战杯”竞赛主要流程及具体时间

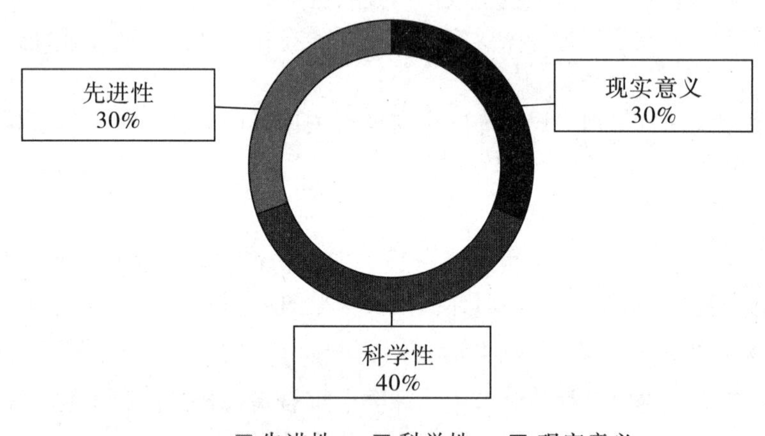

图4－2　自然科学类学术论文评审标准

品先进性占30%：先进程度10%、创新程度10%、难度10%；作品现实意义占30%：应用价值15%、影响范围15%。

（2）哲学社会科学类社会调查报告和学术论文评审标准，如图4－3所示。

作品科学性占30%：理论基础和研究方法10%、论据的严密性与论据可靠性10%、论据的正确性10%；作品先进性占30%：创新程度10%、难易程度10%、学术水平10%；作品现实意义占40%：经济效益与社会效益20%、影响范围20%。

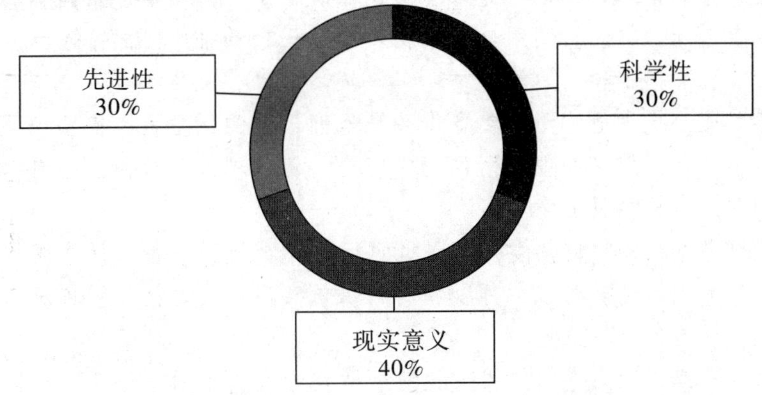

图 4-3 哲学社会科学类社会调查报告和学术论文评审标准

（3）科技发明制作类作品评审标准，如图 4-4 所示。

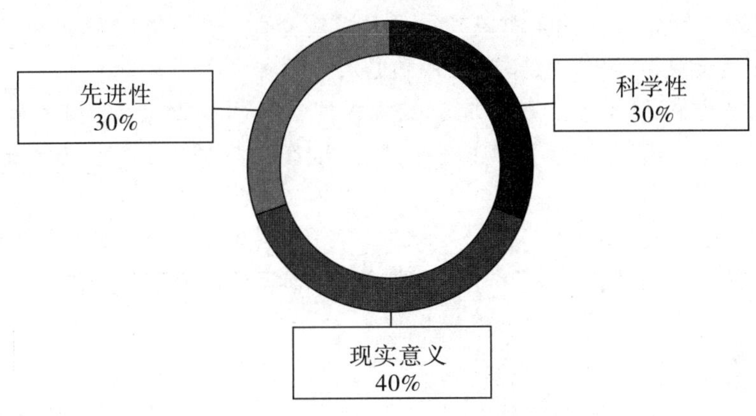

图 4-4 科技发明制作类作品评审标准

作品科学性占 30%：技术意义 15%、技术方案合理性 15%；作品先进性占 30%：先进程度 10%、创新程度 10%、难度 10%；作品现实意义占 40%：经济效益 15%、推广价值 15%、成熟程度 10%。

案例分析

“挑战杯”今年决赛作品更注重实用性

11 月 18 日，第十四届“挑战杯”进入了现场问辩和公开答辩环节，部分参赛作品将接受封闭式专家评审。据了解，本届“挑战杯”实现了评审上的突破，以前港澳学生的参赛作品设专门评审，今年采取了混合评审，港澳和内地参赛学生将在同一平台上进行答辩，接受评审。南方日报记者走访参赛作品展馆发现，今年进入国赛决赛的参赛作品有许多技术上创新，更注重实用性，不少作品适于市场推广，部分已经应用于商业生产中。

深圳大学的张小虎和他的团队参赛作品是他们研制的新型食品安全检测仪。他们开创性地将高效液相色谱技术原理运用到食品安全检测仪中，跟市面上已有的同类仪器相比，检测范围更广，检测灵敏度更高。

广东技术师范学校的一群热爱野外探险的年轻人研制了一套“探路侠”野外智能护航系统。驴友如果使用这套系统，可以利用对讲机实现队员之间位置信息的传输，随时随地可以了解到队员的具体位置。

此外，来自广东工业大学的林锦荣和他的队友开发出了用于胎儿心电监护的心电图监护系统，实现了“零超声”，减少了超声监测对胎儿带来的伤害；中山大学学生刁建伟则创新地将汽车刹车时浪费的能量收集起来，发明了储能式刹车盘，节油效果高达10%。

找车位难是现代都市人普遍遇到的烦恼。在攀登馆的B015展位，北京理工大学李浩同学和他的团队展示的自主泊车系统吸引了众多观众的兴趣。李浩说，他们的系统已经被红旗汽车应用于模型车上，接下来有可能进入市场。

香港中文大学的参赛学生则打造了初级版的“机械战警”。他们为瘫痪病人研发了可穿戴的外骨骼套装。下肢瘫痪的病人穿上这套“机械衣”，可以起身、站立、行走等。

（资料来源：南方日报，2015－11－18）

请分析：第十四届“挑战杯”进入国赛决赛的参赛作品有些什么特点？

延伸阅读

把握青春勇迎挑战　“挑战杯”主题微电影《创客归来》首映

10月28日，第十四届“挑战杯”中航工业全国赛主题微电影《创客归来》在广州大学城首映，该影片由广东工业大学和广东电视台联合出品。

影片在“大众创新、万众创业”的时代背景下，以广东工业大学无人机团队为原型，讲述了主人公面对繁重的生活压力，决心重拾创客梦想，返回母校指导师弟师妹参加“挑战杯”国赛的励志故事。首映前，广东电视台和广东工业大学签订战略合作协议。微电影《创客归来》即为双方合作完成的一个项目。影片的创作原型团队代表施振华表示：“这部微电影很好地表现了创客精神，即心怀梦想，与团队结伴而行，为目标坚持不懈，矢志不渝。”此外，该影片执行导演韩晓飞告诉记者：“该片作为一部青春励志片，想给观众传递一种信念：所谓的创客，无关其他，就是在青春岁月里，心怀梦想，勇敢迎接挑战的人们。”

据悉，第十四届“挑战杯”中航工业全国大学生课外学术科技作品竞赛由共青团中央、中国科学技术协会、教育部、中华全国学生联合会、广东省人民政府主办，广东工业大学和香港科技大学联合承办，将于2015年11月16—21日在广东工业大学举行终审决赛，21—22日在香港科技大学举行国际大学生创新创业峰会。

（资料来源：中青在线，2015-10-30）

思维训练

“挑战杯”作为全国大学生课外学术科技领域中层次最高、规模最大、参赛范围最广、国际知名度最高的赛事，被誉为中国大学生学术科技活动的“奥林匹克盛会”。作为当代大学生，你认为参加“挑战杯”有何重要意义呢？

行动锻炼

以5~6名学生为一组，登录“挑战杯”全国竞赛官网，了解“挑战杯”历届作品选题，选择一个项目作为本课程的实践备选项目。

模块总结

本模块通过介绍“挑战杯”大学生课外学术科技作品竞赛简介、参赛条件、参赛流程、评审标准，让学生对挑战杯大赛有个初步的认识。

参考文献

[1]“挑战杯”全国大学生竞赛官网. http://www.tiaozhanbei.net/.

[2]“挑战杯”全国大学生课外学术科技作品竞赛章程（经第十三届“挑战杯”全国大学生课外学术科技作品竞赛组委会第一次全体会议通过）. http://www.tiaozhanbei.net/rules.

模块二　“挑战杯”大学生课外学术科技作品竞赛写作指南

一、哲学社会科学类社会调查报告和学术论文写作指南

1. 选题

好的选题是决定“挑战杯”竞赛获胜的首要条件。竞赛选题不当，很有可能使整个工作失去意义。那么，如何选择一个恰当的研究课题呢？在实践中常常依据重要性、创

造性、可行性三条标准来进行课题的选择。

一是重要性，即分析选题所具有的意义或价值。理论意义上，选题应对社会学的基本理论有所突破、有所发展、有所贡献；现实意义上，选题应对解决社会现实问题有所帮助。

二是创造性，即分析选题所具有的特性和创新性。不能仅仅是重复前人的研究，而需要有创新的内容。

三是可行性，即分析进行课题研究时所受到的主、客观限制。主观限制指研究者自身条件方面的限制，如知识水平、研究经验、研究能力等；客观限制指进行研究时所受到的客观条件或环境方面的限制，如经费的投入、单位的支持等。

根据以上三大标准，进行“挑战杯”社会调查选题时，应在“挑战杯”竞赛规定范围内进行，选择那些有意义、与社会热点相关，具有创新性和可行性的题目（如图 4 – 5 所示）。

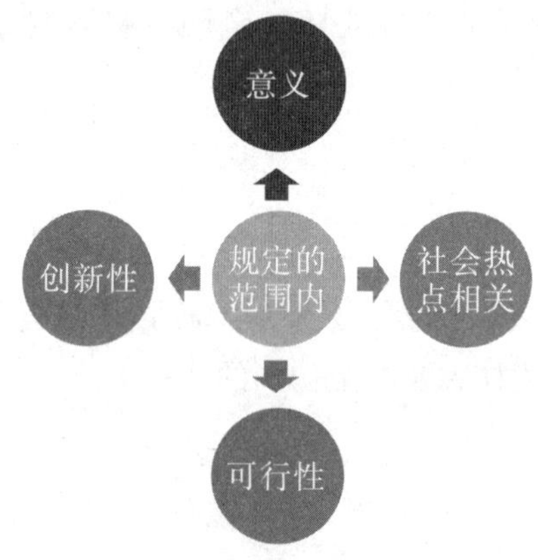

图 4 – 5　选题注意点

（1）选择竞赛规定范围内的课题。

“挑战杯”哲学社会科学类社会调查报告类型为哲学、经济、社会、法律、教育、管理等，主办方会提前发布参赛作品选题指南供参赛者选题时参考，参赛作品应在该指南拟定的范围内选题，选择竞赛规定范围内的课题是遵循可行性标准的重要体现。

（2）选择有意义的课题。

选择有意义的课题，是遵循重要性标准的关键体现。作品意义包括理论意义和现实意义。其中现实意义是重点，占书面评分成绩的 40%。

选题须具备研究的理论意义。“挑战杯”哲学社会科学类社会调查报告是关于“学术”的竞赛，课题要运用相关的理论和研究方法进行研究，体现作品的学术价值。例如，所选课题可以填补相关研究领域的空白，或者可以进行理论的创新，或者可为决策提供理论支持等，都是作品学术价值的体现。

选题须具备研究的现实意义。选题时要保证调研成果对社会有现实意义，体现课题研究的经济效益与社会效益（占 20%）和影响范围（占 20%）。“挑战杯”鼓励大学生通过实践来认识和了解社会，选题来源于现实生活，不建议大学生做纯理论研究。所以建议参赛者选择那些需要深入现实生活进行调查的题目。

（3）选择与社会热点相关的课题。

选择与社会热点相关的课题是重要性、可行性标准的重要体现。社会热点是群众最为关心、议论最多的话题。进行社会调查时，要从那些有研究价值的“热点”问题中选出适合参赛的题目。但是，参赛选题既要与社会热点相关，但又要避免与其他作品雷同。参赛者需要仔细研读举办方发布的选题指南，预测当年作品可能集中的区域：尽量避开“热门”区域，确定适合自己的题目。

（4）选择有创新性的课题。

选择有创新性的课题，是遵循创造性标准的重要体现。作品的创新性是竞赛评审的主要标准之一。选择前人没有研究过的课题有望从中产生创造性的成果。但完全创新的课题，没有可供借鉴的研究基础，对于大学生而言难度很大。具有一定新颖性、独特性和先进性因素的课题，都属于创新性的课题。建议大学生用新的方法、从新的角度去解决老问题，选择扩展性课题进行研究。选题时切不可好高骛远，所做研究能够在前人基础上有一定的进步，就是有所创新了。

（5）选择可行的课题。

选择可行的课题是遵循可行性标准的重要体现。大学生参加“挑战杯”竞赛，需要量力而行。符合现实需求的、有创新性的课题，不一定都可行，所选择的题目要考虑调查者和调查对象两方面的情况。从参赛者的角度看，选题时须考虑自身思想状况、知识水平、实践经验，以及人力、物力、财力、时间等现实条件。从调查对象角度看，则须考虑客观事物的成熟程度、调查对象的文化水平和合作的可能性，以及社会环境等因素。要选择那些便于收集资料的题目，才能保障自己在规定的时间内完成作品。

小故事

作品《职业素质导向下的高职学生能力评价指标体系研究》获得第十一届广东省“挑战杯”特等奖。该作品的摘要如下：

基于对新形势下高等职业教育发展方向的理解和对传统高职学生能力评价方式的剖析，本作品提出了以“职业素质”为导向的高职学生能力评价新思想。首先通过密集的人才市场调研获得第一手关于用人单位对高职人才需求的基本标准，并基于大量科学文献研究，借助相关先进理论模型的指导构建了从知识到能力再到素质的高职学生能力“多维立体”化的初始评价指标体系。之后，面向与高职学生能力评价分析相关的社会各界专业人士，进行了两轮的走访问卷调研，获取了贴近社会实际需求的“真实性”评价数据资料，以此修正并得到了最终的评价指标体系框架，继而深刻分析了该评价指标体系的内涵。最后，为了深入完善本评价指标体系的架构和内涵，并利于实际高职学生能力评价的应用分析，设计了信息熵约简下的权重客观求取和评价预测分析粗糙集模型，并以某高职院校的高职学生在本评价指标体系下的评分数据作为历史集进行了 Matlab 程序实验仿真。

实验结果验证了本评价指标体系的合理性及相关模型的正确可行性。通过本课题的研究，不仅可以合理准确进行高职学生能力的多种分析，更有助于高职院校的教育教学改革探索、高职学生自身发展的正确指引以及用工单位对高技能人才的合理选拔。

我们来分析该作品选题的科学性：

第一，在选题范围方面。该选题属于教育领域，在“挑战杯”竞赛的参赛作品选题规定范围之内。

第二，在作品选题的意义方面。围绕高职教育发展的新形势特点，指出了传统高职学生能力评价分析的不足，实现充分理解“双高”型高职人才培养模式下，“就业导向，能力本位”的真实性评价。提出职业素质的研究视角，寻找用人单位人才需求与高职院校人才培养的切合面，实现促进高职学生能力的正确评价和培养，并对高职院校教育教学改革提供指导意义，同时也为企事业用工单位了解、选拔高职人才提供可行的依据。此外，亦有利于现行高职骨干校建设的顺利进行。

第三，在课题与社会热点的相关性方面。在高职教育发展新环境下，如何对学生的能力予以合理的真实性评价分析是十分重要的研究课题。本作品通过大量反复的实践走访、问卷调查、相关专家咨询以及文献研究，获取第一手关于高职学生“职业素质”视角下的能力结构分析及相关数据资料，以构建合理、有指导意义的“多维立体”评价指标体系。同时，为完善本评价指标体系并有助于实际学生能力评价合理分析，设计了信息熵约简下的各指标权重客观获取粗糙集模型，并予以了实验仿真。

第四，在课题创新性方面。该课题通过大量的实践调查、专家咨询及国内外文献研究等多种方式，借助相关的先进教育评价理论，基于多方相关人员的参与，完成“职业素质”这一崭新视角下的高职学生能力多维立体评价指标体系的细腻构建。设计智能化的粗糙集模型，实现了评价指标体系中各指标权重在信息熵约简下的客观求取，并进行了 Matlab 程序仿真实验，完善了评价指标体系内涵的同时，更有助于高职学生能力评价在多种形式下的正确合理分析。

该参赛课题同时完全符合选题时须注意的方面，为其最终取得竞赛成功奠定了扎实的基础。

（资料来源：“挑战杯”全国大学生竞赛官网．http://www.tiaozhanbei.net/）

二、“挑战杯”科技发明制作类作品写作指南

1．科技发明制作类作品的类别与特点

“挑战杯”竞赛中科技发明制作类作品分为 A、B 两类，参赛者应注意 A 类和 B 类作品的区别并慎重选择填报。其中，A 类指科技含量较高、制作投入较大的作品；B 类指投入较少，且为生产技术或社会生活带来便利的小发明、小制作等。

（1）研发背景与目的不同。A 类作品的研发往往会对社会民生产生比较重要的影响，B 类作品更加侧重的是产业技术方面的改进。

（2）作品投入及产生经济效益的不同。A 类作品的工程成本较大，所产生的经济价值和社会价值也较多；B 类作品往往是针对产品工艺上的改进，其产生的经济效益较 A 类少。

总而言之，A 类作品无论投入和产出都大大超过 B 类作品，但 B 类作品由于其广泛联系生活的特性也是参赛者所易选取的方向，参赛者应根据所选课题的实际情况，选择相应的参赛类别。

进行科技发明制作类型选题时，还须明确科技发明是新颖的技术成果，不是单纯仿制或重复前人已有的研究。它必须在现实应用价值上有所创新，并能转化成技术革新和推广使用。

2. 科技发明制作类作品的选题

（1）选题的原则。

科技发明制作的选题，应从其科学性、先进性以及现实意义等方面来考虑。在“挑战杯”竞赛评审标准中，科学性占30%的比例，先进性占30%的比例，现实意义占40%的比例。

作品科学性占 30%：技术意义 15%、技术方案合理性 15%；作品先进性占 30%：先进程度 10%、创新程度 10%、难度 10%；作品现实意义占 40%：经济效益 15%、推广价值 15%、成熟程度 10%。

①科学性。

科学性是科技发明制作类作品的基础，它包括技术意义和技术方案合理性两部分，各占评分标准的 15%。要求作品应遵循目前已知的科学原理，对当今其所处领域的科学技术产生一定的促进作用。同时，所选课题应是作者力所能及的，具备课题研究所需的条件，课题的难易程度适中，这样才能保证课题的顺利完成。

②先进性。

先进性是科技发明制作类作品的基本要求。它包括先进程度、创新程度和难度三个方面，各占评分标准的 10%。先进程度是指课题研究所反映的当今科学技术的发展水平或是能代表该学科领域的发展方向。创新程度是研究前人没有研究的新课题或是用不同的研究方法去研究已有的课题，包括理论上的创新、方法上的创新和应用上的创新等。作品难度是保证完成作品所需的工作量，这样才更能体现出作品的科技水平。

③现实意义。

现实意义是科技发明制作类作品的根本目的。现实意义包括经济效益、推广价值和成熟程度，分别占评分标准的 15%、15% 和 10%。一个优秀的作品，必须凸显其在经济社会发展和科技理论创新发展上的价值才有意义。作品的成果必须具有一定的经济效益和推广价值，并且比较成熟，这样才能为作品脱颖而出奠定基础。

此外，为了获得较好的作品成果，作者应该选具有优势的课题，紧密地结合自己所学专业，在自己擅长的知识领域里选题，这样才能够扬长避短，完成优秀的科技发明制作类作品。而且，应选符合自己兴趣爱好的课题，只有在兴趣爱好的驱动下，才会深入地考虑这个问题，才能激发出创新的灵感，从而获得较好的成果。同时所选定的课题要十分明确、具体，界限要清，范围要小，这样作者个人的知识和能力能够照顾到有关各方面，分析问题才够深入，研究的成果才会符合科学而较有价值。

（2）选题的途径。

科技发明制作类课题的来源是十分广泛的，其选题的途径也有很多，概括起来主要包括以下几个途径。

①从社会发展需要或当前社会热点的角度来选题。科技发明制作类课题应该是对经济社会发展有利的，是社会发展所迫切需要解决的问题。如新能源利用技术及产品、绿色环保技术及产品、治疗癌症等疾病的药物等，从这些突出的实际问题中选择课题，是科学研究的重要任务，所以这类课题的社会价值往往也比较高。

②从专业应用实践的角度来选题。我们会在课程作业、见习实习、毕业设计等专业实践环节中遇到大量需要得到解决的实际问题，从中提炼出课题，这种选题往往具有很强的针对性和实用价值。

③从总结和预测学科发展角度来选题。总结和预测学科发展，不仅可以提出批判怀疑已有传统理论和结论的研究课题，而且可以发现学科系统规划建设中的若干未知的研究课题，这些课题具有很好的创新性。通过总结和预测，我们可以发现在学科理论上还没有人研究过的问题，或是有人研究过但还是争论中的问题，或有人研究过并已做出结论但自己有不同看法的问题，这些问题都可以选择作为参赛课题。

三、“挑战杯”大学生课外学术科技作品竞赛作品申报书的填写

参赛者完成选题后，应按照要求认真填写作品申报书，准确、完整、简练地表达出申报作品的主要内容和核心优势，充分展现作品的理论水平与实践应用价值，争取获得大赛好成绩。

1. 作品申报书写作特点

“挑战杯”竞赛作品申报书填写应围绕以下几点。

（1）填写作品申报书应充分查阅资料。

一份好的作品申报书的填写应建立在全面掌握相关研究资料的基础上，了解该课题研究的国内、国外研究现状，撰写研究综述。

（2）作品申报书的写作应突出作品创新性、科学性、前瞻性。

基于研究综述，寻找前人没有研究的空白领域或是新视角去研究老问题，则为创新。课题的科学性要求申报的作品符合客观规律，具备较强的理论意义和实践价值，并进行科学论证。同时，作品申报内容应在经济价值和社会效应方面具有前瞻性。

（3）作品申报书的写作应具有针对性。

“挑战杯”竞赛的参赛作品数量众多，几乎涵盖了当今科学的各个领域，为了更具针对性，对课题研究的描述不宜过空、过大，应集中研究某一领域的某一问题，并准确地对作品进行描述。

2. 作品申报书编写注意事项

作品申报书的格式，应注意撰写的格式规范，行间距、字体和字号进行统一，通过

字体加粗等形式来体现需要重点突出的内容。

作品申报书从格式到内容的写作都是有一定的方法、技巧和要求的，我们在这里特别提出撰写作品申报书的“五要素”。

（1）选题要新颖。

选题应认真研究主办方发布的参考选题，还可以通过查阅相关研究文献，选择前人没有研究的，或是没有采用的研究思路、技术手段、研究方法和理论来研究老问题。

（2）调研要深入。

撰写课题前须加强文献资料查阅和调研工作，掌握国内、国外关于该研究领域的研究动态，认真加以分析，根据自己的能力确定研究方向和目标。

（3）依据要充分。

在查阅大量文献资料和广泛调研的基础上，把课题研究的意义和思路、创新性和独特性、应用价值和理论价值尽可能充分体现出来。清楚、客观、全面地阐述国内外研究成果，要特别指出目前没有解决的问题，提出解决办法等。

（4）重点要突出。

课题研究的内容和范围一定要突出重点，处理好多与大、自身条件与能力的关系，把握研究内容的深度。

（5）撰写要规范。

参赛的重要目的是获奖，不要由于一些细节问题而使评审不能通过。要想获奖就必须用严谨的态度来对待申报工作。参赛者在填写时要认真阅读填写说明，按标准规范填写作品申报书，注意数字、语言表达前后一致，不要出现错别字，还要强调格式规范。

3. 作品申报书的内容

“挑战杯”竞赛作品的申报书中，需要参赛者填写的主要包括封面、申报者情况、申报作品情况和当前国内外同类课题研究水平概述四个部分。

（1）封面。

封面的主要作用是为评委提供参赛作品最基本的信息，包括作品编号（序号）、作品名称、申报者学校全称、申报者姓名和作品类别，其中最重要的就是作品的名称。

在作品的评审中，评委对作品的第一印象非常重要，而对作品的第一印象一般是来自于作品的名称。好的作品名称可以先声夺人，提升作品的档次，给评委留下深刻的印象，使评委有兴趣去详细了解作品的内容。一个好的作品名称应该具有以下特点。

①作品名称要直观地反映出作品的内容。名称应确切、明了，能很直观反映参赛者进行研究问题、研究对象和研究方法。尽量少用副标题，避免使用符号和特殊术语，更不得用口号式的名称。

②作品名称要简明扼要地阐述主题思想。作品名称提倡简单、清晰，无需加上没有必要的修饰词语。作品名称中的关键词和主题词不仅要明确反映出作品内容，而且对于作品专业领域的技术名词和固定用法，一定要按照行业常规形式来，并且要尽量做到主谓完整。

③作品名称要反映出其科学性和先进性。参赛作品的科学性、先进性要在其名称中有一定的体现，主要通过一些突出作品特点或者研究方法特点的修饰词来实现。

④作品名称要有一定的深度和内涵。好的作品名称必须要有一定的深度，如果名称过于浅显，会使评委觉得作品过于简单，不利于吸引评委去仔细阅读作品的具体内容。

一般来说，作品名称的确定是申报书编写过程中最难解决的关键问题之一，是要在总结归纳作品整体内容的前提下进行的。所以，如果在开始填写申报书时命名存在困难，可以先编写完申报书内容和作品研究内容，最后再根据作品内容进行作品名称的编写。

此外，对于封面上的其他各项，均如实填写即可。填写时要注意按照要求的格式和位置进行填写，保证封面的整洁、美观。

（2）申报者情况。

申报书中的申报者情况必须由申报者本人按要求填写，需根据个人项目或集体项目选择 A1 表或 A2 表。以个人项目申报的作品，申报者代表栏内必须填写个人作品的第一作者（承担申报作品 60% 以上工作者），且合作者不得超过两人；以集体项目申报的作品，申报者代表需是学历最高者，其余作者按学历高低排列。

（3）申报作品情况。

该部分是申报书的主体部分，基本上涵盖了作品的所有信息。以科技发明制作类作品为例，主要包括：作品的设计、发明的目的，作品的基本思路，作品的创新点、技术关键和主要技术指标，作品的科学性、先进性，使用说明及作品的技术特点和优势，作品的适用范围及推广前景的技术性说明，市场分析和经济效益预测，作品的获奖情况、进度、知识产权情况和作品形式等基本信息。

①作品的设计、发明的目的。作品的设计、发明的目的阐述要做到语言准确，立论依据充分，论证体系完善且条理清晰。在查阅大量文献资料和广泛调研的基础上，把课题研究的意义和思路、创新性和独特性、应用价值和理论价值尽可能充分体现出来。清楚、客观、全面地阐述国内外研究成果，要特别指出目前没有解决的问题，提出解决办法等。同时，注重实际调查数据和资料，做到论述有条理，简明扼要，图文并茂。

②作品的基本思路。作品的基本思路主要包括研究方法、研究方案、技术措施和设计步骤。这部分填写时要注意做到方法科学、方案合理、技术可行、步骤具体明确，切忌含糊不清、模棱两可。

③作品创新点、技术关键和主要技术指标。作品创新点、技术关键和主要技术指标旨在将作品的创新价值与技术价值直观地反映给评委，是申报书的重要部分。

作品的创新点主要包括如下内容。

A. 研究思路上的创新。在研究思路上另辟蹊径，在科学研究上选取一个全新的角度去看待问题，是对作品最重要的创新要求。

B. 研究内容上的创新。对于普遍研究的热点问题，从侧面入手研究其相关的其他问题。

C. 研究方法上的创新。针对同一问题采用不同的研究方法，这就是手段上的创新，它是作品应该具备的一个基本条件。

在进行作品创新点的撰写时，要注意根据作品的实际情况，明确地体现出作品在研究思路、研究内容和研究方法上的创新，将创新点清晰地罗列出来，让评委容易看到。同时，要注意创新点要真正地能反映出作品的创新性。

④作品的科学性、先进性。作品的科学性、先进性须与现有技术进行比较，说明该

作品具有突出的实质性技术特点和显著进步，并且提供技术性分析说明和参考文献资料、应用情况及有待解决的问题。

同时应注意重点阐述成果的实质内容，包括采用的原理、研究提出的关键技术、技术实质和创造性的贡献等，这是作品成果中最有价值的核心部分，应重点阐述。还要对研究现状进行评述。此外，参考文献的引用一定要得当，要注意引用文献发表的时间及杂志的权威性。

⑤使用说明及作品的技术特点和优势。科技发明制作类作品的使用说明不同于工业产品，它主要包括：使用功能和特点，用途和使用方法，简要的结构特征与工作原理。其中要重点介绍作品的用途和使用方法，其他可适当简略。而当作品具有危险和有害因素时，我们还需加入以下陈述：保护作品和操作者的安全卫生措施、防范措施，注意事项以及发生意外时的紧急处理办法。

撰写作品的技术特点和优势时，不是写得越多越好，而是要善于抓住重点。主要突出本作品在现有技术上有怎样的突破，为本领域的发展带来了怎样的进步，以及本作品的突出特点及参数，解决了怎样的问题等。同时还可以利用一些企业的支持来证明本作品的强势。

⑥作品的适用范围及推广前景的技术性说明。介绍作品的适用范围，需对作品适用领域进行简要的描述，分析作品市场推广的可行性目标市场。在撰写作品的这部分内容时，要尽量扩大作品的适用范围，并且适用范围要尽量向目前新、精、尖的领域靠拢，例如：热管作为一个强化传热器件，其适用范围可推广到航空航天和新能源领域。也可以介绍作品目前的市场推广进度，包括已经成型的作品及其应用效果，已有合作意向的较有影响力的客户及合作的进展情况等。

⑦市场分析和经济效益预测。撰写时要注意多运用合理数据来体现出作品的价值，这样更有说服力。

在进行这部分内容的撰写时，主要涵盖以下内容：有必要对作品本身特征及其目标市场进行分析；确定作品的市场定位和目标人群；了解目前市场的发展阶段和需求状况；对于新兴的市场，需要分析本作品能否满足其需求，及推广的可行性有多大；对于已经较成熟的旧市场，则应分析本作品是否对现有作品有所改进，更能满足市场的需求。

对作品的经济效益进行预测时，应收集并分析现有作品的市场资料和信息，确定经济效益预测的目标和内容，选择合理预测方法和预测模型，用科学准确的数学模型对作品的经济效益进行预测，将新作品的经济效益预测计算结果与现有作品进行对比分析，突出经济效益提高的范围和幅度。

⑧作品的获奖情况、进度、知识产权情况和作品形式等。这些属于作品的基本信息，根据要求，按照格式如实填写即可。申报作品情况这部分内容在申报书中是通过表格的形式来指引申报者填写的，之所以采用表格的形式主要目的是为了限制篇幅，所以在编写这部分内容时一定要注意抓住重点，思路清晰，简明扼要地表达出作品关键信息，详细的介绍应在后面的作品说明书中进行。

（4）当前国内外同类课题研究水平概述。

在查阅大量文献资料和广泛调研的基础上，把课题研究的意义和思路、创新性和独特性、应用价值和理论价值尽可能充分体现出来。清楚、客观、全面地阐述国内外研究成果，要特别指出目前没有解决的问题，提出解决办法等。该部分内容的主要目的是为了通过对比突出自己作品的科学性、先进性、创新及技术优势等优点。

对于科技发明制作类作品来说，撰写国内外研究现状时，主要分为以下几步。

①课题国内外研究概况的介绍，涵盖以下几个部分：介绍该类产品的研发背景和目的；介绍研究的难点及需要解决的关键问题；说明为了取得技术上的突破需满足的要求。

②现有产品全面介绍，包括：产品应用范围，如该产品吸收了什么技术，应用范围是在哪里，有何优势；产品功能，如该产品的技术特点，有何与众不同之处；产品技术参数。

③客观评价以前的研究。从研究的优点、不足和贡献等方面对以前的研究进行分析和评论，这在研究现状分析中是非常重要的。要根据研究的需要来评价现有产品的优点与不足，重点说明现有产品技术上的缺陷、功能上的不足和应用的局限性等。

④提出新的研究方向和研究建议。根据产品发展历史和国内外的研究现状，指出几种发展的可能性，以及对其可能产生的重大影响和可能出现的问题等趋势进行预测，从而提出新的研究方案，并说明成果的可能性等。如果是对现有技术进行改进，应说明改进之处在哪里以及改进能取得何种突破；如果是与主流技术不同的研究成果，则应说明在此领域是否已经有相关的研究，并介绍本研究的发现及可行性。

在该部分的最后，应加上相应的参考文献。凡是引用他人的报告、论文等文献中的观点、数据、材料、成果等，都应按引用先后顺序排列，文中标明参考文献的顺序号，每篇参考文献按篇名、作者、文献出处等排列。

（5）附录的编写。

对于科技发明制作类作品来说，附录内容可包括以下内容。

①作品的相关专利证明。

②作品的鉴定证书和应用证书。

③作品图纸或其加工装置图纸。

④作品的详细数据、图谱、图表等。

⑤作品相关的程序。

⑥作品的详细使用说明。

⑦申报者（负责人）介绍。

⑧申报者发表的与作品相关的论文。

除此以外，还可以包括其他有利于体现作品价值、科学性、先进性的相关资料，以强化评委对作品的认识和印象，争取作品加分。

第十二届“挑战杯”广东省赛作品《超级大变脸》

作品介绍：

“超级大变脸（Magic Face）”是国内首创的在线美丽人脸合成及人脸特效处理系统。

本系统结合 Delaunay 三角剖分、广义 Procrustes 分析形状对准、分段线性仿射，辅以基于机器学习的人脸美丽智能评价、AAM 模型等算法技术、为用户提供符合心理学美感的美丽人脸合成及人脸特效处理体验。

本系统创新地使用了人脸特征匹配等机器学习算法、实现了基于数据驱动的后代预测、老年化、年轻化、总统脸、人脸美化、人脸素描、人脸拼图等多种人脸特效处理。

本系统提供友好的交互界面，为用户带来了良好的操作体验。本作品不但具有娱乐性，并且在心理学、美学、医学、人文、数字娱乐等领域具有重要的研究价值。同时，广大的用户群体使之具有巨大的商业潜力。

本项目已获得发明专利授权一项（专利号 ZL200810029422. 6）。另申请发明专利一项（申请受理号 201010574266. 9）。发表论文三篇，其中两篇论文被 EI 光盘版检索。

目的：

人工智能化的图像处理算法研究，心理学理论验证，医学整形参考依据的计算机生成，社交网络中的趣味图像生成。

基本思路与创新点：

（1）在平均脸算法中，我们首次提出一种基于 Delaunay 三角剖分、广义 Procrustes 分析形状对准以及分段线性仿射的人脸合成算法，使得非正脸、倾斜人脸也能够自动合成。

（2）在人脸合成算法中，我们加入了权值设置、背景嵌入以及对比度自动提升等算法，从而使得合成的结果更加自然和美观。

（3）我们利用平均脸的特点开发了各种创新性的功能，如老年样貌预测、后代样貌预测、幼时人脸预测、人脸自动美化等，这些都是具有突破性创新意义的应用。

（4）在马赛克头像合成模块中我们所采用的技术，目前来说在国内处于先进水平，国内并没有针对这方面公开发布的实用产品。我们通过计算马赛克图像与目标图像的纹理能量差值来拟合目标图像，经实验表明这样的实现效果能够有效地拟合出目标图像的细节信息。

（5）在人脸素描算法中，我们提出了一种融合背景图像与轮廓图像的阈值叠加法来进行彩色素描的实现。与现有的方法对比，本文算法产生的素描图像轮廓清晰，层次分明，效果明显改善。

（6）人脸美丽评价算法中，国内外均采用几何特征作为人脸美丽评价算法的特征数据，我们则创新性地引入了人脸的 Gabor 纹理作为评价的特征数据，结合人脸的几何特征数据，同时使用了 Wrapper 特征选择算法来提升评价器的性能，使得人脸美丽度评价的准确度相比国外研究成果有了明显的提升。

科学性、先进性：

很容易注意到，有关人脸的研究结果总是很容易吸引到人们的关注，这是由人们对人脸这一人类共有的外在特征的与生俱来的关注所决定的。因此，我们结合心理学这一特点，并采用先进的计算机技术，构建这样一个以“脸”为主题的网络应用，将会开创国内乃至国际该类型网站的先河，必将吸引许多使用群体，这些都将十分有利于我们对人脸进一步的研究。在本系统中我们集成了许多研究的成果和先进的技术，与现有的一些技术相比，可以说我们的作品具有许多实质性的进步和改进。根据我们的调研，目前

在国内并没有这样的网站；而在国外，Face Research 网站是有代表性的一个。然而，该网站在人机交互上做得不够完善，不支持对人脸图像的分类检索，也不具有我们的后代预测、老年预测等功能。另外，其数据库中的图像不适合中国用户使用。我们的作品较好地解决了以上的问题，提供了一个庞大的图片数据库和多类的检索，让机器更容易找到合适用户的素材。在算法实现上，我们提供了老年预测、后代预测、自动美化等，力求让用户达到最满意的效果。

技术特点：

①纹理合成；②Delaunay 三角剖分；③基于广义 Procrustes 分析形状对准；④基于分段线性仿射的人脸变形；⑤人脸美丽评价算法。

作品优势：

(1) 直接针对用户对脸的与生俱来的关注这一心理特点。

(2) 以网络为载体，影响范围会更广。

(3) 吸引用户进行上传分享，使网站图片资源得到极大丰富。

(4) 基于服务器的网页应用，避免客户端机器差异问题。

(5) 多种富有新意的应用功能，吸引到更多具有不同喜好的用户。

(6) 先进的人脸美丽评价算法，使得我们的系统更具议论性和传播性。

国内外研究现状概述：

近代心理学的研究表明，若对一组人脸形状进行合成，所得到的中值形状（平均脸）往往会具有较大的吸引力。

在 20 世纪末，得益于计算机技术及数字图像处理技术的蓬勃发展，大量关于平均脸的心理学研究又再涌现。相比起用 19 世纪 Galton 的方法合成的平均脸，用计算机合成的平均脸往往更为清晰、美观。在很多情况下，一张平均脸会比组成它的各人脸具有更大的吸引力，因此，在 20 世纪 90 年代初，许多心理学家都得出了“美丽的人脸就是平均脸”的说法，这就是在心理学上的“平均脸假设”。由此可见，在心理学方面，平均脸及由其产生的魅力一直是一个引人入胜的话题。但是，在国内，真正以平均脸为主题的研究基本是一片空白。而在国外，平均脸方面的研究也绝大多数都是心理学方面的；在计算机科学方面，与国内的情形一样，平均脸的研究是一大空缺。实际上，只有将平均脸的计算开发成基于 Web 的应用，结合完善的后台数据管理，才可以圆满地解决上述问题。然而，纵观国内外，以脸计算为主题的网站却少之又少。根据我们的调研，目前在国内并没有这样的网站；而在国外，可以为用户提供交互式平均脸计算的网站也为数甚少，仅有 Face Research 网站。该网站在人机交互上做得不够完善，且不支持对人脸图像的分类检索。另外，其数据库不适合中国用户的使用。而在人脸的老龄化预测、后代预测方面，国内的研究更是少之又少。对于人脸美丽评价而言，目前国内关于人脸美丽评价课题的研究都是处于起步阶段，国内已有的研究成果是山东的“齐鲁美女评价系统”，为一个区域性貌美人群美丽标准评价系统，但该系统并不对外公布，因此可以说在已发表的关于美丽评价这一课题的研究成果上来讲，国内对本课题的研究仍是较为空白的。

国外的主要研究成果则如下所述：Jurgen Schmidhuber 在 1998 年发表的论文中阐述了人脸美丽与不规则碎片形几何的关系，但在文中作者仅仅阐述了美丽与不规则几何的关系，并未对美丽程度的具体量化进行描述。Yael Eisenthal 等人则于2005年提出了一种基于图像像素的方法以及基于人脸特征点的方法，文中算法与真实人类评价结果取得了0.65的相关度。Amit Kagian 等人在2007年发表的论文中则对上述方法做了进一步的扩展，文中算法与真实人类评价结果取得了0.82的相关度。以上方法均低于本研究中0.93的相关度。

请分析：本案例选题的新颖性如何?

延伸阅读

下个10亿美元公司可能就来自这9个天马行空的idea

本文来自詹姆斯·阿图彻（James Altucher），他饶有兴致地头脑风暴了一些很有趣的、号称有机会做成10亿美元公司的idea（主意）。我们先不管他的这些idea是不是靠谱、是不是可被实施，James 这些idea背后的思路就颇具启发性，套用@留几手的话：你们感受一下。

别听那些所谓的未来学家抛出的那些关于泰格·伍兹（Tiger Woods）会不会东山再起之类的无关痛痒的预测，把我们的idea肌肉锻炼起来才是正事。没错，像我们身体的其他肌肉一样，你要是疏于锻炼，萎缩那是必然的事儿。别管出来的idea是好是坏，锻炼idea肌肉本身就是好事一件。

现在，就来看看我都准备了什么绝妙的idea吧，指不定当中哪个就能拯救世界呢。我对好idea的标准只有一个，那就是：它必须能造福至少100万人，哪怕行不通，它也能被写进科幻小说里被100万人欣赏。我在此抛砖引玉：

1. Klout（影响力）即货币。想想看吧，这道理是通的。同样是去蛋糕店消费，我花的5美元和奥巴马的5美元就是不一样，后者的价值要大得多——"美国总统之选"的招牌就是招财利器!

Klout + 货币 = 今日世界之价值。因为他们的货币比我的更具价值，Klout值更高的人应该有更强的购买力。当他们买东西的时候，卖家的Klout值也被推高了，这个世界就朝着这样的方向在发展。看看奥普拉吧，她的Klout值接近无限。她要是推荐一本书，该书的作者马上就赚得更多了。如果奥普拉找我买点什么，我的Klout值估计能涨个80%。美国中产阶级正在消失。临时工（temp staffers）用scrip（非常时期发行的临时通货）来买东西，有钱人掏钱买Twitter粉丝。我们正无可逆转地走向一个Klout即货币的世界，顺势而为，我们就让它成真吧。

2. 所谓以毒攻毒，咱就以全球气候变暖攻全球气候变暖。地表越来越热，也就是说地球正在释放能量。那就祭出photovoltaic strips（光伏条）吧，把散失的能量利用起来，减轻我们对碳能源的依赖。问题不就解决了?

这个idea的美妙之处在于，如果全球气候变暖消失了，这一技术不就失效了么?没问题!咱重回碳能源，再次启动全球气候变暖即可!我迫不及待想和Al Gore好好聊聊了。

3. 人的3D打印。3D似乎已是最新潮的技术，但我还是知之甚少。不过没关系，这

不妨碍我提出我的3D打印：3D Human Printing。假设，明早在印度我有一个会议要参加，但就是赶不上，可要是错过了我又极不甘心。怎么办？像钢铁侠一样，我在家穿上我的虚拟现实外套，在印度会场的对应的另一件外套随之启动，睁开了眼睛。我在外套的屏幕上能清楚看到那边的情况，我伸伸胳膊，那头也伸伸胳膊，我张嘴说话，那头也传出我的嗓音。远在美国的我身临印度之境。

视频会议无论如何也取代不了面对面的交谈。尽管3D Human Printing就像是加强版的视频会议，但会场的其他人基本上还是会认为我的真身是与他们同在的。他（她）就是一个拥有了人类皮囊的机器人，而许多人会把他（她）当成真人无异。我能把这个idea实现出来，我也有这个意愿：舟车劳顿到处旅行可不是我的菜，待在家里什么也不做最好不过了。有了这项发明，我坐在家里就能到处穿梭，周游世界，想去哪儿就去哪儿，爱去哪儿就去哪儿。

4. 在你家里布置广告。好吧，这乍听起来令人反感：在你家来一墙的广告？我来算笔账吧：如果我答应广告公司，让他们在我这里满屋子地布置广告，我背负的房债就能减轻一些。举几个例子：我在浴缸泡着的时候，能在浴帘上看到投影出来的每日特惠促销广告；更进一步，他们还可以布置监听软件分析我所有的通话——和“社交媒体”相比，我这才是真社交。我在电话里说：“今年我必须得去滑一回雪！但却没啥钱……”然后我就在浴帘上看到滑雪的打折广告了。这是一个三赢的局面：和朋友谈笑间，钱就省（赚）到了；房子也更便宜了；其他公司也能拿到更好的销售业绩，促进经济发展，提高就业率，生活也奔着好的方向发展。

5. 幸福热点。近10年来，我总收到类似的商业计划书：“你朋友在附近出现时，我们的产品能向你发出提醒。”这在技术上是可以实现了，但有这个必要吗？我要是想和朋友见面，给个电话约不就好了？我又不笨。

我的idea能进一步提升这种体验。据说与积极的人相处要比和消极的人相处更好。积极的人引你向上，消极的人则反之。在我的设想里，每个人都佩戴一个耳机，它会不断扫描分析人们的脑部活动，把每个人的情况归到有一万个标有“快乐”或“悲伤”的脑扫描数据库里，之后再使用标准语音识别技术辨认出用户是“快乐”还是“悲伤”。

好戏来了！打开我手机上的Google Maps（谷歌地图），“快乐”和“悲伤”一目了然：地图明亮的区域就是快乐人群扎堆的地方，暗沉区域则反之。当我想出去转转的时候，朝最亮的地方出发就行了。他们是不是我的朋友还有什么关系吗？我去幸福热点结交新朋友，不亦乐乎！

6. 40%的失业率。现实情况是这样的：大多数的人都不应该工作。为什么？因为他们不在行。一个人特别擅长所做的工作，这是小概率事件，据我观察，估计这个概率是10%。这不是批评不是讽刺，这就是一个事实。此外，机器人也基本上比人更能干，这也是为什么苹果要把生产线转回到美国的原因。

整个社会有40%～50%的失业率是比较合适的。我的方案是，首先激励公司裁减人手，用机器代替，通过裁员获得的额外利润也只以原税率的一半征税。所征得的税统一放进一个政府基金里，用来补贴被裁撤的雇员，补贴期为三年。被裁撤的雇员于是就有三年的时间开始新的事业，如果创业不成，就成为哪个地方的一位临时工（temp staffer）。别说我冷血，这就是这个世界的走向。美国中产正在消失的原因就在这里，机器人正成为新的中产阶级。人人都会成为创业者或是临时工。

7. Brain Dating。没有约会服务是真正靠谱的，离婚率继续上升，许多人并不幸福，最后以出轨收场。

要如何解决呢？脑扫描又派上用场了。找 1 000 对结婚 40 年都幸福美满的夫妻（有过问题但婚姻最后幸存的不要，地球 20 亿对夫妻总能找到 1 000 对真正幸福美满的），给他们做脑部扫描，再把扫描结果取个平均数。

当你申请加入 brain dating 服务的时候，你也需要提交自己的脑扫描结果。该服务会把你的脑扫描和数据库里所有女性/男性的脑扫描取一个平均数，然后再把结果和 1 000 对幸福美满夫妻的结果做比对，最接近的那个女性/男性就是你的 The One 了。整个服务费用不菲：1 万美元，包你婚姻美满，否则退款。

8. 眼镜里的"Like"按钮。我刚刚听说有公司正在研发能朗读短信文本的眼镜，这很棒。我喜欢和所有我认识的人一直保持沟通。让我们再更进一步：我见着你（Sharon）了，也喜欢你，这时，我眼睛眨巴两下，镜片就记录了一个 Like。接着你和更多的人碰面，别人一下子就能看到"Sharon 今天获得了 158 次 Likes"，我也能看到我有哪些朋友也 Like 了你。

如果你今天诸事不顺，拿到的 Like 也只有可怜的个位数。没关系，这种情况下其他人会有意避开你，给你空间，让你喘口气再出发。我要的不仅仅是"社交媒体"，我要的是 social life（社交生活）。

9. I？抱歉，我暂时想不到更多 idea 了，要不你继续把这个 idea 清单发展下去？再从中做个 10 亿美元公司出来？

（资料来源：http://www.36kr.com/p/201332.html）

思维训练

请做一下调查，从历届"挑战杯"大赛作品选题中选取两个选题，分析作品选题的科学性。

行动锻炼

以小组为单位，确定一个选题，完成一份作品申报书内容撰写。

模块总结

本模块主要对"挑战杯"哲学社会科学类、科技发明制作类作品选题原则、途径进行了分析。总结提炼作品申报书写作特点、编写注意事项以及申报书的内容。

参考文献

[1] 科创申请书写作技巧[EB/OL].[2016-11-20].http://max.book118.com.

[2] 关于科研课题申报书[EB/OL].[2016-11-20]. http://blog.sina.com.cn/s/blog_7003ede60100siu3.html.

[3] 李家华. 创业基础 [M]. 北京：北京师范大学出版社，2013.

[4] 贺俊英. 大学生创业基础与实训教程 [M]. 北京：高等教育出版社，2010.

[5] 杨明. 大学生创业指导 [M]. 北京：中国人民大学出版社，2012.

模块三 “创青春”全国大学生创业大赛

案例导读

大学生开“慢递小店”“时光漫步”送祝福

“时光漫步”主要业务是“慢递”，将写好的明信片存放在店中，由店主进行投递，投递的时间由寄信人决定。在信息高速发展的今天，这种蜗牛速度的慢递服务受到众多“80后”、“90后”的追捧。9月13日中午，记者走进“时光漫步”，近30平方米的房间，独特的设计，让这个小店充满了艺术气息，店里到处摆放着各种各样的明信片。指着店内一堵满是格子的墙，经营者宋晓艺说，这些格子有12行代表12个月，总共365个小隔间代表一年中的每一天，专门用来存放写好的明信片，“慢递在国内很多城市都挺流行的。”

宋晓艺上大学期间，就喜欢到处旅游，每到一处给自己寄张明信片，去年7月，她去厦门鼓浪屿旅游，看到了充满创意的慢递服务，就萌生了在乌鲁木齐也开一家这样的慢递小店的想法。

2011年3月，宋晓艺应聘到了乌鲁木齐一家房产公司，两个月后就辞职，她决定完成自己的心愿。从选店面，到设计店内的装修风格，再到进货都是由宋晓艺独自完成，并亲自设计小铺的名片、宣传册、印章。她还选了一个特别的开张日期，“6月6日”，开业后，虽然这是乌鲁木齐市首家“慢递”小店，但了解这项业务的人并不多，顾客进门后，左顾右看，问东问西，宋晓艺要不断地为顾客介绍自己的业务内容。最后，她想了个办法，利用网络宣传，使顾客了解了他们的业务范围。

一位美国的顾客无意中光顾了宋晓艺的店后，对这种慢递很感兴趣，一次给家人寄了好多张明信片，后来这位顾客还把他在乌鲁木齐的朋友都介绍到店里，这让宋晓艺信心大增，“我一定要把自己的小店当事业来做。”

“时光漫步”已经开业三个月了，顾客越来越多，有2 000多张明信片被寄出或者保存，通常一年内寄出的明信片只收邮费，一年之后寄出的则加收一年10元的保管费。目前，慢递时间最长的一张明信片，是要求在2013年1月4日投递。除了明信片，一些精心制作的相册、相框等手工物品以独特的造型也颇受顾客喜爱，每月店里都有几千元入账。

宋晓艺说，“慢递”传递的是一种心情，来慢递的顾客写下有关生命、成长、友谊、爱情、家庭祝福的明信片，她也从中获益不少，甚至影响了自己，通过一张小小的明信片，她看到了人间真情，丰富了她的人生内涵。有人写信打算让分手的女友3年后得知真实原因，有人写信鼓励未来的自己不要失去梦想，有人写给发小讲述一起打游戏机的回忆，有刚考上大学的孩子写给父母的感恩，还有一个做母亲的给孩子写信，要求两年后寄出，说是那时孩子满18岁……

现在，宋晓艺开始制作原创明信片，把新疆的景点、自然风光、人文景观、著名的建筑都制作成明信片，她认为，一张明信片也是宣传新疆的一个窗口。

（资料来源：新疆日报网，2011－09－15）

一、“创青春”全国大学生创业大赛简介

1. “创青春”全国大学生创业大赛起源

2013年11月8日，习近平总书记向2013年全球创业周中国站活动组委会专门致贺信，特别强调了青年学生在创新创业中的重要作用，并指出全社会都应当重视和支持青年创新创业。党的十八届三中全会对“健全促进就业创业体制机制”做出了专门部署，指出了明确方向。为贯彻落实习近平总书记系列重要讲话和党中央有关指示精神，适应大学生创业发展的形势需要，在原有“挑战杯”中国大学生创业计划竞赛的基础上，共青团中央、教育部、人力资源和社会保障部、中国科协、全国学联决定，自2014年起共同组织开展“创青春”全国大学生创业大赛，每两年举办一次。

“创青春”大赛的目的在于引导和激励高校学生弘扬时代精神，把握时代脉搏，将所学知识与经济社会发展紧密结合，培养和提高创新、创意、创造、创业的意识和能力，促进高校学生就业创业教育、创业实践活动的蓬勃开展，发现和培养一批具有创新思维和创业潜力的优秀人才，帮助更多高校学生通过创业创新的实际行动为实现中国梦贡献力量。

2. “创青春”全国大学生创业大赛的内容

（1）大赛主体赛事。

“创青春”大赛三项主体赛事包括：大学生创业计划竞赛、创业实践挑战赛和公益创业赛。

①大学生创业计划竞赛：面向在校学生，以商业计划书评审、现场答辩等作为参赛项目的主要评价内容。

②创业实践挑战赛：面向在校学生或毕业未满5年的高校毕业生，且已投入实际创业3个月以上，以经营状况、发展前景等作为参赛项目的主要评价内容。

③公益创业赛：面向在校学生，以创办非营利性质社会组织的计划和实践等作为参赛项目的主要评价内容。

（2）大赛专项赛事。

目前，“创青春”大赛还设立MBA和移动互联网创业等两项专项竞赛。

①MBA专项赛：面向就读于MBA专业的在校学生，以创业项目计划书作为参赛项目的主要评价内容，每所高校只能组成1支团队参赛。

②移动互联网创业专项赛：面向在校生，以基于移动互联网领域的创业项目计划书或APP应用程序等移动互联网作品说明书作为参赛项目的主要评价内容，每所高校最多可申报3项。

3.“创青春”全国大学生创业大赛参赛事宜

（1）参赛条件及要求。

凡在举办大赛终审决赛的当年7月1日以前正式注册的全日制非成人教育的各类高等院校在校专科生、本科生、硕士研究生和博士研究生（均不含在职研究生）可参加全部3项主体赛事；毕业5年以内（时间截至举办大赛终审决赛的当年7月1日）的专科生、本科生、硕士研究生和博士研究生可代表原所在高校参加创业实践挑战赛（需提供毕业证证明，仅可代表最终学历颁发高校参赛）。

①大学生创业计划竞赛：参加竞赛项目分为已创业与未创业两类；分为农林、畜牧、食品及相关产业，生物医药，化工技术和环境科学，信息技术和电子商务，材料，机械能源，文化创意和服务咨询等7个组别。实行分类、分组申报。

拥有或授权拥有产品或服务，并已在工商、民政等政府部门注册登记为企业、个体工商户、民办非企业单位等组织形式，且法人代表或经营者为符合第十五条规定的在校学生、运营时间在3个月以上（以预赛网络报备时间为截止日期）的项目，可申报已创业类。

拥有或授权拥有产品或服务，具有核心团队，具备实施创业的基本条件，但尚未在工商、民政等政府部门注册登记或注册登记时间在3个月以下的项目，可申报未创业类。

②创业实践挑战赛：拥有或授权拥有产品或服务，并已在工商、民政等政府部门注册登记为企业、个体工商户、民办非企业单位等组织形式，且法人代表或经营者符合第十五条规定、运营时间在3个月以上（以预赛网络报备时间为截止日期）的项目，可申报该赛事。申报不区分具体类别、组别。

③公益创业赛：拥有较强的公益特征（有效解决社会问题，项目收益主要用于进一步扩大项目的范围、规模或水平）、创业特征（通过商业运作的方式，运用前期的少量资源撬动外界更广大的资源来解决社会问题，并形成可自身维持的商业模式）、实践特征（团队须实践其公益创业计划，形成可衡量的项目成果，部分或完全实现其计划的目标成果）的项目，可申报该赛事。申报不区分具体类别、组别。

（2）参赛形式。

以学校为单位统一申报，以创业团队形式参赛，原则上每个团队人数不超过10人。每一个团队提交一个参赛作品。参赛作品应提出一个具有市场前景的产品或服务，并围绕这一产品或服务，完成一份完整、具体、具有可行性和操作性的创业计划书。创业计划书应基于具体的产品或服务，着眼于特定的市场、竞争、营销、运作、管理、财务等策略，描述团队的创业计划，阐述可能得到和利用的资源。主要包括以下8个部分：概述、产品/服务、市场、竞争环境、营销、经营、组织、财务。

对于经授权的发明创造或专利技术，在报名时需提交具有法律效力的发明创造或专利技术所有人的书面授权许可、项目鉴定证书、专利证书等。

对于已注册运营项目的，在报名时需提交相关证明材料（含单位概况、法定代表人情况、营业执照复印件、税务登记证复印件、组织机构代码复印件等材料)。

(3) 比赛流程(见图4-6)。

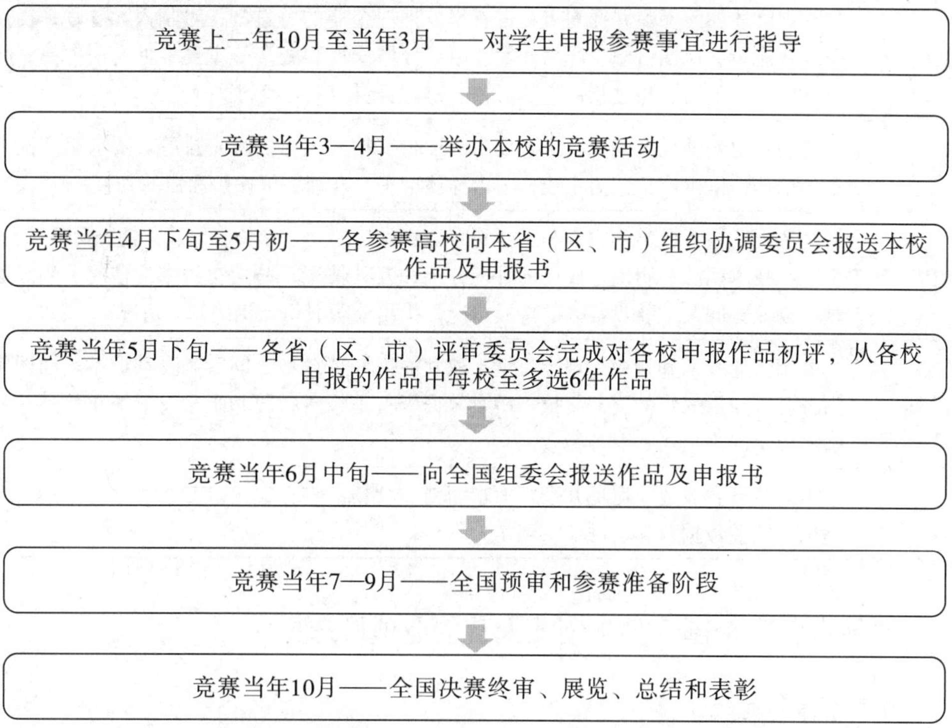

竞赛上一年10月至当年3月——对学生申报参赛事宜进行指导

↓

竞赛当年3—4月——举办本校的竞赛活动

↓

竞赛当年4月下旬至5月初——各参赛高校向本省(区、市)组织协调委员会报送本校作品及申报书

↓

竞赛当年5月下旬——各省(区、市)评审委员会完成对各校申报作品初评,从各校申报的作品中每校至多选6件作品

↓

竞赛当年6月中旬——向全国组委会报送作品及申报书

↓

竞赛当年7—9月——全国预审和参赛准备阶段

↓

竞赛当年10月——全国决赛终审、展览、总结和表彰

图4-6 “创青春”大赛主要流程

(4) 竞赛书面评审标准(见表4-1)。

表4-1 “创青春”竞赛书面评审标准

项目	具体要求
概述	文字表达简明、扼要,具有鲜明特色。重点包括对公司及产品或服务的介绍、市场概貌、营销策略、生产销售、管理计划、财务预测;正确表达新思想形成过程和对企业发展目标的展望;明确介绍创业团队的特殊性和优势等
产品/服务	明确表述产品或服务如何满足相关用户需要;相关市场进入策略和市场开发策略;说明其专利权、著作权、政府批文、鉴定材料等;指出产品或服务目前的技术水平及领先程度,是否适应市场需求,能否实现产业化;产品的市场接受程度等
市场	明确表述该产品或服务的市场容量与趋势、市场竞争状况、市场变化趋势及潜力,细分目标市场及客户描述,估计市场份额和销售额,注意相关市场调查和分析的科学严密性
竞争环境	表述公司的商业目的、市场定位、全盘战略及各阶段的目标等,同时要有对现有和潜在的竞争者的分析以及替代品竞争、行业内原有竞争的分析;总结本公司的竞争优势并研究战胜对手的方案,并对主要对手和市场驱动力进行适当分析

续上表

项目	具体要求
营销	详细阐述如何保留并提高市场占有率，把握企业的总进度，对收入、盈亏平衡点以及现金流量、市场份额、产品开发、主要合作伙伴和融资等重要事件有所安排；构建合理的营销渠道、与之相适应的形象、富有吸引力的促销方式
经营	说明原材料的供应情况、工艺设备的运行安排、人力资源安排等。要求以产品或服务为依据，以生产工艺为主线，力求描述准确、合理，可操作性强
组织	介绍团队中各成员的教育和工作背景、经验、能力、专长；组建营销、财务、行政、生产、技术团队；明确各成员的管理分工和互补情况、公司组织结构情况、领导层成员、创业顾问及主要投资人的持股情况，指出公司股份比例的划分情况
财务	介绍营业收入和费用、现金流量、盈利能力和持久性、固定和变动成本；前两年的财务月报，后三年的财务年报。所有数据应基于经营状况和未来发展的正确估计，并能有效反映出公司的财务绩效
表述	条理清晰，表述应避免冗余，力求简洁、清新、重点突出、专业语言的运用要准确适度；相关数据科学、诚信、翔实

二、“创青春”全国大学生创业大赛创业项目选择

1. 项目选择的途径

（1）创业项目的基本分类。

创业者要用正确的方法去寻找商机，还要知道创业是有规律可循的，选择也要按规律来。项目大致分为服务类、技术类、技术服务类三类。

①服务类：这类项目主要是创业团队成员根据自身条件和市场调查，集体头脑风暴得出的创意，其后团队在创意的基础上看出商机，进而进一步完善项目。这类项目技术含量较低，主要集中在第三产业上，主要的核心竞争力在于创意和服务内容。

②技术类：这类项目主要是创业团队成员本身拥有专利技术或者在学校中通过与相关教授签订项目授权书得到相关技术，创业团队对这项技术进行包装加工，使产品产业化并投入市场。此类项目的主要核心竞争力在于先进的技术含量和产品，对于服务要求不高，一般集中在价值链的上游。

③技术服务类：这类项目主要是创业团队成员本身拥有专利技术或者在学校中通过与相关教授签订项目授权书得到相关技术，创业团队以这项技术为基础，衍生出相关的服务项目并对其进行包装并将其投入市场。此类项目的主要核心竞争力在于技术和服务的双结合，以技术为支撑，体现创意和服务内容。

（2）项目选择的主要渠道。

①权威性及专利技术宣传平台。参加“创青春”全国大学生创业大赛的团队可以从专门的专利经纪公司那里寻找到商业机会，在个人投资者、公司、大学或其他研究组织拥有的专利中有许多是在商业上可行的产品。当前，一些经纪公司专门从事国际产品许可证的业务，他们将某项发明创造买下，然后再卖给那些有需要的创业者。

②高等院校以及相关科研机构信息渠道。很多高等院校也积极从事科学技术的研究和开发，并积极为研究成果申请许可证，这一个领域对于参加“挑战杯”中国大学生创业计划竞赛的学生来说是信息来源最丰富的场所。创业团队可以根据团队的市场需求分析，有的放矢地寻找合适的项目，并通过与相关教授签订项目授权书，参加创业计划竞赛。这是绝大多数参赛作品项目的来源。

③公司、非营利研究机构以及其他组织。有些公司专门从事产品和服务的发明创造，但是他们的发明创造并不一定都能够得到商业化的开发，因为对这些发明创造进行技术产业化的成本非常高，而且他们并不具有这样的市场平台。因此他们非常希望通过专利经纪公司、产品许可证信息服务机构或自己的营销努力来使这些技术获得经营的可能性。一般他们通过经营许可的方式使自己的技术获得市场的实现。因此，创业者通过许可证方案与他们直接进行沟通是一种较有成效的方式。一些非营利性研究机构根据与政府、企业的契约进行研发，也有一些新产品、新技术的研发需要依靠研究机构自己的力量使产品获得许可经营权。

一些行业展览会和协会会议也是寻找好项目的机会，同时是检验产品是否具有市场潜力的时机。创业者通过与分销商及销售代表会面，了解产品和市场的发展趋势，识别哪些产品是具有市场前景的产品。作为参赛者或创业者，应该积极与产品的潜在顾客直接接触，这样既可以帮助其了解顾客的需要，又可以找出现存产品的竞争劣势，找到市场机遇，从市场机会中发现创业项目。同时，要善于使用各种新的途径，比如网络。网络在空间和时间的穿越性已经使它成为获得信息的新渠道；团队也可以通过网络挖掘现在的投资热点和市场增长点，从而获得项目设计的灵感。

2. 避免项目选择的误区

对于参加创业竞赛的选手而言，通过以上的项目选择的途径和分析方法，基本可以从众多的创业项目中选择到较优并且适合大学生自己的创业项目。但是，对于缺乏市场经验的大学生而言，在选择的过程中难免会陷入凭借“常识”选择的误区。而这些“常识”往往成为创业者失败的主要根源。大学生在项目选择的过程中容易产生的三大误区：盲目重视项目创意、过度追求项目规模、过度偏爱最新技术。

（1）盲目重视项目创意。

在创业竞赛中，同学们往往有这样的一个误区：认为有创意的项目就是好的项目，从而盲目地追求想法上的创新，忽略了项目本身的可行性，结果在市场的调研、营销计划、财务计算等环节上不断遇到新的问题，更加严重的是在最后阶段会因为之前想法的不完善导致所有的工作前功尽弃。这种问题的出现最为根本的原因就是他们模糊了创意和商机之间的区别，因为不是每个创意都蕴含着商机的。异想天开的创意只会给参赛者带来意想不到的障碍。

创意，只是一个初步的设想而已，当然好的创意很有可能转化为商业机会，有可能为企业带来丰厚的回报。但是我们必须认识到创意转化为商业机会的概率并非我们想象的那么高。在现实生活中，创意往往会被社会、团体以及周边环境渲染得过分重要，从而导致大家忽视了产品和服务的需求。

创意毕竟不等于商业机会，那么什么才是商业机会呢？商业机会是指具有很强吸引力的、较为持久的，并且存在于能够为顾客增加价值的产品。在一个完全自由的创业系统中，商业机会的出现往往是因为创业者准备进入的行业市场存在着缝隙，如商业环境的变化、市场的不协调或者混乱、技术的落后或者领先、信息的滞后或者缺口以及市场中其他各种各样因素的影响。对于创业者而言，能否把握商业机会依赖于能否充分利用这些商业环境的变化以及不完善。信息的缺口、不对称、不协调越大，创业机会就会越多。

在对于创业计划竞赛作品的调查中我们发现：不少大学生选择了市场中未出现的行业类别进行创业。很明显，一方面，选择新颖项目的主要优势就是可以以较快的速度占领空白市场，取得市场中的先动优势；另一方面，同学们也想通过这样的方式，引起市场中受众的注意力，引发消费者对于创业项目的共鸣，从而达到细分市场、赚取利润的目的。然而空白市场不一定可以产生市场需求。某些市场中的部分需求是可以通过其他市场迅速满足的。比如在学校中的网上超市通常会被校园中的零售超市代替。

（2）过度追求项目规模。

很多的参赛者认为，如果一个项目是国家重点科研项目就是好的项目，都希望可以首选其作为参赛的项目。确实，这样的项目的确具有很强的竞争力，如技术的先进性、国家的支持、教授的声望等，但是这样的好项目却隐藏着各种风险，比如好的项目需要巨大的启动资金，一般这样的资金需要几百万，甚至上千万，对于一个学生创业团队来说，如果没有风险投资，这样的项目根本无法运作。因此能否拉到风险投资商的支持已经成为这样的项目是否可以做下去的关键因素之一。当然这样的国家级的项目，往往是原有技术的创新，因此在社会上原有的技术可能已经占据了较大的市场份额，如何规避这些惨烈的竞争也是参赛团队不可忽视的问题。如果参赛团队在加工工艺、技术革新、经营策略上无法给出一个合理的安排与解决，其抗风险能力将受到评委的质疑。

（3）过分偏爱最新技术

参赛者往往将目光投向那些最新的技术，尤其是网络以及信息技术行业，其实以这种方式进行项目选择具有很大的风险性。最为主要的问题在于，新的技术在法律上往往具有较大的风险，如果技术没有申请专利或者实用新型专利，就需要有相关的行为保护知识产权。在这样的情况下，如何进行保护对于没有经营经验的参赛者来说是一个大的障碍，也是必须解决的问题。同时最新的技术往往不具有很强的稳定性，如果稳定性出现问题，会给项目的设计运行带来沉重的打击，同样也是无法吸引风险投资商的眼球。新的技术的更新速度相对较快，如果团队中没有很强的技术支持者，那么项目的后期开发性就会相对薄弱，这样的企业很有可能在发展中期就会“坐吃山空”。当然，最理想的方式就是取得开发者的信任，他们愿意以专利作为出资与团队合作创建公司。这样的项目往往已经获得或者将获得专利，不但在法律上有极强的保障，同时也有开发者的技术支持，可以说是形成了良好的组织结构，为新生公司的下一步发展打下了坚实的基础。但是这样的情况可遇不可求，特别是对学生创业来说更是少之又少。

三、“创青春”全国大学生创业大赛创业计划书的撰写

当确定项目和团队以后，如何撰写创业计划书，就成了参加“创青春”竞赛面临的

最大任务。一份翔实的创业计划书，往往要从产品、营销、战略、财务、生产运营等角度全面分析项目的可行性和商业性。从比赛的角度来看，创业计划书贯穿整个比赛的始终，无论是初赛的书面评审还是复赛、决赛的现场答辩，计划书都发挥着举足轻重的作用。而一份好的创业计划书无疑也能抓住评委的眼球，使参赛者脱颖而出。本部分将具体介绍如何撰写创业计划书的各个部分，并着重说明使创业计划书具有竞争力的关键因素以及如何设计创业计划书，使之体现出结构美和内容美。

1. 创业计划书的内涵

（1）创业计划书的概念。

创业计划书又名商业计划书，是由创业者准备的一份书面计划，用以描述创办一个新的风险企业时所有相关的外部及内部要素。创业计划书通常是各项职能计划，如市场营销、财务、制造、人力资源计划的集成，同时它也提出创业经营的头三年内所有短期和长期的决策制定的方针。

（2）创业计划书的目的。

撰写创业计划书的目的是游说投资者进行风险投资，从而使项目获取启动资金。但有人以为用于比赛的创业计划书只要写得翔实、做得美观就行了，却容易忘掉“风投”这个本原。因此明确创业计划书的目的十分重要，这对商业计划的撰写有着重要意义。

（3）创业计划书的作用。

创业者想要获得成功，一份出色的创业计划书是十分重要的。虽然创业计划书不是万能的，但是创业没有创业计划书即如无源之水、无本之木。

学习如何撰写创业计划书是每个创业者创业前的必修课。创业是一个理性行为，创业者需要将头脑中的创业想法，系统地以创业计划书的形式表达出来，这是取得成功的关键一步。

完善的创业计划书可以极大地提高创业效率。在创业过程中，会出现各种不确定的因素，导致计划或多或少地出现偏差，创业计划书作为最有效的工具，通过文字的方式，对这些想法加以记录和整理，使创业者清晰记录每一个变化，提高整个创业过程的效率。

完善的创业计划书可以将创业团队的想法条理化。创业者往往有着很多的想法，思路天马行空，缺乏系统性。创业计划书能将参赛者的想法系统化地表现出来，从而使投资者更加清晰明了地理解创业者的想法。

完善的创业计划书可以增加投资者的信心。创业计划书能将想法细化，使整个想法更加周详，并系统地以文字表述出来。创业计划书的可行性是风险投资家着重考察的因素之一。

2. 创业计划书的大纲

对于创业计划书的基本要求应该是条理清晰、重点突出、力求简洁。相关数据科学、真实、准确。能够让一个非技术背景的人士清晰易懂。一般来说，创业计划书主要分为八大部分，包括项目概要、市场分析、公司战略、生产运营、财务管理、风险管理、实施措施和附录。下面将详细介绍每个部分的写作要领。

（1）项目概要。

项目概要的内容主要是阐述项目的选择背景、公司的简介以及市场状况，商业模式、盈利预测、项目的核心产品等。意在让评委对创业项目有总体上的把握，对项目存在的必要性、项目产品有清楚的理解，使评委能充分感受到项目的可行性与可操作性。要求条理清晰、重点突出、简洁扼要、特色鲜明。

（2）市场分析。

在市场调查的基础上，分析面对的市场现状、发展趋势、潜力、竞争状况，包括竞争分析、目标市场定位、市场容量估算、预计的市场份额、趋势预测等。市场分析包括PEST 分析以及 SWOT 分析。我们通过 PEST 分析，向评委展示我们创业项目所处的外部环境，通过 SWOT 分析进行与同行业竞争者的比较，展示我们创业项目的优势、劣势、机会与威胁。

（3）公司战略。

公司战略即公司的商业模式、发展战略等。结合竞争优势确立分阶段目标，公司的研发方向和产品线扩张策略，主要的合作伙伴与竞争对手等。公司的战略将通过三个步骤实现，分别为市场细分、市场定位以及营销策略。

（4）生产运营。

生产运营包括以下几个方面，分别为厂房选址、生产、车间管理、库存控制、供给和分销、客服服务、研发等。

（5）财务管理。

创业计划书中的财务管理主要包括财务预测和财务评价。财务预测主要包括以下内容：利润表、现金流量表、资产负债表、资金来源与使用、财务假设等。财务评价主要通过一些财务指标来衡量项目的可行性。财务指标分析是指总结和评价企业财务状况与运营成果的分析指标，包括偿还能力分析、运营能力分析、盈利能力分析和发展能力分析。

（6）风险管理。

鉴于风险存在于公司经营的全过程中，所以要使公司取得良好的收益，就要加强对其风险的全程监控，采取有效措施进行风险管理，以使得风险损失最小化。我们可依据公司风险分析的时间连续性，参考公司风险防范预警系统，提出公司风险的管理方法。在一般的创业项目中我们面临这三大类风险：宏观环境风险、行业风险和企业内部风险。

（7）实施措施。

在创业计划书的撰写过程中，仅告诉评委和风险投资专家们项目的优势、如何营销、如何运营管理等是不够的。整个创业计划书的完成既需要有清晰的规划，也需要有具体实施的措施，来增加创业项目的可行性和可信度，以此来俘获评委们的心。其实，实施措施包含了从创业团队的组建、企业的资金筹备、厂房设立等到企业正式运营，甚至长远发展的计划、组织、领导和控制四个方面。简单来说，就是通过管理的五大职能表现出创业项目的具体实施。

（8）附录。

一本创业计划书附录可以包括以下内容：专利证书、相关的调查问卷、问卷分析、广告设计、团队相关照片等。这些内容可以佐证前面内容的真实性和专业性，同时也是一个很好的补充。

案例分析

创业项目名称：智博教育咨询有限责任公司

作　　者：卢婷（化名）

指导教师：（省去）

作品简介：

智博教育是一家倡导公益的教育机构，依托于广东省外语艺术职业学院丰富的教育资源和得天独厚的教学场地，以“创业、助困、公益”为宗旨，专注于中小学生的高端及个性化辅导。智博教育秉持“博于学，睿于智，仁于德”的朴素理念及“高师资、高标准、高服务”的教学要求，以学生为本，踏实求进，以卓越的服务和薪火相传的口碑赢得持续发展，并立志成为在业界享有较高的知名度与美誉度的公益性教育机构。

一、项目背景

1. 资源优势

广东省外语艺术职业学院是一所以小学、学前师资培养为品牌，以培养高素质外语、艺术、信息技术技能型人才为特色的公办高职院校，是广东省培养、培训基础教育师资的重要基地。

2. 市场需求

（1）学生创新创业的需求。

（2）助困公益的社会责任担当。

（3）社会上教育资源在一定程度上的不均衡。

二、竞争优势

致力于公益事业，主动担当社会责任。

倡导通识教育模式，注重培养学生的思维力、判断力，服务于“全人”的培养。

增强中华优秀传统文化教育，立德树人，推动文化传承创新。

依托高校教育资源，天时、地利、人和，高质量、低成本。

高校内上课，安全、信誉有保障。

可选择单/全科学习，语文、英语、美术、音乐、舞蹈等各科目师资完备。

三、市场前景

中国教育、培训产业市值空间巨大。中国经济还将继续迅速发展，传统教育体系开始向多元化与实用化转变，各级政府对教育空前重视。政府部门对资格认证制度的实施、办学政策的放宽等，都为教育培训市场发展提供了空前广阔的机会，民办教育必将由此进入新一轮上升周期。据权威机构的调查，2009—2010 年教育培训市场总体规模达到 6 800 亿元，2012 年达到 9 600 亿元，职业培训潜在的市场规模达到 300 亿元，近年仍呈上升趋势。

四、投资分析

成本预算表

单位：元

项目	第一年	第二年	第三年
教员工资	232 000	238 000	244 000
工作人员补贴	7 500	8 000	8 500
教学场地租赁费	500	500	500
办公设备购置费	2 000	2 000	2 000
下乡支教资助	13 800	15 000	17 800
特殊贫困生资助	15 000	20 000	25 000
合计	270 800	283 500	297 800

本项目为广东省外语艺术职业学院参加2016年“挑战杯·创青春”广东大学生创业大赛获银奖作品。本案例摘取了其中的主要部分。

请分析：

1. 这个项目是属于“挑战杯”大学生创业计划竞赛、创业实践挑战赛、公益创业赛哪个类别?

2. 你怎样来选择你的创业项目?

从创业大赛到创办实体公司

大学生吕健根据市场上现有产品的销售模式，一直不断完善手中的创业计划书。他不仅仅为了参加创业大赛，还想把这件事做实了。目前他的团队一共有10个人，有的来自石油化工专业，有的来自油田化学专业，有的来自经济专业。他们被吕健的激情所感染，都是敢于逐梦的年轻人。吕健成功创办了自己的公司，马上就要实现从普通大学生到创业老板的蜕变。他说公司注册后是一个新的开端，还有漫长而艰难的路要走。

在读大学时，中国石油大学（华东）大学生吕健热心琢磨创业，学习研究技术创新，参加各类竞赛，终于实现注册公司当老板的梦想。还在上大三的吕健，在2012年12月凭着一股牛劲、钻劲和闯劲，在山东省创业大赛中脱颖而出，并获两万元奖金。此前，吕健还获得了国家创新创业训练计划赞助的10万元创业扶持资金。记者问他毕业后做什么，他说决定和同学一起创业办公司。

从国家专利入手制订创业计划

“大学生要有自己的理想，要从实际出发，根据自己的专业和特长，踏踏实实地做事情，千万不要跟风跑。”在吕健看来，国家、学校、家庭培养一名大学生不容易，一定要通过奋斗来报答。当同学在考研的考场上奋战时，吕健却在为注册公司忙碌着。“他有主心骨，做事很执着。”吕健的导师步玉环说道。

2010 年，吕健还在本校石油工程学院读大一时，通过院里组织的“非常 1 +6”活动结识了导师步玉环教授。步教授是该学院油气井工程系主任、“学校十佳班主任”、“第二届良师益友——研究生心目中的好导师”。步教授关心学生进步和成长，在授课前、在各种与学生交流的过程中引导学生做就业规划，给学生介绍各油田、各石油单位的优势，分析不同性格学生发展的方向，指导学生创业。为此，她曾荣获“第三届中国大学生创意创业大赛暨知识产权教育活动总决赛2012 年度中国杰出创意创业名师奖”。

步教授是钻井工程技术及工艺固完井工程、油气井流体力学领域的研究专家，先后完成国家和省级科研及教改项目近50 项，其中国家 863 项目 2 项，省部级项目 10 项，局级横向课题近40 项。她研制的新型产品油气井水泥浆宽带缓凝剂，在油气井中成功应用，并申请了国家专利。

步玉环在指导学生竞赛和创业方面有着丰富的经验，她发现吕健是棵创业的好苗子，于是便推荐他参加2010 年第八届“挑战杯”全国大学生创业计划竞赛。这对于吕健来说是一个好机会。他紧紧抓住了这一机遇。步教授决定，就从她获得的这个国家专利入手，和吕健一起制订创业计划，参加比赛。

在赛前双选会上，7 名该校研究生和 1 名本科生加入了吕健的团队。“当时大家都是为了比赛而比赛，不过我心里萌生把创业真正做下去的想法。”吕健补充说。为了准备比赛，在该校经济管理学院教授王桂荣的带领下，队员们多次去油田调研，除了山东东营的胜利油田，还前往四川，到川庆钻探工程有限公司考查。“现在钻井的趋势是越钻越深，我们的产品适合深井和超深井的钻探，适应石油行业的发展趋势。”吕健说，经过300 天的大量调研，他们考查了大量的市场产品，并和自己的产品做比较，发现这种新的缓凝剂在性能上有优势。

吕健非常讲究和注重实际：“我不想只是为了比赛去做浅层次的努力，想把这件事做实了。”吕健根据市场上现有产品的销售模式一直在不断完善手中的创业计划书。

反复修改计划书　夜以继日迎挑战

功夫不负有心人。2012 年 4 月，吕健团队以全校第一名的成绩被推荐参加山东省“挑战杯”创业计划大赛，并获得一等奖。但是，按照规定，只有特等奖才有资格进入国家比赛。虽然付出了一年多的努力，团队前进的脚步却不得不中止了。“失败固然遗憾，经历过也就知足了。”“挑战杯”创业大赛就好像大学生涯的奥林匹克，难度可想而知。比赛结束后，创业团队的成员大多毕业，大家各奔东西，不过吕健仍不甘心：“创业计划得到了很多人的肯定，是可行的，我不想放弃。”

接下来 10 月份的全国“挑战杯”决赛，虽然吕健没有选手资格，只能前去观战，但是赛场上选手们优秀的创业计划和火一样的热情鼓舞了他。其中一位专家在讲座中说：“让失败来得更早些吧。”这句话让吕健觉得特别受用，更坚定了心中的想法。

做实验，考查市场，修改创业计划书，一年多的准备让吕健花费了上万元钱。不过他没有向家里要一分钱。“前段时间欠了同学 8 000 多元钱，现在用比赛的奖金都还上了。”吕健说，这一年来，创业的准备还占用了很多学习的时间。生活变得比较单调，晚

上一两点钟睡觉成了家常便饭。有一次吕健为了做好市场调研，熬夜整理一些实验数据，在第二天学校期末考试中发挥失常，班级平均分90分，而他只考了70多分。

“因为经常在外边跑，室友都开玩笑说，寝室里是‘非常5+1’，他们5个人加我1个。”过程是辛苦的，不过吕健从没有跟远在河北唐山的父母抱怨过。“报喜不报忧吧，路是自己选的，只跟家人说过近期在申请项目，打算开公司。”令吕健欣慰的是，他的父母支持他创业。

创业路漫长　众人拾柴火焰高

吕健走上创业路，离不开步玉环教授的指导以及她所提供的专利支持与技术支撑。创业的路是漫长的，需要自己的坚守和众人的帮助。在创业准备阶段，他还得到了校团委张程老师的支持。

2012年9月，在山东省创业大赛申报阶段，吕健已经开始着手开办实体公司了，想放弃比赛，但是张程老师明白吕健不甘心，鼓励他参加比赛，向更多的创业人士学习经验，得到更多人的支持和认可。为了参加比赛，吕健又找了9位同学参加，这就是现在创业团队的9名成员。

山东省创业大赛共有18个赛区，参赛的大部分选手来自社会上已有实体公司的创业团队，并且运营多年，其中优秀的选手资产已经达到两三亿元，这给了吕健不小的压力。比赛环节分为计划书评审、现场答辩和提问。最终吕健所在团队从50多个参赛高校单位的100多个团队中脱颖而出，以高校赛区第二名的好成绩进入复赛。

全省总决赛复赛在网络视频上进行，评委在济南，选手在青岛。吕健的团队最后上场。上场后，吕健忽然发现PPT因为格式不对，没法打开。由于每个赛区的比赛有固定时间，网络那边的评委催促他抓紧时间。“我能不能不用PPT直接讲?”情急之下，吕健只好紧张地脱稿陈述，创业的热情和脚踏实地的计划得到了一名来自石化领域评委的重视。该评委给了他更多的时间阐述，吕健表达了想在大学里创业，而不是为比赛做计划的想法。“我喜欢有冲劲的小伙子。”那名评委给吕健打了最高分。虽然接下来打分中最高分和最低分都去掉了，但是评委的认可深深地激励了吕健。最后，吕健的“顺封石油工程材料创业团队”在山东省创业大赛中获创业项目三等奖，得到了两万元的奖金。

一边求学一边当老板

吕健现在的队伍一共有10个人，他们有的来自石油化工专业，有的来自油田化学专业，有的来自经济专业，但都是敢于逐梦的年轻人，都是被吕健的激情所感染而加入团队。吕健公司的办公场所定在青岛职业技术学院的开发区大学生创业基地，这个月公司就能注册下来。“名字我已经想好了，要么叫顺封石油，要么叫中石大博创。”吕健说。

吕健创办了自己的公司，马上就要实现从普通大学生到创业老板的蜕变。不过他觉得，公司注册后，还有很漫长而又艰难的路要走。“过完年后，我们打算将产品实现市场化，找厂家批量生产。”吕健说，生产时要选好原材料，并保证材料制作的效果和实验室的效果相同，除此之外，还要对比市面的产品价格和性能，给自己的产品定价，打入市场卖出去。“虽然路还有很长，但是都走到这一步了，我不害怕。”吕健的一名队友杨美松放弃了就业和考研，跟着吕健一起打拼。

对于自己的未来，吕健很有信心：“我们一定会走得很远，创业成功最重要的因素是团队，其次是项目，现在两个条件我们都有，我有勇气前进。”“吕健是个有志青年，在他身上闪现着当代大学生敢想敢干的精神。对于当代大学生创业问题，作为大学教师有责任有义务去好好引领他们。”步玉环教授深情地说道。

［资料来源：中国教育报，2013－03－18（7）.］

思维训练

1. 如何产生创业想法？
2. 通过调查，了解更多完成创业计划所需的信息。

行动锻炼

在进行一定市场调查的基础上，确定一个创业项目，以小组为单位，制订一份创业计划书。

模块总结

本模块通过对“创青春”全国大学生创业大赛内涵、参赛要求、形式、流程以及评审标准的介绍，了解创业计划书的撰写，引导学生合理选择创业项目。

参考文献

［1］“创青春”全国大学生创业大赛官网：http://www.chuangqingchun.net.

［2］“创青春”全国大学生创业大赛章程（2014 年 1 月，经“创青春”全国大学生创业大赛全国组织委员会通过）：http://www.chuangqingchun.net/constitution.

［3］大学生创业计划竞赛的参赛和评审 1［EB/OL］.［2016－11－20］. http://wenku.baidu.com.

［4］陈德明. 大学生创业规划［M］. 广州：广东高等教育出版社，2014.

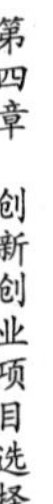

模块四　中国“互联网+”大学生创新创业大赛

案例导读

农村娃玩转“互联网+”

8年前，我是技校学生，是农民的儿子；8年后的今天，我是两家移动互联网公司的CEO，是引领时代发展的弄潮儿。

2005年，我就读于重庆市工贸高级技工学校计算机应用技术专业。从贵州平坝偏僻的农村来到西部直辖市重庆，我举目无亲，四顾茫然。父母都是农民，经济非常困难，入校前我连计算机都没有摸过。3年的光阴里，我从零做起，不懂就问，不知便学。功夫不负有心人，在校期间我每年都被评为三好学生，代表学校参加全市甚至是全国的比赛，并多次获奖。

2008年毕业后，几经辗转，我应聘到重庆先迈通信技术有限公司工作。我给自己做了一个明确的定位：3个月内成为主管，半年内成为经理，1年内开始管理公司运营团队。有了这样的目标，我在公司比任何人都努力。由于表现突出，我经常被外派到其他省份代理商那里，去指导他们的运营工作。很快，我的努力得到了大家的认可，我被评选为“年度最佳员工”。1年后，我的愿望实现了，成为公司的运营总监。

更多机会不期而至，由于业务需要，公司新成立了一个新公司负责专门项目，我是最合适的负责人人选。从团队组建、日常运营、行政事务、人员培训、业务洽谈到售后服务，我亲力亲为，全面熟悉业务。

作为移动互联网行业的“学徒”，我不断积累经验，开始给中小企业的老板们传授移动互联网知识，为企业提供运营服务和其他帮助。这一突破让我很快得到总公司及行业内部的认可。我终于成为分公司的副总经理。

随着大数据时代的到来和移动互联网风生水起，我内心的创业想法开始萌芽。于是，工作之余，我开始尝试创业。

创业之初，我仅有两万元，而运营资金却高达几十万元。没有资金支持，没有资源保障，没有人脉关系。于是，我鼓足勇气到处找朋友借，找银行借，东拼西凑了20万元启动资金，成立了重庆捷搜信息技术有限公司，我担任法人代表兼公司CEO。在团队成员的共同努力下，半年后我还清了所有的借款。

2014年年初，我们遇到了前所未有的挑战：与我们合作的一个客户突然撤资，并且要求在当天全额支付5万元项目资金。我一时之间根本拿不出钱应对眼前的危机，客户的单方面撤资让我们与合作单位的计划也受到了严重的冲击，资金链随时都有断裂的可能。

当时那种焦头烂额的状况甚至让我对创业产生了放弃的念头。冷静下来，我又像当初创业那样四处筹措资金，终于在客户规定的时间内将项目资金返还。经历这次波折后，我变得更加成熟了，考虑问题更加周全。

随着互联网时代全面到来，在第一家公司稳步发展之后，我又创办了一家公司。到目前为止，我是重庆捷搜信息技术有限公司法人代表兼CEO，重庆博赢信息技术有限公司总经理兼产品师。重庆博赢信息技术有限公司的第一家分公司也已于去年正式运营。

（资料来源：中国劳动保障报，2016－07－07）

一、中国“互联网＋”大学生创新创业大赛简介

中国“互联网＋”大学生创新创业大赛由教育部与有关部委主办，大赛旨在深化高等教育综合改革，激发大学生的创造力，培养造就“大众创业、万众创新”的生力军；推动赛事成果转化和产学研用紧密结合，促进“互联网＋”新业态形成，服务经济提质增效升级；以创新引领创业、创业带动就业，推动高校毕业生更高质量创业就业。

大赛采用校级初赛、省级复赛、全国总决赛三级赛制。在校级初赛、省级复赛基础上，按照组委会配额择优遴选项目进入全国决赛。全国共产生300个团队入围全国总决赛，其中创意组100个团队，实践组200个团队。

二、中国“互联网＋”大学生创新创业大赛参赛事宜

1. 参赛项目要求

参赛项目要能够将移动互联网、云计算、大数据、物联网等新一代信息技术与行业产业紧密结合，培育产生基于互联网的新产品、新服务、新业态、新模式，发挥互联网在促进产业升级以及信息化和工业化深度融合中的作用，促进制造业、农业、能源、环保等产业转型升级。发挥互联网在社会服务中的作用，创新网络化服务模式，促进互联网与教育、医疗、交通、金融、消费生活等深度融合。主要包括以下类型。

（1）“互联网＋”现代农业，包括农林牧渔等。

（2）“互联网＋”制造业，包括智能硬件、先进制造、工业自动化、生物医药、节能环保、新材料、军工等。

（3）“互联网＋”信息技术服务，包括工具软件、社交网络、媒体门户、数字娱乐、企业服务等。

（4）“互联网＋”商务服务，包括电子商务、消费生活、金融、旅游户外、房产家居、高效物流等。

（5）“互联网＋”公共服务，包括教育文化、医疗健康、交通、人力资源服务等。

（6）“互联网＋”公益创业，以社会价值为导向的非营利性创业。

2. 参赛对象

（1）团队参赛。

参赛对象须以创新创业团队为单位报名参赛，允许跨校组建团队，每个参赛团队不少于3人。参赛团队所报参赛创业项目，须为本团队策划或经营的项目，不可借用他人项目参赛。

（2）分组方式。

大赛分为创意组、初创组和成长组。

①创意组：参赛项目具有较好的创意和较为成型的产品原型或服务模式，但尚未完成工商登记注册。参赛申报人须为团队负责人，须为普通高等学校在校生（可为本专科生、研究生，不含在职生）。

②初创组：参赛项目工商登记注册未满 3 年，且获机构或个人股权投资不超过 1 轮次。参赛申报人须为企业法人代表，须为普通高等学校在校生（可为本专科生、研究生，不含在职生），或毕业 5 年以内的毕业生。

③成长组：参赛项目工商登记注册 3 年以上；或工商登记注册未满 3 年，且获机构或个人股权投资 2 轮次以上（含 2 轮次）。参赛申报人须为企业法人代表，须为普通高等学校在校生（可为本专科生、研究生，不含在职生），或毕业 5 年以内的毕业生。

（3）报名方式。

可通过大赛官网、大赛 APP 或大赛微信公众平台进行参赛报名（选择其中一种方式均可提交报名信息）。

①大赛官网：全国大学生创业服务网（cy. ncss. org. cn）。

②大赛 APP。

③大赛微信公众平台。

3. 赛事安排

（1）报名阶段。

参赛团队通过上述大赛官网、大赛 APP 或大赛微信公众平台（搜索微信公众号：大学生创业服务网）任一方式报名，按步骤填写相关信息（包括：创业团队负责人个人注册信息、创业项目信息、团队成员及指导老师信息、创业项目其他信息等）。

（2）初赛复赛阶段。

初赛复赛阶段登录“全国大学生创业服务网”进行报名信息的查看和管理。初赛由高校组织，比赛评审方式等由各省各高校自行决定。复赛由省（区、市）教育厅组织。

（3）全国总决赛阶段。

大赛评审委员会对入围全国总决赛项目进行网上评审，择优选拔 120 个项目进行现场比赛，决出金、银奖。

4. 评审及奖项说明

（1）专家委员会。

大赛设立专家委员会，由大赛组委会邀请行业企业、创投风投机构、大学科技园、高校和科研院所专家组成，负责参赛项目的评审工作，指导大学生创新创业。

（2）各环节比赛内容。

①项目计划书评审。

创意组根据团队创意设计撰写项目计划书，实践组根据公司实际经营情况撰写创业项目计划书。内容主要包括产品/服务介绍、市场分析及定位、商业模式、营销策略、财务分析、风险控制、团队介绍及其他说明。初创组、成长组根据公司实际经营情况撰写创新创业项目计划书。内容主要包括产品/服务介绍、市场分析及定位、商业模式、营销策略、财务分析、风险控制、团队介绍及其他说明。

②项目展示及答辩。

参赛团队进行创新创业项目展示并回答评委提问。项目展示内容主要包括产品/服务介绍、市场分析及定位、商业模式、营销策略、财务分析、风险控制、团队介绍等。可进行产品实物展示。展示及答辩过程中，语言表达简明扼要，条理清晰。

③投资人面谈。

参赛团队与数位风险投资人进行逐一面谈，并结合自身创业项目制定合理可行的风险投资方案，在规定时间内与投资人商议，确定投资意向。评委会通过各参赛团队风险投资方案展示、答辩表现、获得投资意向数量等几个要素进行评分。

④项目互换互评。

参赛团队提前进行抽签两两分组，预先拿到对方项目计划书进行准备。比赛现场各团队对对方团队创业项目进行评析，客观评估对方项目优劣势并提出改进建议。每队20分钟，共计40分钟。评析过程中可向对方提问，对方一次性作答时间不得超过3分钟。如未提问，对方不可主动发言。

（3）奖项设置。

金奖30个、银奖90个、铜奖480个。

最佳创意奖、最具商业价值奖、最佳带动就业奖、最具人气奖各1个。

高校集体奖20个、省市优秀组织奖10个和优秀创新创业导师若干名。

延伸阅读

李克强对首届中国“互联网+”大学生创新创业大赛做出重要批示

首届中国“互联网+”大学生创新创业大赛总决赛10月19日至20日在吉林长春举行。中共中央政治局常委、国务院总理李克强对大赛做出重要批示。批示指出：大学生是实施创新驱动发展战略和推进大众创业、万众创新的生力军，既要认真扎实学习、掌握更多知识，也要投身创新创业、提高实践能力。中国“互联网+”大学生创新创业大赛，紧扣国家发展战略，是促进学生全面发展的重要平台，也是推动产学研用结合的关键纽带。教育部门和广大教育工作者要认真贯彻国家决策部署，积极开展教学改革探索，把创新创业教育融入人才培养，切实增强学生的创业意识、创新精神和创造能力，厚植大众创业、万众创新土壤，为建设创新型国家提供源源不断的人才智力支撑。

中共中央政治局委员、国务院副总理刘延东20日接见首届中国“互联网+”大学生创新创业大赛获奖学生、指导教师和专家评委代表，出席深入推进高校创新创业教育改革座谈会并讲话。她强调，要全面落实党中央、国务院决策部署，认真贯彻李克强总理重要批示精神，切实增强深入推进高校创新创业教育改革的责任感和紧迫感，全面提高人才培养质量，为促进大众创业万众创新和建设创新型国家提供有力人才支撑。

刘延东强调，人是创新的最关键因素，创新驱动是人才驱动。加快实施创新驱动发展战略，迫切需要深化高校创新创业教育改革。要进一步促进高等教育改革发展，牢固树立科学的教育理念，落实立德树人根本任务，优化专业结构，提高教育质量，促进学生在创新创业中全面发展，适应和服务经济社会发展和国家战略需求。要把创新创业教育融入人才培养体系，改革教育教学内容方法，改进课程，强化实践。大力推进高校与政府、社会、行业企业协同育人，开展实质性、高水平的国际交流合作，吸引优质教育资源，促进科研成果转化。提升教师创新创业教育的意识和能力，开展专门培训，完善考核评聘制度。她要求，各地区、各有关部门及全国高校要加强规划、配套政策、协调指导，形成创新创业教育改革的强大合力，让支持大学生创新创业在全社会蔚然成风。

本次大赛共有1 800余所高校、57 000多支团队、20万名大学生参赛，并带动百万学生参与。

（资料来源：http://www.gov.cn/guowuyuan/2015-10/20/content_2950730.html.）

思维训练

请以5~10人为小组，寻找校园“互联网+”创业项目。

行动锻炼

以小组为单位进行市场调查，统计我们身边的“互联网+”创业模式。

模块总结

本模块主要介绍了中国“互联网+”大学生创新创业大赛背景、参赛指南。对中国“互联网+”大学生创新创业大赛比赛流程进行了详细说明。

参考文献

[1] 全国大学生创业服务网：http://cy.ncss.org.cn.

[2] 教育部关于举办第二届中国“互联网+”大学生创新创业大赛的通知[EB/OL].[2016-12-30]. http://www.moe.edu.cn/srcsite/A08/s5672/201603/t20160323_234807.html.

第五章　创新能力培养

励志格言

既然像螃蟹这样的东西，人们都很爱吃，那么蜘蛛也一定有人吃过，只不过后来知道不好吃才不吃了，但是第一个吃螃蟹的人一定是个勇士。

——鲁迅

学习目标

通过学习，了解创新的类型及其一般过程。掌握常见的创新思维、创新技法与创新工具，并能将所学到的知识与技能运用到拟开展的项目中。

重点难点

1. 发散思维
2. 检核法和5W1H法
3. 思维导图、头脑风暴和六顶思考帽
4. 创新的一般过程

模块一　创新思维

案例导读

一出版商为售出滞销的书，想尽办法托人给总统看，但总统工作很忙，无暇顾及。出版商再三请求提意见，总统随便说了句“此书甚好”。该出版商马上推出广告词：“现有总统评价很高的书出售。”结果积压的书一售而空。另一出版商见状，也用此法，总统被利用了一回，这次说了句："此书很糟。"相应出台的广告词为："兹有总统批评甚烈的书出售。"结果书也很火爆。第三位出版商马上也送了一套书给总统，总统这次决心不加理睬，于是，第三个广告词表述为："现有连总统也难以下结论的书出售。"他的书销路居然也很好。

（资料来源：百度百科．发散思维法）

一、发散思维

1．发散思维的内涵

发散思维又称辐射思维、放射思维、扩散思维或求异思维，是指在对某一问题或事物进行思考的过程中，不拘泥于一点或一条线索，不受已经确定的方式、方法、规则和范围等的约束，而是从已有的信息中尽可能地向多方向扩展，并且从这种扩散的思考中求得常规的和非常规的多种设想的思维。大脑在思维时呈现一种扩散状态，使思维视野广阔，思维呈现出多维发散状。不少心理学家认为，发散思维是创造性思维的最主要的特点，是测定创造力的主要标志之一。

发散思维是整个创新思维的基础和核心。它大幅地提高思维跨度，整合各种信息资源，产生新的观念、问题、行动、方法、规则、图画、概念、文字等，思考问题全面周到。不仅具有发现和提出新问题的功能，而且使我们在创造性地解决问题上思维更流畅、更灵活、视野更开阔；能进一步增强我们的想象力和记忆力以及思维综合能力；不仅有利于决策的正确与准确，避免或减少失误，而且有利于在各种方案中选优。

2．发散思维的特点

发散思维特点包括流畅性、灵活性和独创性。好的发散思维应同时具备这三项特征。

（1）流畅性。

流畅性即想到新点子的速度越快越好。这是发散思维的基础，指在短时间内表达出不同观点和设想的数量越大越好，衡量的是思维发散的速度，可以看作是发散思维"量"的指标。具体包括字词流畅性、图形流畅性、观念流畅性、联想流畅性、表达流畅性、问题流畅性、方法流畅性、规则流畅性等。例如，在有限的时间里请你写出砖头的用处，越多越好，体现的就是这种流畅性。

（2）灵活性。

灵活性即想到新点子的类别越多越好。发散思维应从多方向和多角度思考问题，这是发散思维的"质"指标，是发散思维的关键。例如，写出砖头的用处有盖房、砌墙、搭灶、搭炕、铺路等从本质上讲都是作为建筑材料使用，属于同一类别，灵活性不够。但如写的用处为盖房、砸核桃、垫桌子、磨刀等则分别从建筑材料、重量、形状、质地等不同的方向和角度进行了发散，显现出较大的灵活性，也更容易产生创新。

（3）独创性。

独创性即想到的点子越超乎平常越好。独创性也可称之为新颖性、求异性，是指所产生的思想与众不同、新颖出奇，这是发散思维的本质，是发散思维的目的。运用发散思维要敢于冲破思维定式，要相信，这世上没有什么是不可能的。正如美国宇航局大门的铭石上写的那样："只要你敢想，就能实现。"

3. 发散思维的常用方法

（1）材料发散法。

以某个物品为“材料”，以其为发散点，设想它的多种用途。1903 年夏天，一艘“高斯号”考察船开赴南极进行探险考察活动，被封冻在一望无际的冰原里。船员们尝试用炸药轰炸冰块，用锯子锯冰块，希望能打开一缺口。然而，一切努力都是徒劳。就在大家绝望之际，忽然有人提议说：“快把船上的黑灰和煤屑拿来铺在冰面上，让北方天空上的阳光来帮助我们打开一条生路。”于是，大伙把船上的黑灰和煤屑全都倾倒在冰面上，沿着船边铺成一条 2 公里长、10 米宽的“黑色区”。由于连日太阳光的照耀，不久奇迹就出现了：黑灰煤屑下面的冰渐渐地融化了，“高斯号”绝处逢生，安全地脱离了险境。

（2）功能发散法。

从某事物的功能出发，构想出运用该功能的各种可能性。例如电子摄像头可以做成各种电子内窥镜。电子内窥镜是一种可插入人体体腔和脏器内腔进行直接观察、诊断、治疗的集光、机、电等高精尖技术于一体的医用电子光学仪器。1865 年由库斯莫（Kussmaul）开发了可以称之为消化系内窥镜起源的硬性胃镜。以后逐步发展出各种显微内窥镜，包括胃、食管、十二指肠、支气管、鼻咽喉、直肠、结肠、小肠、胆道、关节、膀胱等镜型。

（3）形态发散法。

以事物的形态为发散点，设想出利用某种形态的各种可能性。如外科医生在手术过程中在某一特定器械缺乏时经常使用一些替代性手术器械。

（4）组合发散法。

以某事物为发散点，尽可能多地把它与别的事物进行组合成为新事物。如把以手机的通信（无线联结）功能为基础，将拍照上传、网络交流等多种功能组合一起，不断增强手机的功能。

（5）方法发散法。

以某种方法为发散点，设想出利用该方法的各种可能性。介入治疗是以影像诊断学为基础，利用导管等技术，在影像监视下对一些疾病进行非手术治疗的方法。1929 年，沃纳·福斯曼（Werner Frossmann）成功地将导管从自己的上臂静脉插入右心房，首创了心导管造影术，并因此获得了诺贝尔奖。此后，这种方法被广泛应用于人体消化、呼吸、骨科、泌尿、神经、心血管等多个系统疾病的诊断和治疗。并且，还有更多的利用可能性等待开发。

（6）因果发散法。

以某个事物发展的结果为发散点，推测出造成该结果的各种原因，或者由原因推测出可能产生的各种结果。例如临床诊断过程中，血尿可以作为出发点，造成血尿的原因有肿瘤、结石、炎症、先天畸形、血管病变、外伤等；或者由原因推测出可能产生的各种结果，例如糖尿病可以造成许多器官组织的形态与功能损伤。

（7）结构发散法。

以某事物的结构为发散点，设想出利用该结构的各种可能性。如各种治疗性药物在基本化学分子结构的基础上进行化学修饰，往往可以较快地得到临床效果更好的药物。

二、收敛思维

1. 收敛思维的内涵

收敛思维也叫作“聚合思维”或“集中思维”，是指在解决问题的过程中，尽可能利用已有的知识和经验，对各种分散的信息进行分析后，按某种逻辑关系围绕一个中心点进行重新组织，最终得出一个合乎逻辑规范的结论的思维方法。

收敛思维也是创新思维的一种形式，往往在发散思维的基础上进行。与发散思维向尽可能多的方向思考，努力打破既定的思维逻辑，努力追求更多的解决办法不同，收敛思维努力对信息进行逻辑化处理，向着问题的一个方向思考，寻找最好的结论和最好的解决办法。

2. 收敛思维的特点

（1）聚集性。

聚集性指将所获得的各种信息资料（包括通过发散思维产生的新想法），进行筛选、改造和梳理使之聚集起来，以形成一个或多个合理的答案的特性。

（2）连续性。

连续性是指在进行收敛思维的过程中，每一步思维过程都是前后相连接、一环扣一环的，不存在断裂或跳跃的特性。

（3）合理性。

合理性是指在收敛思维过程中，对思维内容进行筛选，保留合理的内容，对不合理的内容进行合理化或淘汰的特性。由收敛思维获得的方案一般应是合理的、具有较强的可操作性的。

3. 收敛思维的常用方法

（1）目标识别法。

首先要对主客观条件有一个全面、正确、清醒的估计和认识，正确地确定搜寻的目标，目标的确定越具体越有效。然后进行认真的观察并做出判断，找出其中关键的现象。最后，围绕目标进行收敛思考。第一次世界大战期间，法国和德国打仗时，法军 1 个旅司令部在前线构筑了地下指挥部，人员深居简出，十分隐蔽。德军 1 个参谋人员在观察战场中发现：每天早上八九点钟左右，都有 1 只小猫在法军阵地后方的 1 座坟包上晒太阳。于是，德军做出了如下判断：这只猫不是野猫，野猫白天不出来，更不能在炮火隆隆的阵地上出没；猫的栖身处就在坟包附近，很可能是一个地下掩蔽部，因为周围没有人家；根据仔细观察，这只猫是相当名贵的波斯品种，在打仗时还有条件玩这种猫的决不会是普通的下级军官，从而他们断定那个掩蔽部是高级指挥所。于是，德军集中火力，对那里实施猛烈的炮袭。事后查明，他们的判断完全正确，法军指挥所的人员全部阵亡。

（2）间接注意法。

间接注意法，即在无法直接聚焦目标的情况下，先对所有信息进行分类处理，使之包含与目标相关的信息，然后从中抽取出最终需要的信息，达到真正目的的方法。一个农夫的儿子做事懒惰马虎。一次农夫叫他儿子把一堆苹果分成两种装进两个篓子里。一个篓子装大的，一个篓子装小的。发现有鸟啄虫蛀的烂苹果都不要了。儿子花了好长时间将苹果分开装进了篓子。而且，鸟啄虫蛀的烂苹果也被挑出来堆在一边了。但农夫取出一些口袋，把两个篓子里的大小苹果混装在一起，并没有分什么大小。儿子气坏了，他认为父亲在戏弄他。农夫告诉儿子说，如果不分大小，你就会急忙地把苹果翻检一下，只寻出那些一望而知已经坏透了的烂苹果，而不会去仔细检查那些貌似完好其实已坏的烂苹果了。

（3）层层剥笋法。

从最初认识的问题的表层（表面）上很肤浅的东西，通过层层分析，去除那些非本质现象的干扰，向问题的核心一步一步地逼近，从而揭示出隐蔽在事物表面现象背后的深层本质的方法。一起绑票杀人案 8 年未破。一位刑侦专家一次随手翻阅旧案卷，偶然地发现案卷中保留着一张绑匪写的纸条。那张纸条上写了 19 个字："过桥，顺墙根，向右，见一亭，亭边一倒凳，其下有信。"这 19 个字，用动词来一路指引，"过、顺、向、见"，准确而不重复，简直难以删改。特别是那个"见"字，用在此处，连一般精通文字的写作人也不容易办到。多数会写成"有"，但只有用"见"，才能保持住被指引者的主观视角。更有趣的是，这个句子读起来既有节奏又有音韵，在两个"二三"结构的重复后接一个"五四"结构，每个结构末尾都押韵，十分顺口。罪犯当然不会在这里故意卖弄文采，只能是长期读古文、写旧体诗习惯的自然流露。因此，他决定重新侦查此案，而侦查的范围，划定在受过高等教育的人中间。那地方有一所大学。很快破案，罪犯是一个大学教师。

（4）聚焦法。

聚焦法就是围绕一个大的问题分成若干个小焦点，对每个小焦点进行反复思考获得解决，然后将所有小焦点的结果再聚集到一起，达到质的飞跃，顺利解决整个问题的方法。例如隐形飞机的制造是难度比较大的问题，它是一个多目标聚焦的结果。要制造一种使敌方雷达测不到、红外及热辐射仪追踪不到的飞机，就需要分别做到雷达隐身、红外隐身、可见光隐身、声波隐身等多个目标，每个目标中还有许多小目标，分别聚焦最终制成隐身飞机。

三、逆向思维

1. 逆向思维的内涵

逆向思维也叫求异思维，它是对司空见惯的似乎已成定论的事物或观点反过来思考的一种思维方式。对于某些问题，尤其是一些特殊问题，从结论往回推，倒过来思考，从求解回到已知条件，反过去想或许会使问题简单化。

逆向思维是一种比较特殊的思维方式，本质上是与既有习惯相对应的思维，即与大众普遍接受的方向相反或与自己一贯坚持的方向相反。这个世界上不存在绝对的逆向思维模式，当一种逆向思维模式被大多数人掌握并应用成为公认的思维模式时，它也就变成了正向思维模式。

逆向思维并不是主张人们在思考时不受限制地胡思乱想，而是训练一种小概率思维模式，即在思维活动中关注小概率可能性或被大众忽略而又存在的可能性的思维。

2. 逆向思维的特点

(1) 普遍性。

由于对立统一规律是普遍适用的，因此，逆向性思维在各种领域、各种活动中都可得到运用。而对立统一的形式又是多种多样的，有一种对立统一的形式，相应地就有一种逆向思维的角度，所以，逆向思维也有无限多种形式。如性质上对立两极的转换：软与硬、高与低等；结构、位置上的互换、颠倒：上与下、左与右等；过程上的逆转：气态变液态或液态变气态、电转为磁或磁转为电等。不论哪种方式，只要从一个方面想到与之对立的另一方面，都是逆向思维。

(2) 批判性。

逆向思维能够克服思维定式，破除由经验和习惯造成的认识僵化，是对传统、惯例、常识在吸收其合理性基础之上的反叛，是对现有知识和经验的扬弃。

(3) 新颖性。

逆向思维能够摆脱习惯的束缚，发现人们视而不见的新内容，既出人意料又合乎情理，给人以耳目一新的感觉。

3. 逆向思维的常用方法

(1) 怀疑法。

对普遍接受的信念或做法进行质疑，然后查看它的反面是什么。如果对立面具有一定合理性，那么就尝试沿着对立面的方向进行思考。习惯性做法并不总是对的，对一切事物都报有怀疑之心是进行逆向思维的基本素养。在创新过程中，打破习惯、敢于怀疑的精神越强烈越好。设计洗衣机时，为了解决脱水缸的颤抖和由此产生的噪声问题，工程技术人员想了许多办法，先加粗转轴，无效，后加硬转轴，仍然无效。最后，他们来了个逆向思维，为什么一定要用硬轴，用软轴代替硬轴行不行？转轴是软的，用手轻轻一推，脱水缸就东倒西歪。可是脱水缸在高速旋转时，却非常平稳，脱水效果很好，成功地解决了颤抖和噪声两大问题。

(2) 对立互补法。

相互对立的两种事物或性质，既可能相互排斥，也可能具有互补性。对立互补法就是发现它们之间的互补性并加以融合利用，从而获得较二者单独任一方更优的效果的方法。1972 年 12 月 23 日，尼加拉瓜共和国首都马那瓜发生了大地震。令人惊奇的是，虽然大厦正前方的街道地面呈现了上下达 1/2 英寸的错动，一片废墟中唯独 18 层的美洲银行大厦竟安然屹立。原来在进行抗震设计时，不是把思维的重点放在正面（因为放在正面不能彻底解决防震问题），而是把思维着重放在反面，当受到突如其来的强烈外力时，可由房屋内部结构中某些次要构件的开裂使房屋总刚度骤然减弱，从而大大减少主要构件建筑材料承受的地震力。即以“逆”保护来保护，即用“破坏”来“保护”。

(3) 悖论法。

就是对一个概念、一个假设或一种学说，积极主动从正反两方面进行思考，找出其中的悖论之处，从而获得创新的方法。如亚里士多德曾经认为重的物体比轻的物体下落快。伽利略设想，如果亚里士多德的观点是正确的，那么，让轻重不同的两个物体下落时，重的物体下落快，轻的物体下落慢。可是，把它们绑在一起让其下落会出现什么情形呢？按照亚里士多德的观点，绑在一起后的物体会比原来重的物体更重，所以它们就比重的物体下落得快。可是，从另一方面分析，绑在一起后，由于重的物体要带动轻的物体运动，它们应该比重的物体下降得慢一些。这显然是两个互相矛盾的结论，从而伽利略发现了“自由落体”定律。

（4）批判法。

对言论、行为进行分辩、评断、剖析，以去除其中过时的、不合理的内容，保留其中合理内容，增加或演绎出新的内容的方法。以批判法来进行逆向思维需要以一般性的思维技能为基础，具体包括解释、分析、评估、推论、说明、自我校准等。批判性思维要做到清晰、准确、相关、重要、一致、充足。任何批判都会预设一个或多个标准。批判的标准可分为两类：一类是立场性标准。如《孟子·滕文公下》说：“杨氏为我，是无君也。墨氏兼爱，是无父也。无父无君，是禽兽也。”就是站在儒家的立场上以有差等的人伦之爱为标准，对杨、墨的观点进行批判。但这种批判往往容易出现各说各话，难以解决问题。另一类是中立的标准。如苏格拉底在临终前面临三项指控：腐蚀青年；崇拜新神；不崇拜城邦诸神。苏格拉底不清楚第三项指控的确切意思，请法官美勒托为他澄清一下，美勒托说：这项指控意为苏格拉底是彻底的无神论者。苏格拉底说：倘若如此，那第二项指控就不能成立。由于“苏格拉底是彻底的无神论者”与“苏格拉底崇拜新神”相互矛盾，其中必有一个不能成立。苏格拉底对美勒托的批判，以逻辑学的矛盾律为标准，这种标准是中立的，也就是控辩双方都认同的标准。

（5）反事实法。

通过设定与已经发生的事实相反的条件，以便更准确地判断事件的根源，获得新的认知的方法。主要有加法式、减法式、替代式三种类型。例如，在假设中“要是当时好好复习，这次考试就可以通过了”，“好好复习”是事实没有发生的，在事后添加上去的，这是加法式。与加法式相反，减法式是从真实事件中删除某些因素，然后再重新进行建构。例如，“如果不是生病的话，这次考试肯定能考得更好”。替代式指的是假设如果是替代性的前提，则可有另外的结果。例如，“如果平时好好学习而不是打游戏的话，这次的奖学金就是我的啦”。

四、联想思维

1. 联想思维的内涵

联想思维是指思路由此及彼地连接，即由所感知和所思的事物、概念和现象的刺激而想到其他事物、概念和现象的心理过程。联想思维在人们的创造活动中具有重要的作用。

2. 联想思维的特点

（1）目的性和方向性。

目的性和方向性是指联想思维是从一定的思考对象出发，有目的、有方向地想到其他事物，以扩大或加强对思考对象某方面本质和规律的认识或解决某一问题。

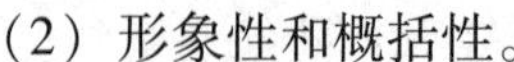

（2）形象性和概括性。

联想思维从整体上把握表象画面，不顾及细节如何。其基本的操作单元是表象，但每组联想不是某个具体的形象，而是带有事物一般特征的形象。

3. 联想思维的常用方法

（1）相似联想法。

相似联想法是指由一个事物外部构造、形状或某种状态与另一种事物的类同、近似而引发的想象延伸和连接。德国科学家魏格纳在偶然翻阅世界地图时发现：大西洋的两岸——欧洲和非洲的西海岸遥对南北美洲的东海岸，轮廓非常相似，这边大陆的凸出部分正好能和另一边大陆的凹进部分凑合起来，他坚信这不是巧合，便顺着这条思路研究下去，后来提出了大陆漂移假说。

（2）相关联想法。

相关联想法是指联想物和触发物之间存在一种或多种相同而又具有极为明显属性的联想。刘翔是中国体育田径史上、也是亚洲田径史上第一个集奥运会冠军、室内室外世锦赛冠军、国际田联大奖赛总决赛冠军、世界纪录保持者等多项荣誉于一身的运动员。中国邮政 EMS 用刘翔做广告，就很容易引起人们对产品“快速”的联想。

（3）对比联想法。

对比联想法指联想物和触发物之间具有相反性质的联想。“怕上火就喝王老吉”成为红罐王老吉非常成功的营销案例。除了本身的准确市场定位外，在销售渠道方面也别有用心，除了依靠超市、商店外，还开辟了一条餐饮新渠道——选择湘菜和川菜馆、火锅店作为王老吉诚意合作店，投入资金与他们共同进行促销活动。把“上火”与“去火”紧密联系起来，使广告的成效倍增。

（4）因果联想法。

源于人们对事物发展变化结果的经验性判断和想象，触发物和联想物之间存在一定因果关系。“一刮风做木桶的就大赚”是个古老的日本谚语。因为一刮风就起风沙，沙子进入眼里，盲人就增多，如果盲人都以弹三弦谋生的话，那么做三弦用的猫皮的需求就增加，如果猫减少老鼠就会增多，老鼠会去咬木桶，导致木桶畅销，做木桶的大赚。

（5）接近联想法。

接近联想法是指联想物和触发物之间在空间或时间上存在很大关联或关系极为密切的联想。“不用吞服的安眠药（舒眠乐）”广告作品获得了全国第五届（1997 年）广告作品展全场大奖。广告巧妙利用枕头与睡眠的密切关系，将画面的焦点集中在两只造型有别的枕头上，一只是皱巴巴的枕头，让人联想到主人辗转反侧的情形，失眠的痛苦；一只是平整饱满的枕头，让人联想到使用舒眠乐后可以获得平静、舒畅的睡眠。两只普普通通的枕头，简单对比，联想自然，理解容易，又不失含蓄委婉的味道，对失眠者来说，尤其能有引起共鸣的震撼力，真是熟悉又难忘。

案例分析

加拿大卡尔加里市一家公共图书馆为了敦促“健忘的”读者尽快还书，宣布借阅者在限定的时间内还书，不仅免除其因长期不还书而应交的罚款，而且给归还借阅时间最久一书的读者颁发奖品。结果在很短的时间里，读者就向图书馆归还了将近 5 000 册图书。在这当中，有一本书是一位读者在 27 年前借的。管理处向他发了奖品。

［资料来源：国外图书馆趣闻［J］. 记者摇篮，2000（4）：40.］

请分析：该案例中使用了什么样的创新思维方法?

延伸阅读

思维定式（Thinking Set），也称“惯性思维”，是由先前的活动而造成的一种对活动的特殊的心理准备状态，或活动的倾向性。在环境不变的条件下，定式使人能够应用已掌握的方法迅速解决问题。而在情境发生变化时，它则会妨碍人采用新的方法。消极的思维定式是束缚创造性思维的枷锁。思维定式具有趋向性、常规性、程序性等特点。思维定式通常有两种形式：适合思维定式和错觉思维定式。前者是指人们在思维过程中形成了某种定式，在条件不变时，能迅速地感知现实环境中的事物并做出正确的反应，可促进人们更好地适应环境。后者是指人们由于意识不清或精神活动障碍，对现实环境中的事物感知错误，做出错误解释。要进行创新思维，常常需要打破思维定式。

（资料来源：百度百科. 思维定式）

思维训练

除了本模块中所述的创新思维方法，你还能想到哪些创新思维方法?

行动锻炼

请运用发散思维和收敛思维对自己所选择的创新或创业项目进行思考。

模块总结

本模块对发散思维、收敛思维、逆向思维、联想思维等常见创新思维的概念、特点及其常用方法进行了介绍。创新思维的目的在于打破常规，获得新的灵感，但并不否定创新思维本身是有一定规律的。不断发现和完善并遵循创新思维的一般规律，将有助于创新思维能力的提高，获得更好的创新效果。

参考文献

［1］发散思维［EB/OL］.［2017－01－10］. http://baike. baidu. com/link?url = PAyxf-FohUqOO92pZl0 4h5vwB _– eWtLsryLA4BPAOPTkzH12F32n0Y5vCpsiGUFVP98AnLwUmLP4NyXTYTVk_ 7a.

［2］溪水. “高斯号”考察船脱险记［J］. 科学启蒙，1997（4）：12.

［3］收敛思维［EB/OL］.［2017－01－10］. http://baike. baidu. com/link?url = lPFe –

Dt - XZXW6_ IAkigWWlWfjTRpjwARKv0iSMGXRGF2wHwI83GsvSEezs5vDvQnJx LO82d4Zj9d X9r CXaHJOK.

[4] 猫毁掉了司令部[EB/OL]. [2017 - 01 - 20]. http://www.aoshu.com/e/20090617/4b8bcb4890c9b.shtml.

[5] 余秋雨. 绑匪的字条 [J]. 才智·才情斋, 2006 (19): 11.

[6] 逆向思维[EB/OL]. [2017 - 01 - 20]. http://baike.baidu.com/link?url = WVse - RJD5rfYy LHPUG9R-u-7w1hGh_ zMdk0ntDU4FPX_ CakU6bh8OuvYvw9WGto8jaXnmje7y FA2bC6 feejjlK.

[7] 神奇的逆向思维[EB/OL]. [2017 - 01 - 20]. http://www.hd123z.bjedu.cn/cms/hd123z/xsyd/4563.htm.

[8] 联想思维[EB/OL]. [2017 - 01 - 20]. http://baike.baidu.com/view/1594843.htm.

模块二 创新技法

案例导读

原先的铅笔和橡皮头是分开的两样东西。美国有个叫海曼的画家，通过卖肖像画来挣钱。但是，画画的时候，海曼老是会弄丢橡皮，而频繁地找橡皮会分散他的注意力。后来为了方便，海曼在铅笔端上贴上橡皮，然后用铁丝缠上。这样，他在画画的时候，就不用再找橡皮，可以专心地画画了。一天，他的一个经营小型文具店的朋友威廉来他家玩，他看到海曼的带橡皮的铅笔，觉得这是一个很好的创意。于是在朋友威廉的帮助下，带橡皮的铅笔诞生了，并获得了专利。

[资料来源：陈日铭. 橡皮头铅笔的发明与组合思维 [J]. 小学生导读，2012 (10): 16 - 17.]

一、设问法

设问法是围绕思维对象列出方方面面的问题引导思路，展开全面、周密、多方位思考，以求得创新答案继而进行发明创造的技法。

设问法主要有检核表法、5W1H 法、和田十二法等，最有代表性的是奥斯本“检核表法”。

1. 检核表法

检核表法是针对创造的目标（或需要发明的对象）从多方面列出一系列有关问题，然后逐个地加以分析和讨论，以产生出最好的方案或设想。奥斯本原创“检核表法”，是从以下 9 个方面提问进行检核的（见表 5 - 1）。

（1）奥斯本检核表主要内容。

表 5－1　奥斯本检核表

检核项目	含义
能否他用（转化）	①现有的事物有无他用 ②保持不变能否扩大用途 ③稍加改变有无其他用途
能否借用（引申）	①现有的事物能否借用别的经验 ②能否模仿别的东西 ③过去有无类似的发明创造 ④现有成果能否引入其他创造性设想
能否改变（变动）	①现有事物能否做些改变？如：意义、颜色、声音、味道、式样、花色品种等 ②改变后效果如何
能否扩大（扩展）	①现有事物可否扩大应用范围 ②能否增加使用功能 ③能否添加零部件 ④能否扩大或增加高度、强度、寿命、价值
能否缩小（缩减）	①现有事物能否减少、缩小或省略某些部分 ②能否浓缩化 ③能否微型化 ④能否短点、轻点或压缩、分割、简略
能否代用（替代）	①现有事物能否用其他材料、其他元件 ②能否用其他原理、其他方法、其他工艺 ③能否用其他结构、其他动力、其他设备
能否调整（重组）	①能否调整已知布局 ②能否调整既定程序 ③能否调整日程计划 ④能否调整规格 ⑤能否调整因果关系
能否颠倒（反向）	①作用能否颠倒 ②能否从相反方向考虑 ③位置（上下、正反）能否颠倒
能否组合（综合）	①现有事物能否组合 ②能否原理组合、方案组合、功能组合 ③能否形状组合、材料组合、部件组合

（2）核检表法使用要点。

核检表法是一种具有较强启发创新思维的方法。这是因为它强制人去思考，有利于突破一些人不愿提问题或不善于提问题的心理障碍。提问，尤其是提出有创见的新问题本身就是一种创新。它又是一种多向发散的思考，使人的思维角度、思维目标更丰富。另外核检思考提供了创新活动最基本的思路，可以使创新者尽快集中精力，朝提示的目标方向去构想，去创造、创新。

使用核检表法应注意的几点：一是要一条一条地进行核检，不要有遗漏。二是要多核检几遍，效果会更好，或许会更准确地选择出所需创造、创新、发明的方面。三是在检核每项内容时，要尽可能地发挥自己的想象力和创新能力，产生更多的创造性设想。核检方式可根据需要，一人核检也可以，3~8 人共同核检也可以。集体核检可以互相激励，产生头脑风暴，更有希望创新。

（3）检核表法运用示例。

表 5-2　手电筒的创新思路

检核项目	引出的发明
能否他用	其他用途：信号灯、装饰灯
能否借用	增加功能：加大反光罩，增加灯泡亮度
能否改变	改一改：改灯罩、改手柄形状等；改变手柄为磁性材料可吸在车壳上
能否扩大	扩大用途：防身武器；扩大结构：配备一个小支架
能否缩小	缩小体积：1 号电池→2 号电池→5 号电池→7 号电池→8 号电池→纽扣电池
能否借用	替代：用发光二极管代小电珠，增加一个备用电珠
能否调整	换型号：两节电池直排、横排，改变式样
能否颠倒	反过来想：不用干电池的手电筒，可以手动发电，能否前后同时照亮
能否组合	与其他组合：带手电收音机、带手电的钟、带导航系统、带 MP3 等

注：本案例转引自网络，有修改。http://blog.sina.com.cn/s/blog_3f95e46601009s7q.html.

2. 5W1H 法

（1）5W1H 法主要内容。

通过连续提六个问题，构成设想方案的制约条件，设法满足这些条件，便可获得创新方案（见表 5-3）。

①Why：为什么需要创新？是内容因素还是外部因素？是管理因素还是技术因素？是社会因素还是自然因素？

②What：创新的对象是什么？是产品还是配件？技术还是管理机制？

③Where：从什么地方着手？从哪个地方（空间位置）开始？从哪个环节（工作流程）开始？

④Who：谁来承担创新任务？原来的成员来做，还是组建新的班子？自己做还是外包？这个事情是谁在干？为什么要让他干？

⑤When：什么时候完成？完成的期限？完成的顺序？完成的时间跨度？

⑥How：怎样实施？技术改进？材料改进？管理方式方法改进？

以上为 5W1H，增加⑦How Much 几何（多少）？⑧Which 达到哪个的水平？两条即为6W2H法。

表5－3　5W1H分析法思路

项目	现状如何	为什么	能否改善	该怎么改善
对象（what）	生产什么	为什么生产这种产品	能否生产别的产品	到底该生产什么
目的（why）	什么目的	为什么是这种目的	有无别的目的	应该是什么目的
场所（where）	在哪里做	为什么在那里做	能否在别处做	应该在哪里做
时间和程序（when）	何时做	为什么在那个时间做	能否其他时候做	应该什么时候做
作业人员（who）	谁来做	为什么是那个人做	能否由其他人做	应该由谁来做
方式方法（how）	怎么做	为什么那么做	有无其他方法	应该用什么方法

（资料来源：百度文库．5W1H分析法）

（2）5W1H法使用要点。

5W1H法的应用非常广泛，可适用于任何行业不同地点的任何工作及生活中。包括：企业经营、技术发明、问题解决、改进工作等。无论对何种工作、工序、动作、布局、时间、地点等，都可以运用取消、合并、改变和简化四种技巧进行分析，形成一个新的人、物、场所结合的新概念和新方法。

取消：就是看现场能不能排除某道工序，如果可以就取消这道工序。

合并：就是看能不能把几道工序合并，尤其在流水线生产上合并的技巧能立竿见影地改善并提高效率。

改变：如上所述，改变一下顺序，改变一下工艺就能提高效率。

简化：将复杂的工艺变得简单一点，也能提高效率。

（3）5W1H法运用示例。

某商店位于车站附近，但生意清淡，试图运用5W1H法进行改善（见表5－4）。

表5－4　某商店的5W1H

序号	提问项目	现状如何	为什么	能否改善	该怎么改善
1	为什么	目前生意清淡，此处设这个店行不行	有需求	应保留	改进经营方式
2	做什么	批发零售？百货专营？维修服务搞不搞	定位不清	本处适合零售	零售为主增加服务项目
3	何地	店设何处？离车站近，离居民区也近	为旅客服务	地点不宜改变	增加旅客上车前后所需商品
4	何时	何时购物？旅客寄存行李后。但购物不积极	无处寄存	其他时间不方便	办理托运特别是晚上
5	何人	谁是顾客？旅客？居民？定位不清	未把旅客当作主要顾客	明确以服务旅客为主	增加为旅客服务项目

续上表

序号	提问项目	现状如何	为什么	能否改善	该怎么改善
6	怎样	怎样招徕更多旅客？现在对旅客的吸引力还不大	此店不醒目	可采取使旅客更容易发现本店的措施	增设路标购物指示牌
7	多少	改进需多少投入？能得多少效益	现有状况需要改善，增加投资	本店有投资能力	装修扩大需1.5万元，预计增长20%

注：本案例转引自网络，有修改。http://wenku. baidu. com/view/108b9a19fc4ffe473368abe3. html?from = search.

3. 和田十二法

和田十二法又称聪明十二法，是我国创造学者许立言等人与上海和田路小学利用奥斯本检核表法并结合和田路小学的实际而提出的，具体内容如下。

加一加、减一减、扩一扩、缩一缩、变一变、改一改、联一联、学一学、代一代、搬一搬、反一反、定一定。

二、移植法

移植法是将某一事物或领域中已经发现的原理、技术和方法，移植、应用或渗透到其他技术领域中去，用以创造新事物的创新方法。移植法也称渗透法。

1. 原理移植

原理移植是将某种原理向新的领域类推或外延。不同领域的事物总是有或多或少的相通之处，其原理的运用也可相互借用。例如，根据海豚对声波的吸收原理，创造出舰船上使用的声呐。早期的声呐分为主动式声呐和被动式声呐两种，这两类声呐都存在缺陷：主动式声呐发出的声波容易被水中的潜水艇发现；被动式声呐对于不发声的目标无能为力。后来，科学家发现海豚有两架“声波发射机”：当它“观察”远距离目标时，它就发射低声，以实现远距离传播；当它“观察”近距离目标时，它就改发超声，以提高分辨率。海豚也有两架“声波接收机”。美国科学家由此受到启发，发明了军用高级声呐。它是一种多波束回声探测仪，采用两套相同的水听器发射阵。它的性能要比先前的声呐出色得多。科学家还从海豚声呐外的特制导流罩抗水流噪声的性能，得到启发，研制出“声呐导流罩”。有了它，军舰可不必像以前那样需要静止下来时才使用声呐，即使在高速前进，也可以使用声呐，而不受自身噪声的干扰。

2. 方法移植

方法移植是将已经有的技术、手段或解决问题的途径应用到其他新的领域。如俄勒冈州立大学任体育系教授的威廉·德尔曼在做烤饼时发现，用带有一排排小方块凹凸铁板压出来的饼，不仅好吃，且很有弹性。这次发现给了他很大的启发：如果鞋底模仿饼的做法，把烤过的橡胶压上去，鞋子的弹性会不会很好呢？他立即放下煎锅，动手做起实验来。先对橡胶进行加工，压出有一排排凹凸小方块的形状，然后他把这样两块橡胶钉在他太太的鞋底上。威廉太太十分乐意进行验证，结果走起路来感觉十分轻松，富有弹性。实验成功了，威廉教授十分高兴。接着他便正式开始对运动鞋加以改进，不久，一双既有弹性又防潮的“耐克”运动鞋研制成功了。

3. 功能移植

功能移植是将此事物的功能为其他事物所用。许多物品都有一种已为人知的主要功能，但还有其他许多功能可以开发利用。拉链给人们生活带来极大的方便。扩展用途思考法还使人们对拉链产生意想不到的用法，据报载，德国医生治疗粪性腹膜炎用拉链缝于腹部伤口；受此启发，我国武汉第六医院张应天教授，用普通衣用拉链在三例重症急性胰腺炎病人腹部切口上，间隔一至两天定期拉开拉链清除坏死组织，清洗腹腔中有害渗液，免去了继发性感染，使患者不必担心短期内重做手术的痛苦。

4. 结构移植

结构移植是将某种事物的结构形式或结构特征移入另一事物。19 世纪 20 年代，英国要在泰晤士河修建一条水下隧道，松软多水的河底使施工极为困难。工程师布鲁尔散步时无意中看到一只昆虫在其外壳的保护下使劲向橡树皮里钻。受此启发，他提出了新的施工方案：先把空心钢柱横着打进河底，以此作为“构盾”，在构盾的保护下开挖，边掘进边延伸。结果施工难题迎刃而解。一种新的施工方法——“构盾施工法”发明出来了。

三、组合法

组合法是按照一定的技术需要，将两个或两个以上的技术因素通过巧妙的组合，以获得具有统一整体功能的新技术产品的方法。

1. 主体附加

通过在原有的技术思想中补充新内容，或在原有的物质产品上增加新附件，以达到革新创意。如最初发明的电风扇是单速并且不能摆头。后来，人们逐渐增加了诸如摆头、双叶、模拟自然风的变速、定时等，使电风扇的品种和功能变得多样化。主体附加法的特点是以原有技术、产品为主体，附加只是补充。附加的目的有两种：一种是为了使主体的功能得到更好的发挥，例如在自行车上附加打气筒、车筐、车铃等；另外一种是获得一些辅助功能，例如带温度计的奶瓶、带秤的菜篮等。

2. 同物组合

若干相同的事物的组合。特点：组合对象是两个或两个以上同一事物。参与组合的对象在组合前后基本原理和结构一般没有根本的变化。同物组合的目的在于在保持事物原有功能或原有意义的前提下，通过数量的增加来弥补功能的不足或产生新的功能。如要把人造卫星送入绕地球运行的轨道，必须具有足够推力的运载火箭。但是，最早只有单级火箭，推力显然太小了。“宇航之父”齐奥尔科夫斯基提出采用多级火箭来解决此问题，并由此实现了苏联先于美国将第一颗人造卫星送上天。

3. 异类组合

异类组合即两种及两种以上不同领域技术思想的组合或不同功能物质产品的组合。

瑞士最早的士兵刀很粗大因而也很笨重。瑞士刀具行业互助会的发起人卡尔·埃尔森纳特别为军官们制造出了较轻的而且很美观的刀，这种刀除了具备士兵刀上所有的刀片、锥子、罐头起子和螺丝刀外，还有一个小刀片和一个拔塞钻。这种方便的多功能袖珍刀很快就极受欢迎，而且开始收到越来越多的来自国外的订单。此后刀上又加了木锯、剪刀、瓶盖起子、小螺丝刀、指甲锉、牙签、镊子、带金属锉的金属锯、带吐钩器和标尺的除鳞器、十字螺丝刀、钥匙圈和放大镜等多种工具，大大扩展了刀的用途。现在的瑞士军刀已经是世界闻名的具备大量组合功能的刀具。

4. 重组组合

在事物的不同层次上分解原来的组合，然后再以新的方式重新组合起来。众所周知的田忌赛马便是重组组合的一个很好的例子，同样是这几匹马，只是调换一下顺序，便把劣势变为优势。第一台实用的英文打字机最早发明时，是把26个英文字母按顺序排列在键盘上，第1排的字母为“ABCDEFG”，当打字速度稍快时，金属连杆间发生严重干扰，卡键的现象频繁出现。为了让打字机有条不紊地连续工作，发明者克里斯托夫·肖尔斯有意拉大常用字母之间的距离，让手指移动过程的时间尽量延长，经调整后，卡键的现象基本上消失了。这种第一行字母为“QWERTYUIOP”的排列方式一直沿用至今。

四、TRIZ理论

“TRIZ”一词是俄文“发明问题解决理论”的首字母缩写，英文名称为Theory of Inventive Problem Solving。自从1946年以来，以根里奇·阿奇舒勒（G. S. Altschuller）为首的专家，经过对250万份专利文献的研究发现，一切技术问题在解决过程中都有一定的模式可循，可对大量好的专利进行分析并将其解决问题的模式抽取出来，为人们进行学习并获得创新发明的能力提供参考。经过多年搜集、分析、比较和归纳，这一研究建立了一整套体系化的、实用的发明问题解决方法，这就是所谓的TRIZ理论。它曾经是苏联的国家机密。

1. TRIZ理论简介

（1）TRIZ理论的基本思路。

过去的发明创造基本依靠试错法和突然的灵感，效率低下。检核法虽然提供了一套思维工具，但还是比较局限，并且对较为复杂的问题解决能力有限。通过对大量发明创造案例的分析，TRIZ理论认为，不同的发明创造有着共同的思维规律，根据这些规律建立起一整套的发明创造思维模型。从下面的TRIZ解题模式可以看出（见图5－1），各种问题，都可以借助这一套模型更有效率地获得解决问题的方案。

（2）TRIZ理论的基本内容。

TRIZ理论的基本内容包括：八大技术系统进化法则、40项发明原理、39个工程参数和矛盾矩阵、物理矛盾的分离原理、物场模型分析、发明问题的标准解法、发明问题标准算法（ARIZ）、物理效应和现象知识库、最终理想解等。

2. TRIZ理论冲突解决原理在发明中的运用

TRIZ理论的冲突解决原理是TRIZ理论中最具代表性的内容。其中涉及技术矛盾的

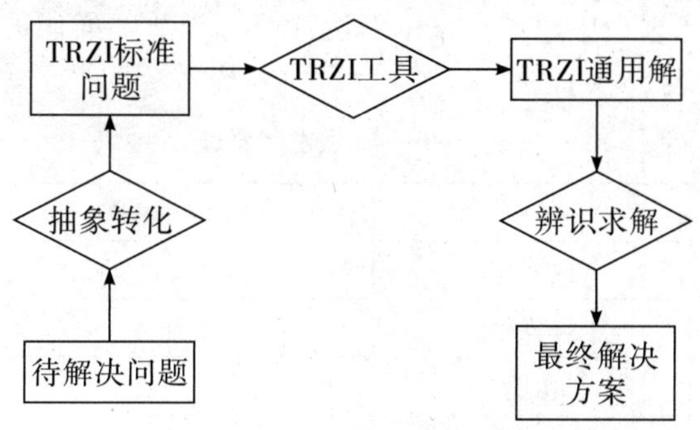

图 5-1 TRIZ 解题模式

解决、物理矛盾的解决、标准问题的解决、非标准问题的解决、39 个工程参数形成的矛盾矩阵、40 项发明原理、11 种分离方法、标准解法等内容。现以技术矛盾的解决为例加以说明。

（1）相关的概念。

①技术矛盾：指一个技术系统面对的缺陷和负面影响，即当一个参数的改善会引起另一个参数的恶化，如汽车的速度提高（改善）则安全性降低（恶化）。

②工程参数：TRIZ 理论中用来表述技术矛盾的参数。阿奇舒勒提出的工程参数共有 39 个（见表 5-5）。

表 5-5 39 个工程参数

序号	名称	序号	名称	序号	名称
1	运动物体的重量	15	运动物体作用时间	29	制造精度
2	静止物体的重量	16	静止物体作用时间	30	物体外部有害因素作用的敏感性
3	运动物体的长度	17	温度	31	物体产生的有害因素
4	静止物体的长度	18	光照度	32	可制造性
5	运动物体的面积	19	运动物体的能量	33	可操作性
6	静止物体的面积	20	静止物体的能量	34	可维修性
7	运动物体的体积	21	功率	35	适应性及多用性
8	静止物体的体积	22	能量损失	36	装置的复杂性
9	速度	23	物质损失	37	监控与测试的困难程度
10	力	24	信息损失	38	自动化程度
11	应力或压力	25	时间损失	39	生产率
12	形状	26	物质或事物的数量		
13	结构的稳定性	27	可靠性		
14	强度	28	测试精度		

③发明原理：TRIZ 理论中总结出来的解决冲突和矛盾的通用方法。阿奇舒勒提出的发明原理有 40 项（见表 5 -6）。

表 5 -6　40 项发明原理

序号	名称	序号	名称	序号	名称	序号	名称
1	分割	11	预补偿	21	跃过	31	多孔材料
2	分离	12	等势性	22	变有害为有益	32	改变颜色
3	局部性质	13	相反	23	反馈	33	同质性
4	不对称	14	曲面化	24	中介物	34	抛弃与修复
5	联合	15	动态	25	自我服务	35	参数变化
6	多功能	16	未达到或超过的作用	26	复制	36	状态变化
7	套装	17	维数变化	27	低成本、不耐用的物体代替昂贵、耐用的物体	37	热膨胀
8	质量补偿	18	机械振动	28	机械系统的替代	38	强氧化
9	预加反作用	19	周期性作用	29	气动与液压结构	39	惰性介质
10	预先作用	20	连续有效作用	30	柔性壳体或薄膜	40	复合材料

④矛盾矩阵表：TRIZ 理论中为化解技术参数之间矛盾将 39 个工程参数与 40 项发明原理有机地联系起来形成的矩阵表。矩阵表中竖列是想要改善的参数，横行是不想被恶化的参数。行列相交的格子中，就是处理这对矛盾时，以往用得最多的发明原理（见表 5 -7）。

表 5 -7　TRIZ 矛盾矩阵表（部分）

	恶化参数	1	2	3	4	5	6
改善参数		运动物体的重量	静止物体的重量	运动物体的长度	静止物体的长度	运动物体的面积	静止物体的面积
1	运动物体的重量	+	–	15，8，29，34	–	29，17，38，34	–
2	静止物体的重量	–	+	–	10，1，29，35	–	35，30，13，2
3	运动物体的长度	8，15，29，34	–	+	–	15，17，4	–
4	静止物体的长度	–	35，28，40，29	–	+	–	17，7，10，40
5	运动物体的面积	2，17，29，4	–	14，15，18，4	–	+	–

（2）运用案例：新信封封口的设计。

①待解决问题。

为了方便，人们采用撕开的方式拆信封。但是，这样有时会撕坏里面的文件且使信封开口变粗糙。如果借用工具（如剪刀）并在拆开前先确定和调整好里面文件的位置，虽然可以避免损坏文件且获得美观的开口，但会比较麻烦。因此，新信封的设计希望实现能又快又可靠地拆开。

②抽象为 TRIZ 标准问题（技术矛盾）。

本例的问题描述为：如何用最少的时间方便快捷地取出信封内文件且开口美观，不损坏里面的文件。抽象为技术矛盾包括以下几种。

技术矛盾 1：希望改善的参数是减少时间浪费（随手就可以及时地拆开），可能恶化的参数是可靠性（开口粗糙、损坏文件）。

技术矛盾 2：希望改善的参数是可靠性（开口美观、不损坏文件），可能恶化的参数是操作性（拆开时需要小心翼翼或借助其他工具）。

技术矛盾 3：希望改善的参数是减少信息的浪费（不损坏其中的文件），可能恶化的参数是时间的浪费（需要先确定和调整好里面文件的位置，增加操作步骤）。

③通过 TRIZ 工具（矛盾矩阵表）获得通用解。

由技术矛盾 1 得到的创新原理为：预先作用（10 号）、柔性壳体或薄膜（30 号）、不对称（4 号）。

由技术矛盾 2 得到的创新原理为：低成本、不耐用的物体代替昂贵、耐用的物体（27 号）、维数变化（17 号）、复合材料（40 号）

由技术矛盾 3 得到的创新原理为：中介物（24 号），复制（26 号），机械系统的替代（28 号），改变颜色（32 号）。

④由通用解结合具体对象获得解决方案。

将以上所有通用与发明对象情况进行结合分析（见表 5－8）。

表 5－8　通用解结合分析表

创新原理	对应建议	具体的解决思路	可行性
预先作用	a. 预先就加上所有或部分所需的作用力 b. 把物体预先放置在一个合适的位置以让其能及时地发挥作用	按照设计要求对信封开口进行预先处理	可行
柔性壳体或薄膜	a. 用隔膜或薄片来替代传统结构 b. 用隔膜或薄片把物体从其环境中隔离开	封盖下放置折封线（或条）	可行
不对称	a. 用不对称形代替对称形 b. 如果一个物体已经对称了就增加其对称自由度	做得与其他部位不一样大小	不可行。生产困难，改进有限
低成本、不耐用的物体代替昂贵、耐用的物体		无启发作用	
维数变化	a. 在直线上沿两维运动物体以解决问题 b. 用多层装配体来替换单层装配体 c. 倾斜物体或把物体翻转到一侧	增加开口部位的层数	可行

续上表

创新原理	对应建议	具体的解决思路	可行性
复合材料	用复合材料来替换单一材料	开口部位使用容易撕开的复合材料	可行
中介物	a. 引入中间物来传输或承载作用 b. 临时将一个物体和一个易去除的物体连起来	封盖和封体之间引入中间物	可行
复制	a. 使用一个简单便宜的物体的复制体来代替复杂、昂贵、易坏或使用不便的物体 b. 用物体的影像复制下来去替换物体，并可进行放大和缩小	无启发作用	
机械系统的替代	a. 用声学、光学、嗅觉系统替换机械系统 b. 用电、磁或电磁场来共同作用于物体 c. 利用铁磁粒子相关联的作用场	把封盖和封体之间用磁性连接代替胶水	不可行。成本高，保密性差
改变颜色	a. 改变物体或其环境的颜色 b. 改变物体的透明度使之难以被发现 c. 使用颜色添加剂或方法来发现物体或使之难以发现 d. 如果添加剂已经使用的话，就使用发光追踪剂	无启发作用	

综合上述方法，新的信封在封装前（预先作用）于封盖下放置拆封线或拆封线（中介物、维数变化）。或是在信封拆口处打上细小的针孔，孔间间隔一定距离（预先作用、复合材料）。

案例分析

通常钢筋混凝土建筑物的寿命为 60～100 年。日本的化学工业公司研制出由衍生的乙二醇（双原子醇）和氨基乙醇等配制而成的乳胶液。这种乳胶液加入钢筋混凝土中，可防止咸水渗入混凝土腐蚀钢筋，使钢筋混凝土的寿命延长到 500 多年，非常适用于海洋建筑。

［资料来源：于也. 延长钢筋混凝土寿命的乳胶液［J］. 吉林建材，1996(2)：17.］

请分析：该案例属于检核表法中的哪一种?

延伸阅读

TRIZ 理论的 8 大技术系统进化法则之产品进化曲线——S 曲线

在 TRIZ 理论中将进化曲线分为四个阶段，即婴儿期、成长期、成熟期和退出期。婴儿期和成长期一般代表该产品处于原理实现、性能优化和商品化开发阶段，到了成熟期和退出期，则说明该产品技术发展已经比较成熟，盈利逐渐达到最高并开始下降，需要开发新的替代产品。随着产品的不断更新换代，形成了该类产品的进化曲线族。对此TRIZ理论提供了一种识别和确认产品所处状态的技术，即首先总结出特定时间内与产品相关的专利数量、专利级别、市场利润和产品性能的基本变化规律，那么通过对当前产品的相关参数变化情况，就可以确定该产品处于生命周期的哪个阶段，从而为制定产品开发策略提供参考。

因此，基于技术进化法则，可以使我们的产品开发具有可预见性，对于提高产品创新的成功率，缩短发明周期，都具有重要意义和价值。

（资料来源：科普之友．http://www.kepu365.com/kepu/KPZW/200701/76000.html.）

思维训练

人们常说，生产手机的厂家抢了生产相机的厂家的饭碗。请思考，这当中蕴含着什么创新技巧？

行动锻炼

运用奥斯本检核表法对水杯进行设计创新。

模块总结

本模块介绍了设问法、移植法、组合法和TRIZ理论等创新技法。其中设问法为日常的创新提供了很好的思维模式，按照它所提供的流程进行操作，往往都能获得一定的创新。TRIZ理论的功能很强大，是解决一些较复杂的问题的好工具。TRIZ理论的内容十分丰富，本模块仅是展示了其解决问题的有代表性的模式。如有兴趣，可进一步全面深入地研究。在发明创造中运用的方法远不止这些。但通过这些方法，大家可以感受到，只要做生活的有心人，发明创造也并非难事。

参考文献

[1] 许湘岳，邓峰．创新创业教程［M］．北京：人民出版社，2011.

[2] 沈顺根．“水下耳目”日新月异［J］．当代海军，2001（10）：17-18.

[3] 成新．怎样触动发明“按钮”［J］．发明与创新（综合科技），2011（4）：22.

[4] 杨德汤，李启斌．火箭发明史简论［J］．昭通师专学报，1985（1）：1-4.

[5] 张磊．它的柔情　你是否不懂：键盘结构编年史［J］．电脑爱好者，2012（16）：98-99.

[6] 创造原理［EB/OL］．http://www.docin.com/p-647025921.html.

模块三　创新工具

案例导读

美国北部下大雪时有一段长达1 000公里的高压线经常被积雪压断，严重影响了正常的供电。为了清除积雪，有关部门向社会各界紧急征求方案。许多专家和其他相关人员纷纷提出了不少建议：有人联想加热可以融雪，主张沿线安装加温装置；有人想到震动可以抖落雪，提出安装振荡器……还有人提出能否带上几把大扫帚，乘直升机去扫电线上的积雪。这个想法虽然异想天开，却启发了工程师，提出一个方案：驾驶直升机沿高压线上空飞行，利用飞机强大的气流清除上面的积雪。这个方案既新奇独特又现实，能既快且节省地达到除雪目的。

（资料来源：天津创新网．http://www.tjcxff.com/articleread.asp?u＝105w275w3515t0.）

一、头脑风暴法

1．头脑风暴法简介

头脑风暴法又称脑力激荡法、智力激励法、BS法、自由思考法，是由美国创造学家A．F．奥斯本于1939年首次提出、1953年正式发表的一种激发性思维的方法，头脑风暴法是快速大量寻求解决问题构想的集体思考方法。当与会者在限定的时间内，在兴奋的状态下以自己的知识经验从各自不同角度认识同一问题时，就会互相激励，产生共振和连锁反应，实现找到新的和异想天开的解决问题的方法的目的。头脑风暴法派生出默写式智力激励法、卡片式智力激励法、三菱式智力激励法等方法。

2．头脑风暴法的基本原则

（1）自由奔放地思考。

要求与会者尽可能解放思想，无拘无束地思考问题并畅所欲言，不必顾虑自己的想法或说法是否“离经叛道”或“荒唐可笑”。思维越是灵活、观念越是新奇越好，而不必在意是否合理。

（2）严禁批判（会后评判）。

禁止与会者在会上对他人的设想进行任何形式的评价，既不许否定，也不予以肯定。既不得阻拦他人发表自己的意见，也不许发言者自谦。不过严禁批判是暂时的，在会议结束后进入评估阶段将进行评价。

（3）多多益善（以量求质）。

鼓励与会者尽可能多地提出设想。在头脑风暴结束之前一定不要说：“差不多了”“就这些了”。而是要反复问：“还有没有别的意见?”要通过尽可能多的设想来筛选出最具价值的内容。

（4）灵活借鉴（见解无专利）。

每个成员都不要一味固守一个思考问题的角度和方向，要积极地、努力地变换思考问题的角度和方向。同时鼓励借用别人的构思，借题发挥，利用一个灵感引发更多的灵感，根据别人的构思联想新的不同方向的构思，或者对别人的构思加以补充修改。

3. 头脑风暴法的要求

(1) 对主持人的要求。

主持人首先必须熟悉头脑风暴法的基本原理及程序与方法，有较强的组织能力。其次，对会议所要解决的问题相关背景知识有较深入的了解，对问题的内涵有比较深刻的理解，能在会议中做启示和引导。再次，坚持头脑风暴法的基本原则，切实调动与会者的积极性。最后，掌握整个进程，善于启发和引导与会者，避免冷场和离题，并进行时间调控。

(2) 对与会者的要求。

人数控制在5~12人，不宜过少也不宜过多。成员中男女各占一定比例，成员的专业构成、经验要求上应尽量多样化，但身份等级最好相近。讨论过程中创造力强，分析力亦要强，要有幽默感，使气氛活跃些。要及时记录讨论的内容，可以用清晰的字体及时写在白板上，让所有人随时都看得到以启发联想。与会者应进行独立思考，但不能私下交谈，以避免干扰其他人。

(3) 对问题的要求。

运用头脑风暴法，首先主题要非常明确。应是单一主题，不能同时有两个以上的主题混在一起。问题太大时，要细分成几个比较具体的小问题。判断性（区分对错、好坏）的问题不能作为讨论的问题。

(4) 时间要求。

头脑风暴的时间以45~60分钟为宜。时间太短讨论不充分，时间太长容易疲劳。

4. 头脑风暴的实施过程

(1) 会前——精心准备。

会前的工作主要有：物色理想的主持人；主持人和问题提出者分析问题达成共识；选定合适的参会成员；提前通知与会者并发给问题和相关的资料，以使与会者有时间进行充分的酝酿。

主持人在会前要掌握头脑风暴法的基本知识与技巧，拟定会议的基本规则；清楚地了解问题并准备好问题说明书，自己也收集一些解决问题的创意和促进思考的线索以便在冷场时用于启发和诱导思路。

(2) 会中——积极参与。

会议开始时用几分钟时间进行“热身”，让与会者暂时忘掉个人的工作和私事，尽快进入“角色”。随后，主持人对问题进行简要的介绍。注意只提供最低数量信息，以避免形成束缚。介绍问题时要选择有利于开拓大家思路的方式。在问题明确后，主持人重新申明讨论的规则。然后，大家开始积极发言。每个人认真听其他人的发言，并随时记下自己的创意。主持人在整个过程中注意调控会议的进程。

(3) 会后——评判落实。

在头脑风暴后，对创意进行评价（会后评价）。评价创意时，做分类处理，分为：

基本成熟，可以立即实施的构思；具有一定价值，但还需要进一步调查研究和完善的构思；缺少实用价值的构思。

在评判时，评判者要对所讨论问题的相关背景知识十分清楚，有严谨的科学精神和认真负责的工作作风。既要善于发现有价值的创意，也要对看起来“不切实际”的想法分析其潜在的价值，争取从中获得好的思路。

二、思维导图

1. 思维导图简介

思维导图又叫心智图，是一种利用图像进行思维的辅助工具，由英国著名学者东尼·博赞（Tony Buzan）在19世纪70年代初期创立。思维导图运用图文并重的技巧，把各级主题的相互隶属关系用层级图表现出来，把主题关键词与图像、颜色等建立有机链接，将人的思维重点、思维过程以及不同思路之间的联系清晰地呈现在图中，提高了人们理解、记忆和思考的效率。

思维导图充分调动左右脑的机能，利用记忆、阅读、思维的规律，将人们的抽象思维能力与具象表现能力有机结合，促进人们在科学与艺术、逻辑与想象之间平衡发展，提高人们进行创新思维的能力。思维导图具有强大的应用能力，可以用于生活的方方面面。

2. 思维导图的优点

（1）整体观念清晰。

思维导图将全部的思维结果在一张图上展示出来，使人能够一眼即知所讨论的问题的总体情况如何，各部分在整个问题中居于何种位置，各部分之间的相互关系如何。

（2）关注重点突出。

不论是中心主题，还是其下的各级主题，思维导图只呈现最重要的词汇，大大减少了人们的阅读量，使人能迅速掌握所要表达的主要内容。通过各种线条和图形的运用，也使人更容易理解各主题之间的相互关系。并且，通过只读相关的词可以节约90%以上的时间。

（3）提高记忆效率。

思维导图将知识内容或思考的结果转换成图形，辅助以各种颜色，使抽象的文字记忆通过与图形和颜色关联而更容易记忆。而只记相关的词可以节约50%~95%的时间。

（4）促进创新思考。

思维导图柔性的放射性的树状结构，与我们大脑的神经元生理结构和大脑思考的方式都非常相似，有助于激发大脑更流畅地积极进行思考。虽然最终所有的要点都呈现在同一张图上，但在绘制的过程中，却可以集中思维于正在绘制中的主题上，进行充分的创造性思维，而较少受到其他内容的干扰。因而，使人们能更好地进行创新思考。

3. 思维导图的绘制方法

（1）在纸中心画上中心图。

一般用一张A4纸横放绘制。画中心图时最好使用简笔画，以图形的方式将中心主题的意思表达出来。中心图的色彩宜鲜艳，图像可稍为夸张以使视觉效果强烈些。

（2）画思维导图中心图分支并写上关键词。

中心图分支即从中心图分出的第一级分支。中心图分支要由粗到细，有如树枝状的发散感，根部与中心图紧密结合。中心图分支一般不超过 7 条，布局要均匀，使整幅图看起来平衡、有美感。不同中心图分支用不同的颜色，以便于区别。关键词一般不超过 7 个字，横写于分支上方。

（3）继续发散联想细画分支并写上关键词。

分支用曲线，尽量显得柔和。一线一词，但线长略大于词长，就好像分支把文字包起来一样，也可以用框框把字围起来。各分支的颜色与对应中心图分支的颜色要一致。

（4）在关键词旁边画上小图、图标。

小图可以用简笔画、漫画等形式。在画小图的过程中，进行联想和想象帮助记忆。

（5）如要强调顺序，可以在次分支关键词旁写上序号。

如果关键词很有必要再详细分析，可以在关键词旁写上引号，然后在纸的一个空白地方写上对应的引号和分析的内容。如果想强调各关键词的关系，还可以用箭头等直观表示。如果用箭头不方便直观表示各关键词的关系，也可以在有关系的关键词旁分别画上相同的图标来表示（见图 5 - 2）。

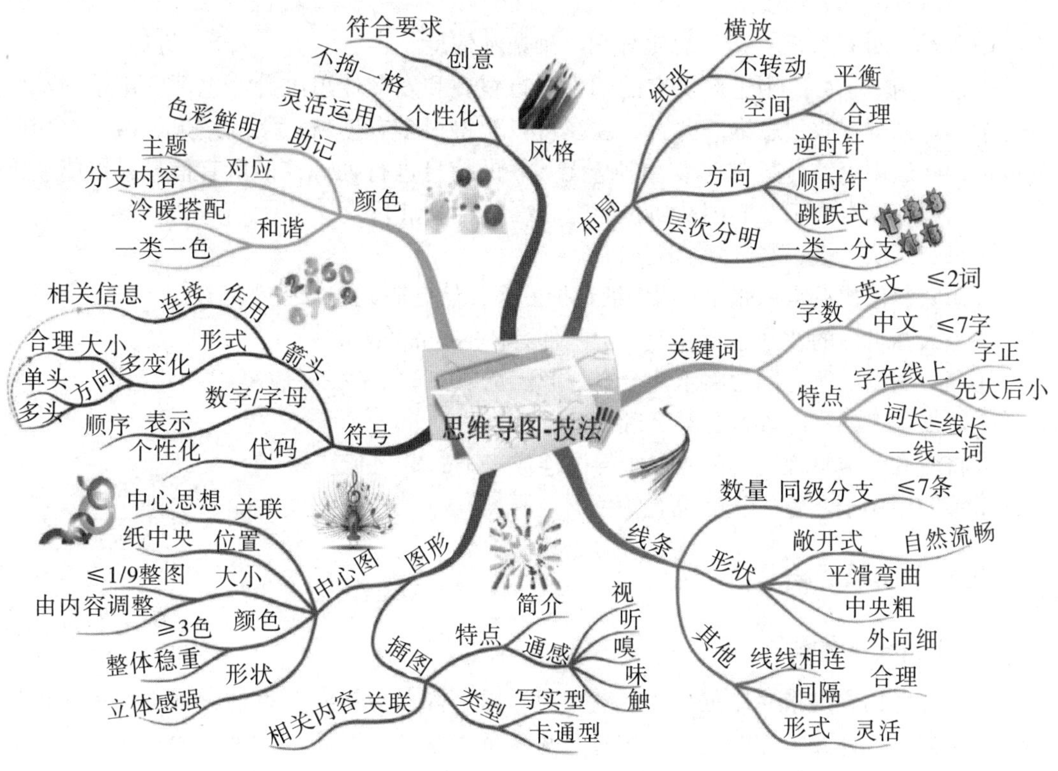

图 5 - 2　思维导图技法图

注：该图来自网络. http://zhuoworld. com/news/57. html.

4. 思维导图的应用练习

（1）知识整理练习：运用思维导图进行自我介绍。

运用思维导图进行自我介绍，通过全图绘制的方式激活右脑，激发创作的热情和灵感。同时熟悉思维导图的绘制规范，练习用思维导图进行知识整理的方法。绘制要求如下。

①使用思维导图的形式。

②只能使用图形，即把所有的内容（包括自己的名字）图像化。

③绘制的时候尽量使用各种颜色。

④让其他人能通过你的自我介绍的思维导图快速、准确、全面地了解你。

（2）工作安排练习：运用思维导图制订项目方案。

由一个团队的成员共同运用思维导图制订工作项目方案，首先有助于团队协作能力的培养。其次有利于进行发散性思维练习，并可以提高对本团队工作项目的记忆效能。绘制要求如下。

①以团队为单位绘制思维导图。

②自选一个活动项目，确定活动内容。最好是选用本团队在本课程中准备完成的项目。

③用思维导图制作活动方案。要求至少做到第三级分支。

④每位成员都要积极参与。

（3）信息处理练习：运用思维导图整理杂乱信息。

思维导图除了可以用于对已有的知识进行整理和发散性思维外，也可以用于归纳整理复杂信息，进行收敛思维。并且，往往可以获得很多有创新意义的结果。由一个团队的成员共同运用思维导图对一堆看似毫无关联的信息进行处理，使所有信息最终能获得很好的运用，这有助于培养团队协作能力。绘制要求如下。

①每个团队 3 ~ 5 人。

②团队每位成员拿一张空白 A4 纸对折三次，然后撕开成八张小纸片。

③每人在自己的八张小纸片上写上一件具体的物品名称。

④同一团队的所有同学将纸片合在一起。

⑤对纸片上的物品进行分类整理。

⑥将所有分类整理的物品用思维导图连成一个故事。

⑦不能用屋子、魔法袋等没有特色的主题。

三、六顶思考帽

1. 六顶思考帽简介

六顶思考帽，是指使用红、白、黄、黑、绿、蓝六种不同颜色的帽子来代表六种不同的思维方向，并按一定的程序组织进行思考的方法。它是英国学者爱德华·德·博诺（Edward de Bono）开发的一种“平行思维”的工具。六顶思考帽可以是个人使用，也可以是两人交谈使用和多人会议使用。

2. 六顶思考帽的功能与使用要点

（1）红色思考帽。

红色代表情感。戴上红色思考帽，人们可以表现自己的情绪，表达自己的感觉、直觉和预感，形成自己的观点。需要思考的问题如：我现在有些什么感觉？我的直觉告诉我什么？我的直觉反应是什么？

红色思考帽的使用要点有：时间限定在30秒内；尽量表达自己的感觉、预感和直觉而无须论证或说明理由；可以作为决策思考的一部分或在做出决定之后使用。

（2）白色思考帽。

白色代表中立客观。戴上白色思考帽，人们思考的是客观的事实和资讯及相关的数据。需要思考的问题如：我们需要哪些信息？我们现在有哪些信息？我们还缺少哪些信息？我们怎样获得缺少的信息？我们相互之间是否还有信息没有完全交流？

白色思考帽的使用要点有：记录下互相冲突的观点；评估信息的实用性、真实性和准确性；明确要补充相关信息或数据所需采取的行为；报告他人的感受。

（3）黄色思考帽

黄色代表价值与肯定。戴上黄色思考帽，人们思考的是事物积极乐观、富有价值、值得期待的内容。需要思考的问题如：有什么利益？有哪些积极的因素？存在哪些有价值的地方？这个理念有没有什么特别吸引人的地方？这样可行吗？

黄色思考帽的使用要点有：需要深思熟虑，必须给出理由；专注于事物的积极因素；强化创造性方法和新的思维方向；注意与黑色思考帽配合，可对黑色思考帽做出补充。

（4）黑色思考帽

黑色代表警示与批判。戴上黑色思考帽，人们思考的是事物消极负面，可能存在错误和带来损失的内容。需要思考的问题如：采纳意见时间需要改进的方面是什么？制定决策时问可能遇到的困难是什么？采取行动时间存在的风险有哪些？总结经验时问经验教训是什么？警告的关键点是什么？

黑色思考帽的使用要点有：一定是寻找负面的意见，一定要给出合乎逻辑的理由。与黄色思考帽配合使用可形成一个强大的评估工具。与绿色思考帽配合使用可提供改进和解决问题的路线图。通常用于黄色思考帽之后。

（5）绿色思考帽。

绿色代表创造力和想象力。戴上绿色思考帽，人们思考的是事物可以开拓创新、广泛联想、打破常规的内容。此时思维如茵茵芳草，生机勃勃、创意不断。需要思考的问题如：我们的解决方案是什么？还有其他可选方案吗？我们有什么创造性的想法？我们怎样才能克服黑色思考帽提出的困难？

绿色思考帽的使用要点有：克服思维定式，防止从众，从习惯的倾向，充分运用发散思维寻求多种新想法；认真对待所有建议；注意力在改进而不是判断。将荒谬转为诱因，顺势思考；努力解决黑色思考帽提出的问题。

（6）蓝色思考帽

蓝色思考帽代表控制和调节。戴上蓝色思考帽，人们思考的是对事物所有思考的内容及过程如何管理的问题，并引导大家最终做出结论。需要思考的问题如：思考的任务是什么？议程是怎样的？帽子的顺序？结果要的是什么？我们怎样去总结？下一步该怎么做？时间限制在多长？

蓝色思考帽的使用要点有：任何成员都可以戴；不要批评，只能引导；控制过程，指出不合适的讨论现象，使讨论清晰化；处理对特定种类思考的需求；随时总结，促使团队做出决策，达成结果。

3. 六顶思考帽的优点

（1）冷静客观。

虽然有可以不加理性考虑，依赖于内心的瞬间感觉，以感情和直觉作为基础的红色思考帽，但在蓝色思考帽的控制下，借由白色思考帽的客观、黑色思考帽的质疑，可以有效地控制思考的情绪。

（2）思路清晰。

通过分帽子进行思考，一个问题被分成多个角度并按一定的程序来思考，使思路变得清晰，每一步该做什么都很好把握。而每个阶段集中于其中一顶帽子，能最大限度地避免干扰，释放大脑的潜力促进思考。

（3）协调高效。

由于每个思考帽之间是平行关系，互不交叉。因此，运用六顶思考帽可防止团队成员进行对抗性思考，促进有效沟通。大大减少不必要的争执，从而避免造成时间的浪费。

4. 六顶思考帽的运用流程

六顶思考帽的应用关键在于使用者用何种方式去排列帽子的顺序，也就是组织思考的流程。只有掌握了如何组织思考的流程，才能说是真正掌握了六顶思考帽的应用方法。一个典型的会议思维流程如下。

（1）首先大家都发泄一下情绪和感觉，进行思维热身。但是限制每个人只有30秒（红色思考帽）。

（2）大家都把自己知道的事实客观准确地表达出来（白色思考帽）。

（3）接着大家共同讲论题的优势和优点，所有人都只提出正面的看法和论据（黄色思考帽）。

（4）然后大家共同进行反向思维，所有人一起谈问题和风险（黑色思考帽）。

（5）基于上面的事实和分析之后，大家共同来讨论解决方案（绿色思考帽）。

（6）如果必要的话，大家再发表对于结果的感觉和看法（红色思考帽）。

（7）最后是由个别人来进行总结归纳，大家共同通过（蓝色思考帽）。

六顶思考帽不仅是一个团队协同思考的工具，对于个人应用同样非常有价值。当一个人在考虑某一个任务计划时，有可能头脑之中一片空白，不知道从何开始；或是头脑混乱，过多的想法交织在一起不知从何开始。六顶思考帽可以帮助他设计一个思考提纲，按照一定的次序思考下去，就会感到头脑清晰，思维更加敏捷。

案例分析

某面包机生产公司打算设计新的烤面包机，为了获得好的创意，举行了一次头脑风暴会。除了设计人员，还邀请其他岗位的职员参与讨论。后来，在会场负责清洁的老太太向技术人员提问道："有没有能抓老鼠的烤面包机？他们老是跑来吃烤面包机掉下来的面包屑，把面包机和周围弄得很脏。"于是公司在新设计的烤面包机的最下层设计了一个抽屉，用来收集掉下来的面包屑。这一新产品一上市，受到了大量顾客欢迎，立刻吸引顾客前来购买，销售空前火爆。

（资料来源：豆丁网．头脑风暴法．）

请分析：本案例中开展的头脑风暴有哪些成功之处?

延伸阅读

亚历克斯·奥斯本（Alex Faickney Osborn，1888—1966）：创造学和创造工程之父、头脑风暴法的发明人，美国 BBDO 广告公司（Batten，Bcroton，Durstine and Osborn）创始人，前 BBDO 公司副经理。他是美国著名的创意思维大师，创设了美国创造教育基金会，开创了每年一度的创造性解决问题讲习会，并任第一任主席。他的许多创意思维模式已成为家喻户晓的常有方式，所著《创造性想象》的销量曾一度超过圣经的销量。20 世纪 40 年代，亚历克斯·奥斯本在其公司发起创新研讨。1953 年和帕内斯教授在纽约州立大学布法罗学院创办了世界上第一个创造学系，开始招收创造学专业的本科生和硕士研究生。1954 年，奥斯本作为布法罗州立大学的董事会成员，促成该校建立“创新教育基金会”。

（资料来源：百度百科．http://baike.baidu.com/view/1372944.htm.）

思维训练

头脑风暴与思维导图能否结合？如何结合？

行动锻炼

有一些同学不注意公德，将垃圾扔在宿舍楼梯的转角处，增加了清洁人员的工作负担，严重影响整个学生宿舍的卫生。请运用上述的创新工具，寻求解决之道。

模块总结

本模块介绍了头脑风暴、思维导图和六顶思考帽等常见的创新思维工具。这些工具实质上是为各种创新思维的技法提供实现的载体，即各种创新思维和技法如何在个人或团队身上具体地运用。头脑风暴通过互相的激荡使发散性思维的创新作用得到最大效应的发挥。思维导图则为各种类型的思维提供了可视化的物质支持。六顶思考帽则使各种思维在同时进行时避免混乱，提高效率。

参考文献

[1] 头脑风暴[EB/OL].[2017 - 01 - 30]. http://baike.baidu.com/link?url = rMM - GNCHIJS_ 5d fxRkGqctvDJrfDtjd_ cOK5NKI4DcZbOoGulpaOlZUryXd2os_ - Oj6NF6zkrGs8ITmGpC_ C5a.

[2] 东尼·博赞，巴利·博赞. 思维导图 [M]. 叶刚，译. 北京：中信出版社，2009.

[3] 徐斌：创新头脑风暴：方法、工具、案例与训练 [M]. 北京：人民邮电出版社，2009.

[4] 许湘岳，邓峰. 创新创业教程 [M]. 北京：人民出版社，2011.

[5] 六顶思考帽课程要点 [EB/OL]. [2017-01-30]. http://www.docin.com/p-1440039 556.html.

模块四　创新类别与程序

案例导读

为了征服鸡霍乱，巴斯德用霍乱菌培养液给鸡接种进行研究。一次他用陈旧培养液给鸡接种，鸡却未受感染，好像这种霍乱菌对鸡失去了作用。这是怎么回事呢？巴斯德认为应该和培养液陈旧有关系。经过研究终于发现，因空气中氧气的作用，霍乱菌的毒性便日渐减弱，不但不会使鸡生病，反而会使鸡获得对霍乱菌的抵抗力。巴斯德由此推广，进而有意识地培养制造成功免疫疫苗，广泛应用于预防多种疾病。

（资料来源：百度百科. 路易斯·巴斯德）

一、创新的类别

人们在进行创新的过程中也一直在对创新本身进行研究，试图找出一般的规律，从而指导人们更高效地开展创新活动。通过对创新活动的长期观察和总结，人们发现，创新存在着多种类型，而不同类型的创新过程有相似之处，也有不同之处。把握好创新的类型及其一般过程，对于我们如何开展创新活动有着重要的意义。

创新分类的参考指标很多，根据不同分类指标可分为不同的类别。如根据创新的具体内容可分为：知识创新、技术创新、服务创新、制度创新、组织创新、管理创新等。根据创新的程度可分为：渐进性创新、突破性创新、革命性创新。根据创新的层次可分为：首创型创新、改进型创新、应用型创新。根据创新对象的特性，我们把创新分为研究型创新（科学研究）、应用型创新（发明创造）及艺术创作三大类。

1. 研究型创新（科学研究）

研究型创新是指借助于研究者的直觉、既有知识理论基础和综合素质，以探索未知领域，发现新的规律为主要目的的创新活动。包括对自然规律的认识，即自然科学研究；也包括对社会发展规律的认识，即社会科学研究。其最终成果一般是新概念、新设想、新理论。

研究型创新一般是由研究者的好奇心所驱动，有可能获得期望中的结果，有可能得到意想不到的发现，也有可能一无所获，因此具有较大的不确定性。研究型创新未必对改变人们的生活和工作有立竿见影的直接效果，但对于推动应用型创新却有着十分重要的意义，往往一项研究型创新的成果会带动产生一批应用型创新的成果。因此，研究型创新是一种高层次的更为基础性的创新，可称之为元创新。

科学发展至今天，各种研究已经越来越深入，重大的科学研究可能需要很长的时间，很高的智慧和很大的财力，似乎只是专业的科学家才能涉及的事。但并不等于高职的学生就不可以进行科学研究。当今信息供应非常充足且方便，只要对这个世界怀有好奇心，愿意去进行一些探索，就有可能有所新发现。如多伦多大学的华裔女孩姚佳韵，年仅20岁，却在利用细菌对塑料进行生物降解的研究中有了重大的发现。即使文科类的高职生，开展一些简单的社会调查（如关于留守儿童生存状况），也是一种科学研究。

2. 应用型创新（发明创造）

应用型创新是指借助于现有的理论、技术和其他物质条件，以解决某一现实中的具体问题为目的的创新活动。包括对自然规律的运用，即进行科学发明；也包括对社会规律的运用，即进行社会（制度）改革。其最终成果一般是新技术、新工艺、新产品、新机制。

应用型创新一般是为满足人们的某种现实需求，创新所要实现的目标往往早已经确定，创新的方式方法有时也比较成熟，因此具有较大的确定性。但因创新者的自身素质和所处环境的差异，有时也表现出一定的偶然性。应用型创新既可以是首创的，即创造出世上原本没有的东西；也可以是模拟的，即在世上其他地方已经有了但本地暂时没有的情况下，以已有的创新为基础，结合本地特点进行的再创新。

应用型创新因其与人们的生活联系更加紧密，因此，引发创新的机会也更多。只要对生活充满热爱，愿意动脑想办法，不论什么样的年龄、学历和工作经验的人，都有可能在应用型创新中大显身手。从历年“挑战杯”的作品来看，高职类的学生也有很多的机会。

3. 艺术创作

艺术创作是指艺术家以一定的世界观为指导，运用自己的艺术经验、艺术观念以及审美体验，通过一定的艺术媒介和艺术语言，把特定的艺术内容、艺术形式转化为艺术形象、艺术作品和艺术文本的创造性活动。包括文学创作、音乐创作、美术创作、舞蹈创作、电影电视创作等，具有创造性、审美性、传达性等特点，相当多的艺术创作还具有超越功利性的特点。

一般而言，艺术创作更多地依赖于创作者自身的积累和突发的灵感，具有较大的不确定性。但艺术创作也并非高不可攀和完全无规律可循。只要有追求美的愿望，并愿意为之付诸行动，人人都有进行艺术创作的可能。完全出于个人喜好的艺术创作，其过程与科学研究过程有些类似；为了满足市场需要的艺术创作，其过程与发明创造过程有些类似。

二、研究型创新（科学研究）的一般过程

1. 提出科学问题

(1) 科学问题的内涵。

提出科学问题是研究型创新的始动环节、萌芽阶段，具有重要的战略意义和指导作

用。正如爱因斯坦所说："提出一个问题往往比解决一个问题更重要，因为解决问题也许仅是一个数学上或实验的技能而已，而提出问题却需要有创造性的想象力，而且标志着科学的真正进步。"

但是，不是任何问题都是科学问题，在科学研究中，科学问题是有其特定的内涵的。科学问题是指一定时代的科学家在特定的知识背景下提出的关于科学知识和科学实践中需要解决而尚未解决的问题。它包括一定的求解目标和应答域，但尚无确定的答案，需要我们尽最大的努力去寻找，去探索。

科学问题的应答域是关键性的内容，没有了应答域，所提出的问题便失去了科学意义。科学问题的应答域是指在问题的表述中对问题解的存在所做的预设，它蕴含着提问者所指示的求解方向，是问题求解中起重要作用的因素。求解的方向、求解范围（指向性）影响着"应答域"的确定。如"艾滋病是由什么病毒引起的"，研究方向和求解目标为："引起艾滋病的原因是什么？"应答域是："病因在病毒范围之内。"而如果笼统地问："艾滋病是怎么得的？"则不构成科学问题。如果问："艾滋病是由于缺乏什么营养物质引起的？"虽然是一个科学问题，但由于应答域错误，问题是得不到正确答案的。

（2）科学问题的来源。

科学问题的来源是多方面的，但总的归纳起来，不外"内""外"两个方面。"内"即其理论存在的问题或矛盾，包括理论内在的矛盾。如亚里士多德认为重的物体比轻的物体下降得快，那么，把一轻一重两个物体绑在一起，无论是会比重物体下降得快还是慢都不合逻辑，进而提出了关于物体运动的新理论。或是理论与理论之间的矛盾，如光的波动说与微粒说，两种理论都有自己的实验依据，也都能解释一定的经验事实。对这一矛盾的研究最后以光的波粒二象性的新理论的产生而告终。

"外"即理论与实践之间的问题或矛盾，包括理论同实践（或现实生活）的矛盾。如缪勒曾对肿瘤发病学提出"基因突变学说"，并得到大量实验结果的认可。但是，有人在医学实验中看到，有的早期肿瘤，用常规染色方法或用新的分析方法都不能发现有任何模型异常，临床上也能见到个别肿瘤患者能够自然痊愈，这些事实再用"基因突变学说"就不能做出合理的解释了，科学事实与现有的科学理论间出现了矛盾，这就是科学问题。后来，为了解决这个问题，康明斯（Comings）于 1973 年提出了"基因调控学说"，使人们对肿瘤发病机制的认识向前迈进一大步。或是为了验证假说和新发现的事实而提出的问题。如对牛顿力学的检验发现天王星的实测轨道与按牛顿力学所计算的理论轨道不符，由此引出的科学问题产生了勒威耶的假说并通过伽勒的观察而发现了海王星。或是从实验中的偶然发现、奇异现象等可以找到有价值的科学问题。例如伦琴发现 X 射线、弗莱明发现青霉素等都是这样的案例。

（3）确定科研选题。

在提出科学问题之后，要真正展开研究，还需要选择研究的主攻方向，确定研究的过程和方法，即进行科研选题，从而将问题进一步具体化，使对问题的研究进入现实可操作的程序。在进行选题时要遵循以下原则。

①需要性原则。这里所谓需要，包括两个方面：一是社会实践，即人们生存、生活、生产与发展的需要，体现了科学研究的社会意义；二是根据科学本身发展，即解决科学自身存在的问题的需要，这是它的学术意义。或者二者兼有。需要性原则是选题的首要

和基本原则。

②可行性原则。指在选题时要从研究者的主、客观条件出发，充分考虑现实可能性，选择有利于展开的题目。

③科学性原则。指所选的题目应遵循已知的、确定的基本科学规律。

④创新性原则。指选题要有新颖性、先进性，有新发现，其学术水平应有所提高，以推动某一学科向前发展。

2. 文献检索

（1）文献检索的重要意义。

科研的初始想法往往是研究者的一个粗浅和局限的认识。它是否具有创新性？在这个方向上其他人是否曾做过研究？如何把初始意念深化并建立假说？这些问题必须通过文献检索来解决。根据观察、分析、实践中发现的问题，进行文献检索，了解问题的研究现状，产生课题研究思路。

查阅文献、搜集信息是选题的重要环节，而且贯穿于课题研究的全过程。通过查阅文献，可对自己选题中的理论进行深入的理解和分析，搞清楚本课题的历史、现状、水平、动向，以预测本课题的前景，并可以避免低水平重复，使本课题的研究达到预期的目标，从而为科研选题提供理论依据。

在阅读文献时要注意：是否有类似研究可供参考？别人的研究如何选择对象？选择什么样的研究对象？需要多少？别人研究的措施是否与你设想的一致？有无不同或相同之处，例如方法、时间安排。研究效应如何被测量出来，是否客观、可靠、公认？何时测量（统计）、如何测量（统计）？

（2）文献检索方法。

查找文献的方法一般有三种。

①直接法，即直接利用检索工具（系统）检索文献信息的方法。它又分为顺查法（按照时间的顺序，由远及近地检索，以获得某一课题的系统文献的方法），倒查法（由近及远，从新到旧，逆着时间的顺序检索，以最快地获得最新资料）和抽查法（选择有关该项目的文献信息最可能出现或最多出现的时间段进行重点检索）。

②追溯法，即利用已经掌握的文献末尾所列的参考文献，逐一进行追溯查找“引文”的一种最简便的扩大信息来源的方法。它还可以从查到的“引文”中再追溯查找“引文”，像滚雪球一样，依据文献间的引用关系，获得越来越多的相关文献。

③综合法，即把上述两种方法加以综合运用的方法。既利用直接法按特定时间顺序进行检索，又利用文献后所附参考文献进行追溯检索，两种方法交替使用。即先直接检索到一批文献，再以这些文献末尾的参考文献目录为线索进行查找，如此循环进行，直到满足要求时为止。

（3）主要文献信息源及检索程序。

常见的文献信息源包括：科技图书、科技期刊、专利文献、科技报告、学位论文、会议文献、政府出版物、标准文献（各类标准汇编、标准化年鉴、标准目录等）。

进行文献检索，首先要分析待查项目，抽提出主题概念，确定主要概念和次要概念及其初步的逻辑组配。其次要选择恰当的检索工具，确定好检索策略。目前较常用的是借助中国知网（CNKI）数据库进行检索。然后是确定检索途径和检索标识，充分利用主题、关键词、著者等多途径进行全面检索。最后是分析文献线索，筛选索取需要的原文。

3. 建立假说

（1）科学假说的内涵与意义。

围绕关于科学问题的初始思考，经过文献检索后，在理论上对所研究的问题进行合理而充分的解释，这种确立有待证实的理论认识就叫作建立假说。

科学假说是以一定的科学事实和经验材料为依据，以已有的科学理论和技术为指导，对未知的自然或社会现象及其性质规律做出的假定性说明或推测性解释。它是将认识从已知推向未知，进而变未知为已知的必不可少的思维方法，是科学发展的一种重要形式。科学假说应该是有倾向性的，可以是肯定式或否定式，而且所举的变量与变量之间的关系应该能够操作，能够观察和验证。

科学研究必然要对各种现象进行观察，收集相关的信息资料，然后才能分析其中蕴含的一般规律，获得新的科学发现。但在时间、设备条件和人力等均有限的情况下，科学观察必然是有所选择地进行。选择观察什么，如何进行观察，如何确定观察获得的信息符合研究的需要，这些就需要基于针对研究课题提出的科学假说的指导。因此，科学假说是进行科学理论思维，进而指导科学实践的一种重要形式。很多重要科学问题的解释或解决，都是基于提出了正确实用的科学假说。

（2）形成科学假说的原则与步骤。

构成假说的基本要素包括：事实基础、背景理论，对现象、规律的猜测，推导出的预言和预见。这些因素，缺一不可。提出假说的基本原则有：第一，一致对应性。即与已经确定的正确的理论相一致，不存在矛盾。第二，解释性。即假说能尽可能解释已有的科学事实。第三，可检验性。假说要能够对未知的或对未来的事实做出推论并可以在以后的实践中得到验证。

科学假说形成的基本步骤是：①提炼问题；②寻求理论支持，形成初步假设；③推演出理论性陈述，使假设结构化；④形成基本观点；⑤对基本观点再提炼，形成假设的核心。

4. 确定研究方案

科学假说提出之后，尚需要进行验证。确定研究方案即选择实验或调查方案，包括选择处理因素、受试对象和效应指标，以便证实假说的正确与否。

（1）研究方案的类型与设计要点。

①应用性研究课题的设计。这类课题的重点是研究如何把相关学科的基础理论知识转化为具体的技能、方法和手段，使科学理论同实际工作衔接起来，达到某种预定的实际目标。这类课题在对科学理论进行应用的同时，也是在对科学理论进行验证。如果研究的结果与理论一致，则进一步证实了理论。如果研究的结果与理论不一致，则为理论的进一步丰富和完善提供了新的契机。如运用职业生涯发展的相关理论对本校大学生的职业生涯发展情况进行研究。设计要点：应用性、时代性、效益性和灵活性。

②经验研究性课题的设计。这类课题的重点是通过对经验的总结得出理性认识和揭示规律。如通过对新生入学后适应大学生活的情况调研总结出新生适应性教育的一般规

律。设计要点：工作目的与科研目的相一致；依据科研思路，有目的地搜集资料，有计划、有步骤地进行，资料要全面、完整。

③实验性课题设计。实验性课题是在一定理论或假设指导下，通过实验探究变量关系揭示规律的活动。如分析大学生学习成绩高低和就业时专业对口率之间的关系。设计要点：研究者必须有一个关于解决该问题的设想或初步的特征理论；受试对象、处理因素、测试内容及其规范、研究方法、效应指标等要明确。

（2）制定研究方案要注意的问题。

①紧紧围绕假说内容，使观察的试验内容真正反映假说内容，不要盲目追求“高、精、尖”，而应力求简便。

②构思合理、巧妙，选择试验手段要符合科学的逻辑，效应指标与处理因素之间有实际性联系，有充分理由说明指标能真正反映效应。

③要充分考虑现实的可行性。

5. 形成科学理论或结论

（1）获得研究结论。

按照研究方案进行研究之后，需要对研究进行总结，做出结论，并以论文等形式呈现研究成果。形成研究的结论需要回答：研究解决了什么问题，还有哪些问题没有解决？研究结果说明了什么问题，是否验证了原来的假设？研究中还存在些什么问题？还有哪些问题需要进一步研究？

（2）形成科学理论。

在广泛深入研究的基础上，人们对客观规律的认识达到一定的深度和广度，并且能在各种研究结果之间建立起逻辑联系，构成一个完整的知识体系时，就会形成科学理论。

科学理论是对某种经验现象或客观事实的科学解说和系统解释，也是对物质世界的正确反映。它是由一系列特定的概念、原理（命题）以及对这些概念、原理（命题）的严密论证组成的知识体系。科学理论不但具有解释功能，还应具有预见功能。科学理论体系的形成有从抽象上升到具体的方法、公理化方法、历史与逻辑统一等方法。

科学假说转化为科学理论的几种途径：①由量变到质变，即在科学实践中有越来越多的事实与假说的内容相符合，而且没有已知的事实与之相矛盾。②科学预见，即由科学假说所做出的科学预见得到了实践的证实。③实验判决，即经判决性实验的检验，证明其真理性。

一个新的科学理论能够成立，需要满足三个条件：①新理论要能够解释旧理论已经解释的各种现象。②新理论还要能够解释旧理论所不能解释的新现象。③新理论要能预见现在还没有发现的，但通过科学实践一定能够发现的现象。

三、应用型创新（发明创造）的一般过程

1. 定向（对问题进行剖析，明确问题解决的标准）

发明创造的过程，实际上就是寻找解决某个问题的途径的过程。发现问题和提出问题是进行发明创造的前提，如果没有发现问题、不能提出问题，发明创造便无从谈起。

（1）问题的来源。

第一种，人类生存活动中普遍需要解决的问题。如：为了解决如何清洁牙齿的问题，人们设计出了牙刷和牙膏。第二种，特定的生产生活提出问题，需要设计者根据问题的要求寻求解决方案。例如：设计待机时间更长的手机电池。第三种，基于一定的目的由设计者自己主动发现并试图解决的问题。如电话的发明。

（2）明确发明创造任务的具体要求。

与科学研究不同的是，发明创造的结果一般是事先设定的，进行发明创造之前，一定要认真分析清楚发明创造对象的特点和问题解决的标准。如果是物质性的发明创造，应包括其功能、大小、安全性、外观、成本、环境条件、时间限制等，并应有相应的数据要求。如果是非物质性的发明创造（如创立新的工作机制），也应了解清楚适用对象、适用时间、适用场所、需要满足的约束性条件等。

2. 准备（搜集原始资料）

（1）眼前问题所需的特定知识的资料。

与科学研究比较注重专业性较强的文献资料不同，发明创造所需要搜集的资料首先是与发明对象直接相关的资料。这些资料有的需要一定的专业性，有的则需要源自于市场的需求，反而会比较社会日常生活化一些，尤其在每种产品和某些消费者之间的一些特定关联性，往往是创意产生的最佳起点。

（2）在平时连续不断累积储存一般知识的资料。

作为科学研究，一般会相对集中于某个领域，精深地搜集相关的资料。而对于发明创造而言，持续不断地搜集一般的资料，是与搜集特定资料有同等重要性的事。普天之下，凡是富于创新性的资料都值得收藏。产品设计的创意，常常是有着生活与事件“一般知识”的人士，将来自产品的“特定知识”加以重新组合的结果。宛如“万花筒”，里面放置的玻璃片的数目越多，其构成令人印象深刻之新组合的机会就越多。

如果说搜集特定的资料是某个发明创造眼前要做的工作的话，那么搜集一般资料就是伴随发明创造者一生的工作了。

3. 整合分析

用心智去仔细检查搜集到的资料。对这些资料进行认真的阅读，先是准确理解，然后是不断熟悉，寻求事物间的相互关系，以使每件事物都能像拼图玩具那样，使各种分散的资料在内心中逐步衔接起来，汇聚综合后成为恰当的组合。这是一个需要深度思考的阶段，由于创新者全副精力集中于发明创造的对象身上，无暇顾及其他事务，因而常常给人“心不在焉，神不守舍”的印象。

在经历一段时间之后，可能仍然没有什么头绪，头脑中一片混乱，感到十分厌倦甚至绝望。但不要放弃，因为潜意识里正在积极进行工作，新的创意正在酝酿中，也许成功就在眼前。在此过程中，即使得到的是少量不确定的或部分不完整的创意，也不管它如何的荒诞不经或支离破碎，都要把它及时地记录下，这些都是引发新创意的宝贵的线索。

4. 酝酿

在经历了前期艰苦的资料搜集和阅读思考之后，如果仍然未能获得有价值的创意，这时也许需要适当放松。把研究的项目暂时放开，甚至尽量不要去想这个问题，而去干点别的，诸如听音乐、看电影、阅读诗歌或侦探小说等。当身心处于比较放松的状态下时，前期工作所积累的资料就会在潜意识里慢慢发酵，触发新的灵感。这一阶段，完全顺其自然，不做任何刻意的努力反而会更有助于创新的实现。

5．启迪

经过前四个阶段的努力，虽然竭尽心力却仍然没获得什么结果也不用着急，需要耐心等待机会。由于某种偶然因素的激发，或根本没有任何充足的理由，在某个特别的时候，尤其是在做令大脑休息与放松的事之时，如正在洗澡、与朋友聊天、清晨的半醒半睡之间，甚至是夜半时分的梦中，好的创意突然跃入脑海，一切问题就得到顺利解决了。

6．评估和实现

这是创意的最后阶段，真可谓黑暗过后的曙光。在此阶段，便是要将创意与实际的需要相结合，使创意得到极大的丰富和完善，适合实际情况，能够发挥作用。好的创意往往具有自我扩大的本质，它会刺激那些看过它的人们对其加以增补。因此，在这一阶段可尽量广泛征求意见，以使创意得到最大程度的丰富和优化。

四、艺术创作的一般过程

1．艺术积累

艺术积累类似于科学研究的查阅文献，发明创造的搜集资料，是进行艺术创作的重要基础。主要方法：一是深入社会生活，积累素材。艺术家经常需要到生活中去采风。二是深化感受体验，激发创作欲望。艺术家对生活进行感受、观察和思考，在心灵里进行积淀，伴随着强烈的情感活动和心理活动，形成一种瞬间性直觉，仿佛顿悟一般。三是进行艺术媒介、技巧、方法上的准备。

2．艺术构思

艺术构思是指在艺术积累的基础上，艺术家根据自己的艺术体验、创作意图和审美理想，对生活素材进行加工、提炼、组合，形成艺术形象的过程。通过艺术构思，实现从生活真实到艺术真实的转化。艺术构思阶段，与创造发明的整合分析和酝酿阶段非常相似，这个过程中，灵感是非常重要的因素。灵感的获得，既有创作者的天赋、积累等内在因素的作用，也有环境、机缘等的影响。

3．艺术表现

艺术表现是指艺术作品的实际创造。在前两者的基础上，艺术家借助一定的物质材料和艺术语言，运用艺术方法和艺术技巧，将构思成熟的艺术形象转化为艺术作品。艺术表现在载体运用上要充分运用自身艺术语言的表现优势，符合自身的特色。艺术表现在主题上要突出，使人容易理解把握其要领。艺术表现在艺术形象打造上要非常鲜明，使人印象深刻。艺术表现要尽量具有独创性，避免模仿和重复。

案例分析

广东大学生科技创新培育专项资金（攀登计划专项资金）的项目类别如下。

（1）自然科学类学术论文。本类项目主要是针对某一学科或某一领域前沿问题的探索和研究，要求具有较强的前沿性和学术性。

(2) 哲学社会科学类社会调查报告和学术论文。本类项目主要是针对当前经济社会发展热点难点问题的研究，通过理论探索和实证调查，分析得出具有较强可行性、前瞻意义的对策、建议或学术论文。本类项目限定在哲学、经济、社会、法律、教育、管理等学科内。

(3) 科技发明制作。本类项目主要是科技创新、发明创造，要求作品具有较强的应用价值和转化前景。

（资料来源：广东大学生科技创新培育专项资金管理暂行办法）

请分析：广东大学生科技创新培育专项中有哪些创新类型？请简述针对项目进行创新的过程。

延伸阅读

"挑战杯"全国大学生课外学术科技作品竞赛是由共青团中央、中国科协、教育部、
主办的大学生课外学术科技活动中一项具有导向性、示范性和群众性的竞赛活
年举办一届。1988年，清华大学首次设立校内"挑战杯"竞赛。1989年，在国
的支持下，清华大学等34所高校和全国学联、中国科协及部分媒体联合发起举办
届"挑战杯"大学生课外科技活动成果展览暨技术交流会。第一届竞赛在清华大学
。第十四届"挑战杯"全国大学生课外学术科技作品竞赛于2015年由广东工业大
香港科技大学共同承办。

（资料来源："挑战杯"官方网站．http://www.tiaozhanbei.net/review.）

思维训练

请尝试创作一项艺术作品（音乐作品、美术作品或文学作品），或提出一个科学问题，或提出一个发明构想。

行动锻炼

从广东大学生科技创新培育专项资金（攀登计划专项资金）、"挑战杯"全国大学生课外学术科技作品竞赛或其他适合大学生参与的创新项目中选取一个方向，自组团队，在导师的指导下自主完成。

模块总结

本模块介绍了研究型创新（科学发现）、应用型创新（发明创造）和艺术创作等不同创新类型的特点及其一般过程。研究型创新（科学发现）是面向未知世界的探索，具有较大的不确定性；应用型创新（发明创造）是为满足人们的现实需要，往往会对结果事先做好预设；艺术创作既可以是纯粹来自于艺术家的灵感表达从而充满着不确定性，

也可以是满足社会的某种特定需求从而具备一定的确定性。但不论哪一类创新，基本都包含提出需求、积累资料、创造性思维、获得和检验成果等过程。

参考文献

[1] 陈吉明. 创造学与创新实践 [M]. 2版. 北京：科学出版社，2016.

[2] 杨乃定. 创造学教程 [M]. 西安：西北工业大学出版社，2004.

[3] 高道才. 广义创新学 [M]. 北京：中国书籍出版社，2013.

[4] 夏敏. 大学知识创造能力：评价与管理 [M]. 北京：中国社会科学出版社，2010.

[5] 艺术创作 [EB/OL]. [2017-02-04]. http://www.baike.baidu.com.

[6] 主要的文献检索方法（整理版）[EB/OL]. [2017-02-04]. http://www.docin.com/p-1083785132.html.

[7] 科学问题的来源 [EB/OL]. [2017-02-04]. http://www.docin.com/p-220060528.html.

[8] 科研程序与步骤 [EB/OL]. [2017-02-04]. http://www.docin.com/p-529358738.html.

[9] 教育科研课题研究设计参考 [EB/OL]. [2017-02-04]. http://www.docin.com/p-1086115085.html.

[10] 科学假说 [EB/OL]. [2017-02-04]. http://www.baike.so.com/doc/5972822-6185781.html.

[11] 第七章 形成科学假说和建立科学理论的方法 [EB/OL]. [2017-02-04]. http://www.docin.com/p-785575814.html.

[12] 创意过程论 [EB/OL]. [2017-02-04]. http://www.baike.com/wiki/创意过程论.

第六章 “互联网+”与创业

励志格言

你怎么知道在他们中间不会再产生一个QQ，再产生一个盛大，再产生一个搜狐、新浪呢！

——周鸿祎

学习目标

通过学习，了解长尾理论及“互联网+”时代的长尾，了解“互联网+”思维，了解“互联网+”时代的商业模式和营销革命。学会运用“互联网+”思维进行商业模式剖析，初步掌握“互联网+”创业要点。

重点难点

1. “互联网+”
2. 长尾理论
3. “互联网+”时代的商业模式
4. “互联网+”时代营销革命

模块一 “互联网+”时代的长尾理论

案例导读

“互联网+”时代：理财尾巴的长度

2013年6月13日，“余额宝”服务正式上线。1元起购、低门槛、零手续费、可随取随用、操作简单的特性，加上理财、购物、转账、缴费还款等广泛消费支付用途，让“余额宝”迅速成为“屌丝理财神器”，截至2013年6月30日24点，上线不到20天。余额宝累计用户数已经达到251.56万人，累计转入资金规模66.01亿元；截至2015年底，短短两年半的时间，余额宝的累计用户规模达2.6亿人，余额宝规模为6 207亿元，净利润为231.31亿元，这一数据在2014年约为240亿元，2013年约为179亿元。净值收益率达3.668 6%，同期业绩比较基准收益率1.378 1%。这些数据牢固树立当前余额宝在金融理财界的地位，一度成为中国规模最大的货币基金。“余额宝”的出现，不仅提高了理财收益，降低了理财门槛，更唤醒了公众的理财意识。

余额宝，是蚂蚁金服旗下的余额增值服务和活期资金管理服务。从支付宝起家，蚂蚁金服旗下至今已有支付宝、余额宝、招财宝、蚂蚁聚宝、网商银行、蚂蚁花呗、芝麻信用、蚂蚁金融云、蚂蚁达客等子业务板块。目前，支付宝的年活跃用户4.5亿人，每笔支付交易的成本低至0.02元；余额宝服务2.5亿用户，为用户带来了500多亿元人民币的收益；基于数据的征信放贷系统，服务了260万小微企业，累计发放了6 000多亿元人民币的贷款。而这些成绩的取得，与蚂蚁金服的定位密切相关，蚂蚁金服总裁井贤栋指出，蚂蚁金服之所以命名为“蚂蚁”，其寓意正契合普惠金融的本义，就是服务小微企业和普通人。而这是互联网金融与传统金融的区别，互联网金融以分散的个人客户和中小企业为主要客户，产品种类多样化，业务范围广泛，几乎金融需要的单位，都能在互联网金融领域找到自己的位置，而且具有手续简单、参与容易、收益比较高、周期短的特点，完美地实现了对传统金融服务盲区的覆盖和填补，有效挖掘了互联网金融的理财长尾。

（资料来源：余额宝上线二周年．特色频道．财新网．http://special.caixin.com/event_0613/.有删改）

一、长尾理论的内涵

“长尾理论”是互联网出现之后，对新经济现象的一种形象解释，用来描述互联网时代新的商业和经济模式。最早由《连线》（*WIRED*）杂志主编克里斯·安德森（Chris Anderson）提出。在《长尾》一文中，安德森将一些著名网络公司如亚马逊网上书店、谷歌等的销售数据与沃尔玛等传统零售商的销售数据进行对比，发现了长尾的奥秘（见图6-1），称为“长尾理论”。

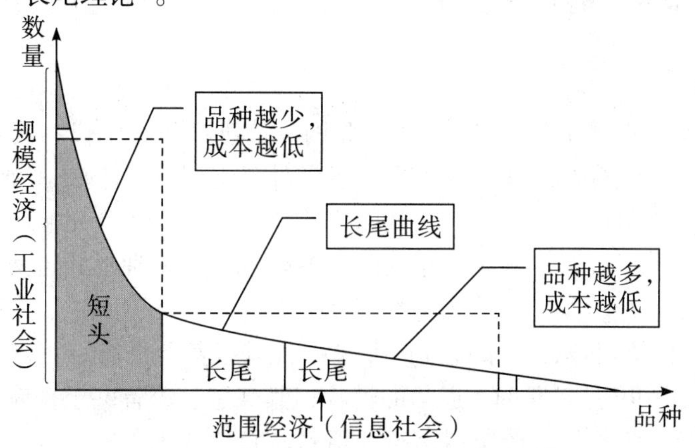

图6-1　长尾理论简图

曲线中间的突起部分叫“头”，右边相对平缓的部分叫“尾”。在传统工业社会，由于受到生产成本、存储空间、物流、区域等因素的限制，商业运作方式基本上是依赖单一主流产品的规模经济，遵循“二八定律”。“二八定律”是1897年意大利经济学家帕累托根据大量统计数据发现，20%的商品带来80%的收益，即少数主流的因素可以造成主要的影响。体现在市场营销中，商家会将精力放在满足20%的主流客户的需要，或者致力于重点打造20%的商品，以获得80%的利益。形象地讲，即重点关注图6－1中的头部，而图6－1中的尾部，虽然在品种或客户群上占多数，但是由于又细又长，市场份额很少，而不被重视。

而互联网经济的出现，打破了这种供需失衡，生产成本、存储空间、物流、区域等因素的限制作用越来越低，“尾部”的市场价值和空间逐渐提升，“尾部”产生的总体效益之和甚至会大于“头部”产生的效益。克里斯·安德森以亚马逊网络书店为例指出，一家传统的大型书店一般可展示10万本书，但亚马逊网络书店则没有货架空间和租金等因素的制约，图书展示量几乎无限。统计发现，亚马逊的图书销售额中，排名10万以后的书籍可占到四分之一。这些“冷门”书籍的销售比例增速可观。网络时代不断验证着“如果把足够多的非热门产品组合到一起，实际上就可以形成一个堪与热门市场相匹敌的大市场”。正如安德森指出，“我们可以把长尾理论浓缩为简单的一句话：我们的文化和经济重心正在加速转移，从需求曲线头部的少数大热门（主流产品和市场）转向需求曲线尾部的大量利基产品和市场。在一个没有货架空间限制和其他供应瓶颈的时代，面向特定小群体的产品和服务可以和主流热点具有同样的经济吸引力。”

互联网时代非热门产品，又称利基产品。利基一词是英文“niche”的音译，相对于大众（mass）而言，最初用于描述法国人在建造房屋时在外墙上凿出的，用于供放圣母玛利亚神龛，意指地方虽小，却意义重大的事物。在商业领域，利基产品即指非热门产品，但是经过有效的组织和处理可以给企业带来可观的经济收益的产品。利基市场（Niche market），又称缝隙市场、壁龛市场、针尖市场，指向热门市场之外的某些细分市场，这部分市场虽小，但产品推进这个市场拥有盈利的基础的是市场。简单地讲长尾理论就是描述互联网时代非热门产品（又称利基产品），具有广阔市场、可以创造巨大经济效益的经济模式的理论。

二、“互联网＋”时代的长尾

1.“互联网＋”解读

直白地讲，“互联网＋”，即是依托互联网、信息通信、现代物流等现代技术和服务，互联网与各个传统行业深度融合，在内涵和外延上展现出来的一种新发展生态。互联网＋传统零售产生了淘宝、京东，互联网＋传统银行产生了支付宝等互联网金融，互联网＋传统课堂产生了微课、慕课。互联网与各行各业以多种形式迅速融合质变，广泛影响着人们的衣食住行。

“互联网＋”传统产业，对于传统产业是一种升级甚至质变，消解和新生并存。比如微信等即时通信APP是互联网＋通信的产物，其文字、语音甚至视频交流功能迅速为人们广泛采用，这一方面导致传统通信行业语音和短信收入大幅减少，但同时也产生了一种新的业务收益——数据流量。因此，“互联网+”传统产业，是传统行业“新陈代谢”，在消解不合时宜的因素的同时，产生更符合时代发展的新的机遇，促进各行各业的变革升级。当前“互联网+”已成为一种新的生产力潮流。李克强总理在2015年政府工作报告中就提出，“制定‘互联网+’行动计划，推动移动互联网、云计算、大数据、物联网等与现代制造业结合，促进电子商务、工业互联网和互联网金融健康发展，引导互联网企业拓展国际市场。”事实上，“互联网+”正全面渗透于社会的各个领域。正如马化腾指出：“工业互联网正在从消费品工业向装备制造和能源、新材料等工业领域渗透，全面推动传统工业生产方式的转变；农业互联网也在从电子商务等网络销售环节向生产领域渗透，为农业带来新的机遇，提供广阔发展空间。”

“互联网+”极大改变着人们的生产和生活方式，推动着各行各业的创新与重生，催生了万物互联的“互联网+”新生态，传统行业企业的形态和边界正慢慢消失，跨界、融合、连接、开放、灵活的商业变革已成为大势所趋。个体的价值和活力日益凸显，以人为本的个性化服务和生产开始普及。同时“互联网+”时代的信息技术，包括移动互联网、云计算、大数据技术等，在经济社会各领域的扩散运用，促进了实体经济的迅速转型、增值和提效，商业模式不断被创新。

2. “互联网+”：延长长尾的巨大力量

克里斯·安德森指出“长尾就是没有被经济匮乏滤去真面目的文化”，使需求曲线的天然形状显现出来。而这个结果实现的前提是“不受供给瓶颈、信息匮乏和有限货架空间的扭曲”。“互联网+”时代的到来，让“不受供给瓶颈、信息匮乏和有限货架空间的扭曲”的经济运作成为可能，成为延长长尾的巨大力量。

（1）先进技术+“全民生产”：迅速扩充了利基产品的规模。

商品的种类、数量和现代技术密切挂钩。行业市场容量的大小是影响长尾长度的关键因素之一。“互联网+”时代，现代技术的创新发展，让产品生产处于“只有想不到，没有做不到”的状态，产品种类五花八门，行业市场容量规模增长可观。以淘宝为例，根据阿里巴巴集团招股书数据显示，截至2013年底，淘宝上的800万活跃商家发布了7.96亿件商品，涵盖100个不同的产品类目、2 000个子类目。在如此可观的数据中，利基产品的比重也迅速提高。同时“互联网+”时代现代技术的普及，使用便捷度的提升，逐渐淡化了“专业”与“业余”的界限，迎来“全民生产”的时代，人们正在由被动消费者转变为主动生产者。如维基百科，可以通过一个编辑软件，依托互联网，用“开放式的集思广益”，集全民之力，创作地球上最大的百科全书，创造“维基现象”。而如今“维基现象”正广泛蔓延，登上流行音乐榜的歌曲创作者不一定是专业音乐人，有录歌软件不去专业的录音棚一样可以录制歌曲。“全民生产”的时代在扩大行业市场容量的同时也让利基产品以前所未有的速度迅速扩充。

（2）数字化+现代物流：提高了长尾市场的流动。

长尾实现的前提是“不受供给瓶颈、信息匮乏和有限货架空间的扭曲”，“互联网+”时代的数字传播、自由开放、字节存储，让“供给瓶颈、信息匮乏、有限货架空间”的问题不复存在。数字传播遵循“字节对原子”经济学，现实世界中，一卡车书的内容，需要几小时甚至几天才能送达目的地，而数字传播可能只需要短短几分钟就能传送完毕；

广州最大的书店——广州购书中心，常年图书备货品种60余万种，总营业面积1.5万余平方米，而当当网一个网站的图书总数就可以达到400万种。沃尔玛用时数十年、投入数十亿美元才建立庞大的供应链，只为占领全球广阔商品的零售市场。而今天，一个淘宝网加现代物流网就可以以一个“双十一”的日子，创造全球零售业的神话。“互联网+”时代的数字化和现代物流结合，最大化的连接供给与需求，给利基产品创造了便利的展示空间，降低了利基产品流通的成本，有效地提高了长尾市场的流动性。

(3) 个性需要+私人订制：强化了长尾市场的原动力。

大众个性化需求的强弱是长尾市场的原动力，个性化需求越强，长尾的作用就越凸显。在前互联网时代，囿于时空的限制，展示给消费者的产品选项有限，消费者只能被迫“求同”。而如今在淘宝等互联网巨大的商品集合器的集中展示下，标新立异，各取所爱已成为可能，个体需求的“不同”被迅速释放。同时“互联网+”时代生产的细分化，也为个性需要的满足提供了条件，种种形式的“私人订制”推陈出新，不断推动长尾市场。“互联网+”时代将是规模化消费过时的时代，在许多领域产品标准化生产即将终结，如同张瑞敏指出的：“互联网时代不是做产品，是做个性化需求。”比如锤子科技，就是因为重视了人们的个性需求，将坚果手机的目标消费人群描述为“城市精英里偏感性和文艺，懂品质和品位的挑剔人群”，将千元手机卖出“情怀”。

(4) 云技术+搜索引擎：长尾从被动转向主动。

搜索个性需求产品的成本，直接影响长尾产生机制的持续性。过去寻求产品或者说长尾的利基产品的实现是需要等人搜索才能呈现。而如今“互联网+”时代诸如Google的“群体智慧”搜索引擎提升了当前的搜索功能，云技术、大数据为互联网结合个性需求，为自动推送用户可能喜欢的产品提供了技术支持，最大化实现了供给与需求之间的连接沟通，产品推广便捷主动，推动需求沿曲线向尾部移动。同时，对消费者来说，寻找非主流内容的“搜索成本”大大降低。换句话说，搜索引擎为供给与需求之间的充分连接沟通提供了技术支持，进一步扩大了利基市场，让曲线变得更加扁平，将它的重心从中部推向了尾部。

三、长尾理论对大学生创业的启示

1. 关注小众人群的高频需求

长尾理论呈现的关键，是利基市场和利基产品的挖掘，而小众市场和高频需求是利基的典型特征。关注具有高频需求的小众市场，即是创业“痛点”，也是创业成功的起点。如“超级课程表—表表”，它是一款由余佳文等几个“90后”大学生以课程表为基础而研发的校园实用工具，面向高校大学生，内置查看课表、记录课堂笔记、成绩查询、社团活动、二手交易、失物招领等诸多实用功能；同时具有社交功能，如向同班同学发送私信，帮助同学认识到同一节课任意教室范围内的同学；甚至可以根据以往每堂课教师的点名频率进行点名预测。“超级课程表—表表”，作为中国第一校园应用，2012年8月获得第一笔天使投资，2012年12月得到第二笔天使投资，2013年6月获得千万元级别的A轮投资，2014年8月“超级课程表”团队再次获得数千万美元的B轮投资。而“超级课程表—表表”最初就是关注了一些在校学生“常常会忘记要上什么课，在哪里上课”的小需求，乘以中国几千万在校生的庞大基数，从而取得了创业成功。如美团网的创始人王兴，重点挖掘人们的“希望享受超低折扣的优质服务的要求”，通过互联网为商家提供最大收益的推广，从而使美团 2014 年全年交易额突破 460 亿元。2015 年 1 月 18 日美团已经完成 7 亿美元融资，美团估值达到 70 亿美元。

2. 有效借助互联网技术

长尾理论是对互联网时代的新经济现象的描述，互联网技术是长尾理论的技术依托。大学生创业，利用知识储备优势，紧贴时代潮流，充分借助互联网技术优势，才能尽量增大创业产品的尾巴，发挥长尾理论效应。如“兼职猫”创业项目。随着大学生消费水平的提高、兼职需求的增强，传统的兼职服务商已经不能满足现在的兼职需求，“90 后”创业新星王锐旭，关注大学生兼职需求，利用互联网技术，开发了大学生兼职 APP，取名“兼职猫”。它是国内第一款在招聘领域基于数据挖掘的垂直搜索服务手机应用软件，力求高效、安全、免费，受到广大学生和企业的欢迎。并成功获得创新谷 100 万元天使投资，300 万美元 A 轮融资，而王锐旭本人也成为李克强总理的“座上黑马”，与总理一起谈创业。同时有效运用网站宣传、微信等社交媒体及 APP 等软件，通过用户之间相互推荐、关联，将消费群体无限扩大，形成一定黏性，也是延长尾巴的有效途径，如现在风靡的“微商”，即利用互联网技术对用户的关联性。

3. 依托知识创新，降低经营成本

“不受供给瓶颈、信息匮乏和有限货架空间的扭曲”是长尾理论实现的前提，其中包括流通、库存等经营成本的降低。互联网时代，网站流量和维护费用远比传统店面低，互联网可以进一步降低单品销售成本，甚至没有真正的库存。同时依托知识创新，选择无限免费复制的产品创业，如知识产品，不仅可以无限复制，且其边际成本渐趋于零，创业成功的可能性更大。如风靡全国的桌游《三国杀》，其创始人黄恺正是一位标准的大学生创业者。2004 年考上中国传媒大学动画学院游戏设计专业的黄恺，模仿国外桌游设计出了具有中国特色，符合国人娱乐风格的桌游《三国杀》。2006 年 10 月，大二的黄恺开始在淘宝网上贩卖《三国杀》，大受欢迎，毕业后的黄恺借了 5 万元注册了一家公司，开始做起《三国杀》的生意，2009 年 6 月底《三国杀》成为中国被移植至网游平台的一款桌上游戏，2010 年《三国杀》正版桌游售出 200 多万套。粗略估计，《三国杀》迄今至少给黄恺带来了几千万元的收益，并且随着《三国杀》品牌的发展，收益还将会继续增加。知识产品的网上销售，不仅没有实体店销售相关店面费用，而且边际成本大大降低，增加了创业成功的概率。

4. 产品凸显个性化需求

长尾理论其实就是大规模个性化定制的组合，用户有着各式各样的必需消费需求和潜在消费需求，互联网的碎片化、场景化特点，可以将潜在消费需求充分激发。“90 后”温城辉“礼物说”的创业成功即是如此。“礼物说”，广州贴贴信息科技有限公司旗下产品，是以提供高品质个性化的礼物攻略为创业理念和产品定位，内容涵盖特色礼物、创意手工、旅行特产等，帮助用户给亲朋好友或者其他人，在特殊的节日和场合，诸如生日、节日、纪念日等，制造个性化、有创意的惊喜。因走个性化、创意化之路，广受用户欢迎，取得了“3 个月拿下 100 万用户、8 个月完成两轮融资、估值突破 2 亿美元”的佳绩，温城辉自己也被业界评为“90后马云”。

做好在线服务。在线服务的特点就是具有针对性。通过庞大的数据库系统等为人们提供多样化的选择，而不拘泥于传统的有限选择，同时，各项服务的成本迅速下降，人们获取服务的程序也更加简洁，只要有互联网和电脑即可。可以说，在线服务是互联网思维的很好体现，也是长尾理论的绝佳应用。

案例分析

在旅游市场，出游日期临近时还未被预订或销售的旅行产品，通常都以较优惠的价格打折出售。爱旅行就是以此为切入点，成立了国内第一家提供限时特价旅游产品的网络平台。其产品包括旅游套餐、折扣机票、度假酒店，2013年7月正式上线。主要优势为“说走就走”，所售的80%的产品均为2~10天之内出发，同时精选行程，保证度假产品的品质。爱旅行通过分布在全国的1 000多家供应商，为用户提供全球100多个国家与地区超过5 000条的精品特价旅游线。在国内类似的企业还有“来来会”“明天去旅行”“麦途”等。

请分析：本案例中是否运用了长尾理论，如何运用的?

延伸阅读

长尾法则

法则一：让存货集中或分散

西尔斯是这方面的先驱。它凭借大型集中化仓库在邮购业务上的优势实现了效率的第一次飞跃。今天，沃尔玛、Best Buy（百思买）、Target（塔吉特）和其他许多零售商的网上平台正在利用它们现有仓储网络开拓在线市场。它们的网上产品的种类远多于传统店面，因为相比把产品放在数百家商场的货架上，集中化仓储的效率要高得多。

法则二：让顾客参与生产

“协同生产”缔造了eBay、维基百科、Craigslist（克雷格列表）和MySpace（聚友网），也让Netflix（奈飞）拥有了数十万条影评。凭借自我服务模式，Google可以按每次点击5美分的价格出售广告，Skype在两年半的时间里吸引了6 000万用户。两者都是用户参与热情的好例子：企业原本需要花钱雇人做的事，用户们却很高兴免费去做。这不是外包，这叫“众包”。

法则三：一种传播途径并不适合所有人

有些顾客想去商店购物；有些顾客想在网上购物；有些顾客想先在网上研究一番，然后再去商店购物；有些顾客想先去商店逛上一圈，然后再去网上购物；有些人想马上就买，有些人可以等等看；有些人住在商店附近，而其他人分散在四面八方。有些产品的需求是集中化的，而其他产品的需求是分散化的。如果你只注意其中的一类顾客，你就有失去其他顾客的风险。

法则四：一种产品并不适合所有人

曾有那么一个时期，购买音乐只有通过一种途径：购买CD唱片（CD单曲的销量实在太小，大多数艺术家都不屑于制作单曲）。现在想想看网上有多少种选择：唱片、单首曲目、手机铃声、30秒免费样本、音乐视频、混音作品、其他某个人的混音样本、点播、下载等，而且文件格式和取样频率也是多种多样。每一个新组合都会利用不同的传播网络，接触到不同的顾客群。一种产品适合一种人，多种产品才适合多种人。

法则五：一种价格并不适合所有人

不同的人可能愿意接受不同的价格，原因多种多样，可能与他们的收入有关，也可能与他们的时间有关。但正如单一版本的产品往往能在传统市场上找到位置一样，单一价格也常常能找到位置，至少同一时间的单一价格能被人接受。但在一个空间无限的丰饶市场上，可变价格可能成为一个强大的工具，有助于产品价值和市场规模的最大化。

法则六：分享信息

如果能转化成推荐信息，有关消费方式的信息可以成为强大的营销工具。从用户评论到详细规格，产品的翔实信息可以回答消费者的问题，避免他们在疑虑之下放弃一次消费。解释清楚推荐信息的来源能让系统赢得消费者的信任，帮助他们更好地使用系统。透明度可以建立信任，而且毫无成本。

法则七：考虑“和”，不要考虑“或”

稀缺时代的症状之一就是把市场当成一个零和游戏——也就是说，任何事情都是一种“这个或那个”的选择。或者发行这个版本，或者发行那个版本。或者选择这种颜色，或者选择那种颜色。对商场的货架或广播频道来说，这是很自然的：一个位置确实只能容纳一种产品。但在容量无限的市场中，供应全部的产品几乎永远是正确的策略。

法则八：让市场替你做事。在稀缺市场中，你必须猜测一下什么东西能够畅销

在丰饶市场中，你只需把产品扔在那里，让市场自己去筛选它们。“事前过滤器”和“事后过滤器”的区别就在于“预测”和“评测”的区别，而后者总是比前者更加准确。网上市场的最大优势就是群体智慧的评测能力。由于它们蕴藏着无穷无尽的信息，人们更容易比较产品的优和劣，传播他们的喜和恶。

（资料来源：安德森. 长尾理论［M］. 北京：中信出版社，2006.）

思维训练

长尾理论就是描述互联网时代非热门产品（又称利基产品），具有广阔市场，可以创造巨大经济效益的经济模式的理论。长尾实现是有条件的，需要“天时地利人和”，请根据本模块的学习，回答影响经济长尾实现的四个基本因素。

因素一：__________

因素二：__________

因素三：__________

因素四：__________

请模拟一次微商创业，重点论述此次创业的“长尾”挖掘方案。

模块总结

本模块介绍了长尾理论的内涵、“互联网+”时代的长尾以及长尾理论对大学生创业的启示三方面内容。通过本模块学习，要掌握的概念有两个：一是“长尾理论”。“长尾理论”是互联网出现之后，对新经济现象的一种形象解释。具体地讲，长尾理论就是描述互联网时代非热门产品（又称利基产品），具有广阔市场，可以创造巨大经济效益的经济模式的理论。二是“互联网+”。“互联网+”就是依托互联网和信息通信技术，互联网和各个传统行业的深度融合，从而展现出来的一种新发展生态。同时需要认识的经济现象是：“互联网+”是延长长尾的巨大力量，“互联网+”是时代的先进技术带来的“全民生产”状态，迅速扩充了利基产品的规模；数字化的存储和现代物流，极大提高了长尾市场的流动；人们个性需要的彰显和私人订制市场的扩大，有效深化了长尾市场的原动力；现代云技术和搜索引擎发展，让尾部优势更加彰显。“互联网+”的长尾具有无限发展空间。因此，“互联网+”时代大学生创业应重视长尾，关注小众需求，降低经营成本，做好个性化定制产品需求，做好在线服务，紧紧抓住长尾，以小博大，提高创业成功率。

模块二　“互联网+”时代的商业

案例导读

互联网时代的成与败

小米公司于2010年4月成立。2011年12月18日，小米手机第一次正式网络售卖。短短5分钟内将30万部售完。2013年8月23日，小米已完成新一轮融资，估值达100亿美元。2014年4月8日晚上，小米官方公布了小米米粉节销售数据：在历时12小时的活动中，小米官网共接收订单226万张，售出130万部手机（含港台及新加坡10万部），销售额超过15亿元，配件销售额超1亿元，当天发货订单20万张，共1 500万人参与米粉节活动。2014年10月30日，中国制造商小米公司已经超过联想公司和LG公司，一跃成为全球第三大智能手机制造商，仅次于三星公司和苹果公司。2015年1月4日，雷军通过员工公开信的形式公布了小米的成绩单：2014年，小米销售手机总计6 112万部，较 2013 年增长 227%；含税销售额 743 亿元，较 2013 年增长 135%，登顶中国市场份额第一。创造手机行业的发展奇迹。

诺基亚成立于 1865 年，2003 年，诺基亚 1100 在全球已累计销售 2 亿部。2009 年诺基亚公司手机发货量约 4.318 亿部。自 1996 年以来，诺基亚连续 14 年占据市场份额第一。然而面对新操作系统的智能手机的崛起，诺基亚全球手机销量第一的地位在 2011 年第二季被苹果及三星双双超越。2013 年 9 月 3 日，微软宣布以约 54.4 亿欧元价格收购诺基亚设备与服务部门（诺基亚手机业务），并获得相关专利和品牌的授权。2014 年 4 月 25 日，诺基亚宣布完成与微软公司的手机业务交易，这个手机行业的巨头，只用了几年的时间就在一片惊叹声中落下帷幕，正式退出手机市场。

互联网变化之快，已经让人应接不暇，大小企业都在风起云涌。小米为何能够在如此短的时间内创造神话？传统企业巨头在互联网浪潮下也面临生死之劫？对于这些问题，需要摸清楚真正的脉搏，才能引以为鉴。这其中的奥妙就在于互联网思维。

（资料来源：陈光锋. 互联网思维：商业颠覆与重构［M］. 北京：机械工业出版社，2014.）

一、“互联网+”思维

互联网经过了以搜狐、网易等为代表的 Web 1.0 门户时代，到以新浪微博为代表的 Web 2.0 社交时代，再到以智能手机为代表的 Web 3.0 大互联时代的发展转变，开启了真正的互联网时代，互联网思维已成为时代思维。互联网思维不仅仅是产品放在网上售卖的电商，而是在互联网、大数据、云计算等互联网高科技不断发展的背景下，对市场、用户、品牌、企业的运行方式和商业生存状态进行重新审视的思考方式，是基于互联网的本质而重构的一种思维方式。

1. 用户思维

互联网思维是用户至上的思维，用户至上是“互联网+”时代企业运营必须遵循的原则。这种思维主要体现在三个方面：第一，产品的开发、营销模式等选择必须首先考虑用户的需求。传统企业是产品在先，用户在后，而“互联网+”是用户在先，产品在后。如在互联网发展初期，由于各种软件鱼龙混杂，让用户无从下手，安全便宜的软件是用户最大的需求。360 公司就是找准了用户的这种刚性需求，运用了免费安全的理念，建立起基于免费安全的商业模式，受到广大网民的欢迎，用户量迅速激增。这让 360 公司从 2006 年进入互联网安全领域，到 2010 年初即成为中国第一大互联网安全公司。第二，用户参与是核心。在“互联网+”时代，“消费者即生产者”，必须让用户参与到产品创新和品牌传播的所有环节。如小米的负责人雷军说：“参与感是小米成功的最大秘密。小米鼓励用户参与。用户参与是最大的元素，他认同感和情感完全不同。我们鼓励 400 万、500 万用户一起参与整个手机设计，甚至全球用户。这里面有一个核心元素，把用户当朋友。”第三，用户口碑是有巨大价值的资产。用户的口碑影响着品牌的生命力。如淘宝网每个企业、每一个产品都与用户评价挂钩，店铺评价、产品评价是用户选择和决定的主要参考因素之一。有好评才有市场。

2. 简约思维

“互联网+”时代，信息全方位包围，人们关注面迅速扩大，同时注意力集中时间缩短，因此，在第一时间抓住用户的眼球，至关重要。在“互联网+”时代，外观简洁，一目了然，即是美，大道至简，越简单的东西越容易传播，越难做。如Google首页的清爽，苹果手机外观的大方；内在系统操作流程简化、易操作即是王道。在互联网时代，少即是多，苹果就是成功的例子，1997年苹果接近破产时，做出的决定不是扩充生产线，而是大刀阔斧地砍掉了70%产品线，重点开发4款主要产品，这反而让苹果扭亏为盈，起死回生。

3. 极致思维

“互联网+”时代产品变得简约却不是简单，而是集中精力将少数的产品做到极致。极致思维，追求极致，追求完美，用至臻思维创造至美的产品。体现在企业运行上，就是把产品、服务和用户体验做到极致，超越用户预期。如“做爆品”就是小米产品战略，产品规划每个阶段只做一个，但是要有做到这个品类的市场第一的魄力，从而使产品聚焦，形成规模效应，避免资源太分散所导致的参与感削弱。三只松鼠是“互联网+”时代又一创造奇迹的品牌。三只松鼠2012年6月在天猫上线，65天后成为中国网络坚果销售第一；2012年“双十一”创造了日销售766万元的奇迹，名列中国电商食品类第一名；2013年1月单月销售额超过2 200万元。单从顾客收到的每一袋产品上就可以看出其对服务体验的极致追求：三只松鼠带有品牌卡通形象的包裹、开箱器、快递大哥寄语、坚果包装袋、封口夹、垃圾袋、传递品牌理念的微杂志、卡通钥匙链，还有湿巾等。

4. 迭代思维

迭代思维，取义于数学上“迭代计算”的概念，用于描述从一个预计结果出发，寻找一系列近似答案，并通过反复推算论证，不断向最终目标靠近，进而得出答案的过程。与传统研发追求“一击制胜”“一锤定音”不同，迭代思维强调的是过程、渐进和持续。“互联网+”时代事物演变“日新日异”，新的个性需求、新的商业逻辑和商业规则层出不穷，只有坚持迭代思维，积极响应用户需求，不断尝试，敢于推出新产品，勇于持续迭代改进完善产品，才能实现从“好”迈向“更好”的螺旋式提升，从而立于不败之地。马化腾的微信之所以在短短几年时间内就迅速地超越了QQ，是因为它在发布的第一年就迭代开发了44次。小米公司之所以能被美国知名商业杂志*Fast Company*评为全球50大最具创新力公司第三名，与小米的系统，特别是小米MIUI系统坚持每周迭代密不可分。Zynga游戏公司每周对游戏进行数次更新；国际领先的云计算平台亚马逊AWS（业务流程管理开发平台），仅在2013年便开发出280个新功能，为用户提供了更智能的服务。可见只有紧贴用户需求变化，不断更新完善产品，赢得用户的广泛青睐，才能帮助企业牢牢掌握客户资源。

5. 免费思维

“互联网+”时代免费的理念正在席卷全球，但是免费不是白免费，而是为了更好地收费，这是一种广集口碑，极力争取用户、锁定用户的策略。“互联网+”是“粉丝”经济，用户聚集处，商机必将追随。360安全卫士正是运用了免费思维，才迅速占领了杀毒市场。QQ、微信用户可以免费使用，但腾讯 2015 年依然有 1 028 亿元的巨额总收入，其盈利模式就是，在免费的 QQ 用户群体里，培养收费客户，推出收费产品比如 QQ 增值产品、网络游戏、企业增值服务等。淘宝作为“互联网 +”时代商品集散地，其盈利模式是，提供免费的网络开店，培养收费商家，推广收费产品，如直通车广告、增值服务等。在这个意义上，“免费是最昂贵的”。免费策略的选择，要依据产品、资源、时机而定，并非适应于所有的企业。

6. 大数据思维

大数据又称巨量资料，研究机构 Gartner（高德纳咨询公司）给出的定义是：大数据是一种基于新的处理模式而产生的具有强大的决策力、洞察力以及流程优化能力的多样性的、海量的且增长率高的信息资产。从原理上讲，量变可以引起质变，信息总量的变化可以带来信息形态的变化，从而告知人们繁多无序数据中的有序规律。而“互联网 +”时代信息处理技术的进步，让数据规律挖掘成为可能。当今社会，浩如烟海、繁多无序的信息，成为人工智能的基础，数据解释、数据分析产生了价值，大数据成了一种商业资本、一项重要的经济投入，可以创造新的经济效益。如美国有一家名为 Decide. com 的企业，他们在全球各大网站上搜集数以十亿计的数据，通过对数据分析，可以预测产品的价格趋势，告知消费者什么时候买什么产品，什么时候买最便宜，为他们的采购找到最好的时间，降低交易成本，帮助数以十万计的用户省钱。

“互联网 +”时代的大数据思维就是要有以数据为核心，重视数据的价值，用大数据预测思维方式来思考问题，解决问题。如今云计算机软件等已大大提高了数据分析和数据预测的效率及准确性，为企业决策和营销等提供了有力的支持。预测就是商机、预测就是效益，数据为“王”的时代已经来临。因为有大数据思维，淘宝知道消费者的喜好，当当网可以为消费者推荐想要的书，谷歌可以为关联网站排序，大数据思维也成了这些企业成功运行的关键因素之一。

7. 跨界思维

“互联网 +”时代填平了“隔行如隔山”的行业鸿沟。随着互联网和新科技的发展，很多产业的边界变得模糊，吃、穿、住、行、娱乐、教育、媒体等都可以实现跨界融汇。苹果可以成功跨界进入手机行业，颠覆传统手机行业；腾讯微信可以跨界进入通信领域，颠覆运营商的语音、短信业务和收费模式；阿里巴巴、腾讯可以相继申办银行跨界互联网金融，给传统银行带来巨大冲击。正如李彦宏指出：“互联网产业最大的机会在于发挥自身的网络优势、技术优势和管理优势等，去提升、改造线下的传统产业，改变原有的产业发展节奏、建立起新的游戏规则。”“互联网 +”跨界思维即打破原有行业界限，利用手中用户资源、技术资金等优势，适时结合时代发展和用户的需要，探索不同行业之间的交汇点，跨界创新，以实现不同行业之间的融会贯通。

二、“互联网 +”时代的商业模式

通俗地讲，商业模式即一个组织以此盈利并赖以生存的运行规则，是一种做生意的方法和模式，是对隐含在实际业务流程背后的创造商业价值的逻辑系统的描述。《经济学人》杂志的一项调查显示：当今 60% 以上的世界五百强企业高管认为，商业模式创新比产品和服务创新更为重要。“互联网+”时代对中国经济结构和经济环境带来变革性影响，越来越多的企业利用互联网和数字化思维来颠覆和重构整个商业价值链，这种新的盈利模式，我们称之为催生了“互联网+”时代的商业模式。

1. 长尾型电子商务模式

这是一种依托互联网平台，最大限度挖掘产品长尾效应的商业模式。这种商业模式的运行通常有三个典型的特点：第一，具有独立的电商平台，依托电商平台，越过各级经销商直接向消费者销售产品或者服务，最大限度降低产品的流通成本。第二，注重个性化定制，产品布局的核心是“多款少量”，降低库存成本。第三，通过提升服务、有效推广等最大限度拓宽目标客户的范围，从而扩大利基产品销售总额。当当网即是长尾型电子商务模式的典型代表。当当网作为最大图书零售之一，在图书种类上，拥有最多的中文数字书资源，包括平台图书的销售业务在内，当当网图书SKU总数达到400万种，其中100万~200万种为外文书，自营图书SKU也有100万种之多。在拓宽目标客户的范围方面，当当网在全国600个城市实现“1天达”，在1 200多个区县实现了次日达，货到付款（COD）方面覆盖全国2 700个区县，成为服务范围最广泛的网上商城，最大限度地挖掘了图书行业的长尾市场。

2. 免费增值模式

免费增值模式是“互联网+”时代特有的一种商业模式，《连线》杂志总编克里斯·安德森表示：“免费增值模式其实是数字时代的概念，因为数字产品的边际成本几乎为零。”如360安全卫士、QQ用户，则是免费增值模式的典型代表，其运营模式为：先用免费产品吸引用户，建立庞大的用户群，然后再利用延伸价值链或增值服务来实现盈利。但是免费增值模式是双刃剑，“除非能熟练地使用它，否则会伤及自己”。使用免费增值模式，必须确保四个前提：一是边际成本非常低，销售和营销成本也非常低。二是需要高度重视优化免费产品，产品的简单性和高质量必须在免费和付费产品间保持一致性。三是免费产品需具有极高的吸引力，能够实现快速裂变式传播。四是免费产品快速推广，能为企业带来延伸价值链或增值服务来实现盈利，如免费用户“上瘾”后通过购买增值服务成为“收费”用户。掌阅iReader即如此，通过部分试读内容，如果用户想继续浏览，则需要付费。然而必须注意的是，免费增值模式需要很长时间才能见效，同时对于部分创业公司而言，免费增值模式也是一个代价高昂的陷阱。

3. 跨界商业模式

“互联网+”从本质上讲就是跨界连接和创新。互联网的核心是“突破时间和空间的连接”，“互联网+”跨界商业模式的核心是突破行业与行业之间的界限，企业的运行跳出一个行业的范畴，多行业之间实现生产要素的整合和优化，改变了企业的价值链，创新了企业发展的新形态。例如，云南白药不仅生产经营用于疗伤止血的精品中医药，还卖普通、低端的日用品——牙膏；互联网的阿里巴巴不仅卖百货，还做金融，卖保险，甚至用十几亿元买下了恒大足球50%的股权，开始玩足球；小米不仅卖手机，还卖手环、电视、平衡车等产品，这就是跨界商业模式。

一方面，跨界商业模式是时代发展的产物，“互联网+”时代，商业环境及商业规则、人们的个性化需求日新月异，顺势而为、快速反应、及时调整战略选择是企业生存的根本。另一方面，成功运行跨界商业模式要满足三个条件：一是必须有一个坚实的基础支撑，企业需要有平台和渠道、资源整合的能力等，才能支撑跨界。二是具有敏锐获取行业结构信息的能力。三是跨界产品最好可以实现资源互补，让市场资源得到充分有效的利用。

4. O2O 商业模式

O2O（Online to Offline）是一种将线下商务机会与互联网结合，线上线下一体化的商业模式。包括四种形式：一是“线上—线下”（Online to Offline）。这是最早形态的 O2O 模式。其主要呈现方式是在网上寻找消费者，最终将用户带到现实的商店中消费。如美团就是这种形式的代表，将线上的顾客通过折扣优惠等手段，导流到线下实体店。二是“线下—线上”（Offline to Online）。如南方航空、海南航空、东方航空和国航各大航空公司都已建立了电子商务平台，网上预订机票再到机场换取已经成为很多人的习惯。这种形式运行的前提是线下的产品和服务具有牢固的好口碑基础，可以获得用户的足够信任。航空公司之所以实现“线下—线上”的转变，与它线下完整的服务培训体系和良好的服务意识密不可分。三是“线下—线上—线下”（Offline to Online to Offline）。这是一种线下的商机通过线上链接，线上的服务通过线下补充或者实现的方式，如滴滴出租车即是如此，线下的出租车通过线上平台获得预约用户，然后通过线下的实际服务完成。四是“线上—线下—线上”（Online to Offline to Online）各大网络名店的体验店是这种形式的典型代表，如聚美优品就在王府井商圈核心位置的淘汇新天等地开设线下体验店，进行线上产品实物展示和试用，但线下只做体验之用，消费者在店中试用商品后只能到线上才能进行购买。这四种形式只是简单的划分，未来 O2O 的发展将突破线上和线下、虚拟与真实之间的界限，实现内涵和外延的深度融合。

5. 平台商业模式

平台商业模式指打造一个足够大的平台，让众多主体如企业以平台为依托实现共赢的一种战略模式。从本质上讲平台模式是一种基于价值创造、价值传递与价值实现的商业逻辑。打造一个多方共赢互利的生态圈，是这种平台模式的精髓。而平台自身则依靠收取广告费、佣金抽成、会员费用等实现盈利。在我国诸如淘宝网、携程网、艺龙网之类的旅游预订行业网站等皆属于此模式。淘宝网通过给诸多商户提供商品交易平台，携程网、艺龙网之类的旅游预订行业网站也通过向航空公司、酒店、宾馆等上下游行业的商家收取中介费用，以此实现盈利，并持续扩大市场版图。

一方面，“第三方”是平台商业模式的典型特征。如淘宝网的千万种商品，生产、销售、盈亏皆由卖家负责、完成和承担，而不是淘宝网。淘宝网做的只是一个第三方平台，从连接买家与卖家中赚钱。另一方面，就平台自身而言，平台商业生态系统越完善，平台商业模式成功的可能性就越大，规模收益递增现象就越明显。在“互联网 +”时代，平台商业模式是一个强者可以掌控全局的时代。如淘宝网现在不仅限于给商户提供电商交易平台，还围绕金融支付、团购、游戏、教育、旅游、医疗、物流等诸多方面，构筑了产业互联网大布局的商业生态系统。平台商业模式是一种耗时耗力的商业模式，需要足够强大、坚固的基础支持。

三、"互联网+"时代的营销革命

"互联网+"时代改变了消费者的观念和行为，改变了企业运行的商业模式，必然带来企业营销理念、营销策略等革命性的变革。"互联网+"本身的开放性、全球性、低成本和高效率等特性和消费者个性化的回归，使"互联网+"时代营销与传统营销有根本性的区别，典型的营销策略有以下三种。

1. 大数据营销

大数据营销即在多渠道采集大量的消费者行为数据的基础上，依托大数据处理技术，实现对消费者的已有或可能的消费行为进行预判，从而争取把商品在合适的时间，通过合适的载体，以合适的方式，投给合适的人的销售行为，因此大数据营销又称精准营销。"互联网+"的大数据即是黄金，这已是公认的事实。如何有效利用大数据，也是企业挖空心思考虑的问题。一些知名企业如沃尔玛的主要门店就安装了搜集运营数据的装置，这些装置可以跟踪客户互动、店内客流和预订等情况，依托大数据处理技术，综合分析跟踪数据与用户交易记录，就可以得出商品销售摆放、商品促销最佳时间等规律。如国内最大电子商务公司阿里巴巴利用淘宝数据魔方，就可以了解淘宝平台上不同品牌的销售状况、市场的占有额度、消费者的消费习惯等，并据此做出营销决策。虽然大数据前景广阔，但也挑战重重，正如《大数据让商业营销变得更加精确》一文所指出的，要做好大数据的营销，"其一，要有较强的整合数据的能力，整合来自于企业各种不同的数据源、各种不同结构的数据；其二，要有研究探索数据背后价值的能力，未来营销成功的关键将取决于如何在大数据库中挖掘更丰富的营销价值；其三，探索出来之后给予精确行动的营销指导纲领，同时通过此纲领进行精确快速实时性行动。"

2. 内容营销

内容营销以传达有关企业或产品的相关内容为核心目的，借助图片、文字、动画等介质创造出自动吸引目标受众的营销活动，从而达到促进销售的一种营销方式。企业的Logo、包装、网站、广告，甚至是T恤、手提袋等都可以成为依附载体。微信朋友圈中以消费者身份的购物体验、小米的特色T恤等都是一种内容营销。"互联网+"时代，"人人都是自媒体"，内容营销的作用愈发凸显。如欧莱雅在内部创建了一个"内容工厂"，并和YouTube密切合作，以美妆教程等主题创造与产品相关的干货视频。如关于护肤品牌植村秀的8个"How To"的干货视频，其中，"如何塑造你的眉毛"这个视频，反响尤为强烈。在没有任何付费媒体报道的情况下，积累了近万次的浏览量。

内容营销适用于所有的媒介渠道和平台，形式可以天马行空、多种多样，但是内容营销想要成功，必须在多样形式中让用户感受到有价值的服务，让用户自愿身处其中，获得更好的用户体验。如原久邦数码创始人张向东联合创办700Bike，其官网上内容营销不仅仅局限于卖自行车，而是通过传递最潮流的自行车资讯，分享与自行车有关的有趣故事，将车店、爱车者、资讯、骑行故事和生活方式等内容结合起来，成功构建了自行车生态，让用户身处其中，乐在其中，实现成功营销。

3. 社群营销

"互联网+"时代微信、微博、QQ、易信、陌陌等各种社交媒体的普及，促生了一种行动经济模式，称为粉丝经济。传统企业单靠产品走天下，而当今社会企业的产品和服务拥有数量可观的粉丝才是王道。粉丝可以创造奇迹，最突出的案例就是小米手机。小米通过论坛、微博社交媒体拥有了数十万粉丝，并形成N的无数次方的口碑推广效应，即使发展初期小米没有采用电视、报纸等传统的广告营销手段，也迅速实现了几十亿元的销售规模；也曾创下在QQ空间1分30秒，10万部红米售罄；第一次参加天猫“双十一”，短短时间便实现5.5亿元销售额等辉煌业绩。

而社群营销正是一种基于粉丝经济状态下的品牌营销，它依托社交平台，通过有规划、有策略、有步骤的线上线下沟通和统筹，建立、转化和强化粉丝型的用户关系，努力把粉丝变成“合伙人”，从而达到营销目的创造价值。社群营销有三点要明确，第一，粉丝是社群营销的基础，聚集粉丝是第一步，如小米就是利用微博、论坛等获取众多粉丝并以此维护用户活跃度。第二，建立和维持粉丝信任是关键，通过产品效能展示、用户评价等让消费者的信任关系强度进行转化和递进，形成全面扩散式的口碑效应。第三，把粉丝变成“合伙人”是成功点。开发MIUI时，小米让粉丝参与其中，并通过爆米花论坛、米粉节、同城会等活动，让用户固化了“我是合伙人”的感受。

四、“互联网+”时代创业的要点

1. 移动化

中国互联网络信息中心（CNNIC）发布第37次《中国互联网络发展状况统计报告》显示，截至2015年12月，中国网民规模达6.88亿人，互联网普及率达到50.3%，其中手机网民规模达就达到6.20亿人，有90.1%的网民通过手机上网，而且只使用手机上网的网民达到1.27亿人，占整体网民规模的18.5%。手机俨然成为我们身体上不可或缺的“器官”，移动电商的光明前景正在飞速展现。以天猫为例，2015年天猫“双十一”交易额突破912亿元，而移动端销售达到了626.42亿元，占比达68.67%，移动电商的发展速度令人震撼。

手媒体将全面超越桌媒体，移动设备逐渐取代PC，已是不可阻挡的潮流趋势。各大互联网巨头已看到移动电商的无限利润空间，重兵布局移动互联网，并将其视作电商战略的下一个“主战场”。如阿里巴巴、腾讯、京东等则基本实现了移动互联网布局，诸如购物、移动支付等一系列WAP、HTML5、APP等移动端及移动业务的推出，无疑加速了传统电商的移动化进程。据IDC（互联网数据中心）预测，中国企业级移动应用在2017年将达到41.5亿美元，复合增长率为45.3%，中国的企业级移动应用场已经形成相当大的规模和全新的生态圈。信息移动化将让一切共生、相融、联动，也将是“互联网+”时代创业的必备要素。

2. 精品化

“互联网+”时代的产品和服务五花八门，覆盖了娱乐、沟通、资讯、消费等各个领域，应有尽有，甚至达到了没有做不到，只有想不到的程度。此外，“互联网+”时代物流的无限联通、时空的无界沟通也给各行业市场带来竞争愈加激烈、产品过剩、商品同质化等诸多问题，造成资金、技术和人力等浪费的同时，也降低了企业的生命力。

应时代之需，打造体现企业的核心实力的精品，实施精品化策略成为塑造竞争优势的关键。事实证明，无论采用什么商业模式和营销策略，优质的产品设计、过硬的产品质量依然是关键，口碑最终取决于产品。实施精品化策略可以集中全力打造产品中的“精品”，提高产品核心竞争力的同时可以在很短的时间内博得用户的关注和青睐，给企业带来新的生机。如 Google Map 作为精品地图服务，在上线 7 小时内就获得了很高的下载量，颇受用户欢迎。跑酷游戏 Temple run 2（神庙逃亡 2）仅仅在上线 4 天的时间内，就实现了 2 000 多万次下载量，上线 2 周后，下载量成功突破 5 000 万次。可见精品化是“互联网 +”时代在市场竞争中赢得先天优势的又一条出路。

3. 创新化

“互联网 +”时代，事物发展瞬息万变，人们的需求被深度挖掘、产品的生命周期迅速缩减，企业只有不断顺应时代潮流，迈开创新脚步、推陈出新才有生存的可能。曾经辉煌的诺基亚、摩托罗拉、柯达的衰败就是最好的警示。同时“互联网 +”时代是知识产权备受重视的时代，如华为因为知识产权被苹果联手微软起诉，3 年被告了 54 次，付出了巨大代价。而在不断创新之后，2015 年华为中国申请 6 200 件专利，境外申请 2 800 件专利，已累计申请了 52 550 件国内专利和 30 613 件外国专利，专利申请总量全球第一，并向苹果公司许可专利 769 件，获得了上亿美元专利购买费（可以小米的例子为对比）。可见无论是墨守成规还是“山寨”都是没有出路的。

当今创新受到高度重视，2016 年的政府工作报告共 64 次提到“创新”，几乎等于前两年报告中被提到次数之和。倡导“大众创业、万众创新”，发挥“互联网 +”集众智汇众力的乘数效应，打造众创、众包、众扶、众筹平台，构建大中小企业、高校、科研机构、创客多方协同的新型创业创新机制。依此可见政府对创新的重视程度，同时也说明创新已是时代发展之潮流。当然创新不仅仅局限于新产品的发明，也包括商业模式和制度层面的创新，而每一个创新者创新之路，才是真正有潜力的生存之道。

总之，“顺势而为，趋势为王”，“互联网 +”时代，无论什么样的创业，只要紧跟时代的发展大势，创新性地做好产品和营销，都将会为创业的成功增加更多的砝码。

案例分析

唯品会，2008 年创立，区别于其他网购品牌，唯品会定位于“一家专门做特卖的网站”，宣称“都是傲娇的品牌，只卖呆萌的价格”，在中国开创了“名牌折扣 + 限时抢购 + 正品保障”的创新电商模式，并持续深化为“精选品牌 + 深度折扣 + 限时抢购”的正品特卖模式，销售服饰鞋包、美妆、母婴、居家等各类名品。合作品牌 18 000 多个，其中超过 1 800 个为全网独家合作品牌，商品囊括时装、配饰、鞋、美容化妆品、箱包、家纺、皮具、香水、3C、母婴等。向中国消费者提供低价优质、受欢迎的品牌正品。每天 100 个品牌授权特卖，以低至 1 折的深度折扣及充满乐趣的限时抢购模式，为消费者提供一站式优质购物体验。截至 2015 年底，唯品会注册会员 1 亿人，全年订单超 2 亿单，2015 年净营收 402 亿元。2012 年 3 月 23 日，唯品会在美国纽约证券交易所（NYSE）上市。自上市以来，截至 2015 年 12 月 31 日，唯品会已连续 13 个季度实现盈利。从上市破发受质疑到现在被业界称为“中概股之王”，实现了爆炸式的增长，目前唯品会已成为全球最大的特卖电商。

请分析：唯品会的创业思维及创业模式。

“互联网＋农业”成为大学生创业新选择

在重庆市璧山区CBD的一间会议室里，余智谋和他的团队正在讨论现阶段如何借力天猫、京东等成熟电商平台销售自己的农产品以及这样做对于今后自有平台建设的利与弊。

这是重庆大学在校生创业项目芭蕉页，一个立足于县域特色农产品网上销售的“互联网＋农业”项目。

芭蕉页创始人李文强说，这个创业项目的前身是他本科阶段参与的一个校园社团活动，帮助区县的销售合作社组织水果义卖。他在社团活动中了解到，偏远区县有很多新鲜、优质甚至稀缺的特色农产品因为没有销路而烂在地里，农民最远只能卖到县城，销量很小。而且由于缺乏品牌意识，即使是有地理标志意义的特色农产品在重庆市的知名度也不高，在全国范围内更是鲜为人知。

随着实践经验的积累，李文强发现传统模式无法解决偏远地区农产品销售的痛点，作为一个在网络时代成长起来的“90后”，他意识到“互联网＋农业”大有可为，但公益性的社团组织难以持久，只有商业化运作才能把事情做好做深。

李文强与师弟余智谋一拍即合。“我就是从农村走出来的，对于农业的问题可以说是有一种情结吧。我想用我们的创意和努力服务社会，回馈农村。”余智谋说。

芭蕉页项目以县域为据点，以地方政府、经营业主、生产农户为服务对象，从农产品品牌创意包装，到网络营销，再到流通渠道建设，为用户提供全流程的农村电商建设与运营服务。这一项目得到了区县政府的欢迎和帮助，地方政府工作人员带领他们走访农户，了解产业情况，为项目落地提供便利。目前芭蕉页电商服务已进入重庆市城口县、石柱县、璧山区以及四川省乐山市、贵州省六盘水市等西南地区市场。

余智谋说：“农产品提高附加值最根本的是要提升文化附加值。”他们第一个成功推出的农产品——城口县东安镇野生板栗，就在品牌文化上下足了功夫。第一次到东安镇时，余智谋和他的小伙伴们看到夕阳下竹林村舍、炊烟袅袅的景象，觉得非常符合传统文化中对于乡土故里的描绘，于是给东安特产野生板栗取名“故乡”板栗，在产品包装、广告文案等方面打出“故乡”牌。并采用线下推广、线上销售的形式，针对重庆大学师生进行定向销售，很快实现了盈利。李文强说，只要有盈利就是对项目的肯定，今年芭蕉页团队将继续打造东安“故乡”板栗品牌，利用新媒体手段进行线上营销，扩大销售渠道，争取取得更好的销售业绩。

2016年1月，芭蕉页网络科技（重庆）有限公司注册成立。从公益性的学生社团到商业化运作的公司，学校、企业和地方政府的帮扶作用十分重要。经过重庆大学就业创业指导中心严格的评审，芭蕉页项目进入帮扶体系，获得了1万多元的启动资金。李文强说："学校的扶持作用不局限于钱，最大的帮助是从社团到公司，学校给予了具体的指导，就业创业指导中心的评审过程就是一个引导过程。"

另外，学校提供的交流展示平台对于这些创业项目也是意义重大。比如2015年12月在重庆市第五届大学生创新创业文化实践活动上，李文强和余智谋的团队不仅得到专家指导和与投资人洽谈的机会，还获得创新创业大赛铜奖，随后，作为重庆大学推荐项目，芭蕉页团队入驻璧山区CBD大学生创业基地，接下来将在这里获得工商、税务、质检、融资等一系列绿色通道服务，就如李文强所说："我们只需要做好项目本身。"

在采访中，余智谋和李文强多次说到，他们正在做的是一项将个人梦想与社会责任、时代潮流相结合的事业。因为互联网技术和电子商务的发展，农业已不再只是农民的事业，而成为年轻学子们创新创业的新天地。李文强说："我们正是在顺势的方向上做了我们自己想做的事，并产生了价值。"

（资料来源：新华社. http://news.xinhuanet.com/fortune/2016-01/22/c_1117867931.htm.）

思维训练

互联网思维是基于互联网的本质而形成的思维方式。请分析每种思维方式的关键点是什么？除了本模块介绍的七种思维，你还能总结出更多的互联网思维吗？

行动锻炼

小张家中自产蜂蜜，请结合"互联网+"时代思维和商业模式，设计一份详细的蜂蜜营销方案。

模块总结

本模块围绕"互联网+"时代的商业特点，介绍了用户思维、简约思维、极致思维、迭代思维、免费思维、大数据思维、跨界思维等七种"互联网+"思维，和长尾型电子商务模式、免费增值模式、跨界商业模式、O2O商业模式、平台商业模式等五种商业模式，以及大数据营销、内容营销、社群营销三种营销策略，进而强调了在"互联网+"时代创业必须把握移动化、精品化、创新化三个创业要点。

参考文献

[1] 安德森. 长尾理论 [M]. 乔江涛，石晓燕，译. 3版. 北京：中信出版社，2012.

[2] 阳光. 长尾理论 [M]. 北京：经济日报出版社，2012.

[3] 医创社. 互联网+创业 [M]. 北京：机械工业出版社，2016.

[4] 文丹枫，王军，曾涛. 移动电商创业指南 [M]. 北京：机械工业出版

社，2015.

[5] 陈华平. 互联网+商业模式 [M]. 北京：机械工业出版社，2015.

[6] 销售与市场杂志社. 粉丝营销：社群时代营销新玩法 [M]. 北京：机械工业出版社，2016.

[7] 陈建英，文丹枫. 社群粉丝经济学 [M]. 北京：机械工业出版社，2015.

[8] 叶开. 粉丝经济 [M]. 北京：中国华侨出版社，2014.

[9] 陈灿，曹磊，郭勤贵. 互联网+：跨界与融合 [M]. 北京：机械工业出版社，2015.

[10] 赵大伟. 经典教程：互联网捞金思维“孤独九剑” [J]. 大众投资指南，2014 (2).

第七章　创业资源

励志格言

创业者在企业成长的各个阶段都会努力争取用尽量少的资源来推进企业的发展，他们需要的不是拥有资源，而是要控制这些资源。

——霍华德·史蒂文森

学习目标

通过学习，了解创业资源的概念及其类型。熟悉大学生创业资源的具体内容，初步掌握大学生创业资源的获取途径及创业融资的方法，并运用所学知识整合与管理创业资源。

重点难点

1. 创业资源的类型
2. 大学生创业政策
3. 创业融资
4. 创业资源利用与资源整合

模块一　创业资源的内涵和类型

案例导读

蒙牛借力

牛根生和他的创业团队把一个一无奶源、二无工厂、三无市场的“三无企业”发展成了年销售额达21亿元的大型企业。成功的核心因素之一就是借力。逆向经营，面对困境，公司董事会在创业之初就确定了“先建市场，后建工厂”的发展战略，并通过“借鸡生蛋”迅速做大企业。合作双赢，蒙牛与当地政府协商，让他们组织建奶站，与蒙牛签订常年供应合同。蒙牛品牌的影响力和从不拖欠资金的信誉使当地政府放心，奶站是当地人自己出钱建的，自然尽心尽力，质量、数量都有保证，这样就形成了双赢。统一战线，蒙牛一直宣扬和伊利是兄弟，互相间应相互促进，共建“中国乳都”的形象。国际化之梦，借助摩根士丹利、鼎晖、英联三大国际财团，蒙牛一直在寻找和搭建向国际化发展的平台。牛根生就是这样用别人的钱干自己的事，用智慧、灵活的战略、战术创造了奶制品世界的神话。

（资料来源：刘钢，等．蒙牛的管理模式与企业战略［M］．深圳：海天出版社，2007.）

一、创业资源的内涵

俗话说：“巧妇难为无米之炊。”如果创业者没有资源支持，也只能望“商”机兴叹罢了。任何一个企业主体，为了实现向社会提供产品或服务，自己所需要的并且能够支配或拥有的各种要素以及要素组合，我们称它为资源。创业资源是企业创立以及成长过程中所需要的各种生产要素和支撑条件。简单地说，就是创业者所需具备的一些创业条件。而创业则是对资源的重新整合。

广义上来讲，创业资源指能够支持创业者进行创业活动的一切东西。包括有形的厂房、设备、资金等，也包括无形的创意、战略、方案、技术、团队等。狭义上来讲，创业资源是指创业者所独一无二的东西，能够促使创业者启动创业活动的关键优势资源，也就是核心技术，比如麦当劳的标准化资源和能力、海尔的创新资源与能力、沃尔玛的低成本战略资源与能力等。

创业资源与一般商业资源有所不同，简单来讲包括价值性、稀缺性、难以模仿性、无法替代性等方面。价值性主要体现在创业资源的价值不同于一般的资源，而是能促进形成自己的核心竞争力；稀缺性指的是创业一定是做别人还没有做，或者是在某个领域里面竞争者比较少的事情；难以模仿性是指创业资源比较复杂，或者有很高的准入门槛，别人很难复制；无法替代性是指创业必须以该资源为基础，别的资源无法替代或者说替代的成本非常高。如果你的创业资源符合了上述条件，那么你的创业资源将能够从传统的商业资源脱颖而出。高科技创业企业发展所需的资源与普通的资源又有所区别，另有其独特性。从创业成长的视角进行分析，高科技企业资源的侧重点也与普通的企业区别很大，高科技创业需要把握高科技企业的创建和成长中的核心关键要素才可能获得成功。

二、创业资源的类型

为了更深入了解创业资源是什么，有什么内涵及外延，需要进一步了解创业资源的分类方法。

1．按照资源参与度分类

从企业战略规划过程中资源要素参与程度角度看，国内学者对创业资源提出了“间接资源”和“直接资源”的概念。他们将直接参与企业战略规划的财务资源、经营管理资源、人力资源、市场资源定义为直接资源；而政策资源、信息资源、科技资源要素并没有直接参与企业战略的制定和执行，更多是为企业的成长提供便利和支持，其对创业战略的规划起到间接作用，因此将其定义为间接资源。根据上述分析，创业资源的概念模型如图7-1所示。

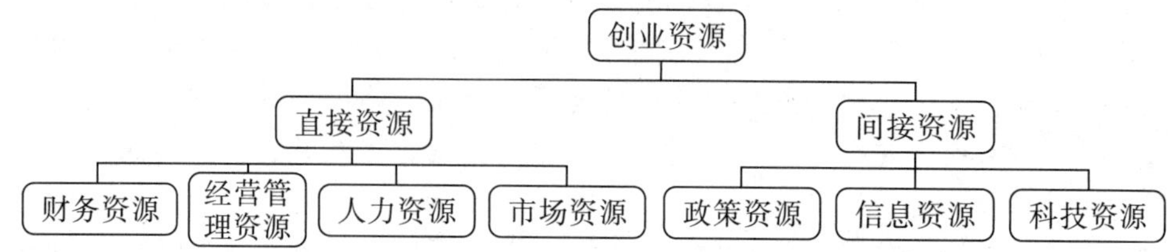

图7-1 创业资源参与度细分概念模型图

财务资源：是支持创业启动和创业初期的运营所必要的资金，包括足够支持企业运转初期预计所面临亏损的资金。

经营管理资源：凭什么找到客户？凭什么应对变化？凭什么确保企业运营所需能够及时足量地得到？凭什么让创业企业内部能有效地按照最初设想运转起来？

人力资源：企业创立与运转所需要的各种专业人才和相关人员。

市场资源：主要包括营销网络与客户资源、行业经验资源、人脉关系等。市场资源是创业初期必须思考清楚、充分发掘和详细分析的资源，其确定了企业生命及未来发展空间，是企业未来发展成长所需能量的源泉，企业的盈利来源市场。如果创业初期市场资源就面临很多挑战或模糊不清，那么创业失败风险是巨大的。

政策资源：政府及社会能够为企业创业提供的准入政策、鼓励政策、扶持政策及各种优惠措施，为创业提供“助推器”或“孵化器”，促进创业成功。

信息资源：是企业进行规划决策的各种重要数据信息。在互联网时代，数据信息、大数据能够为企业的决策提供精准的定位，为企业制定合理科学的决策提供有力保障。

科技资源：核心的科学技术是市场最具竞争力的要素，科学技术具有独创性、复制难度高、生产周期长等特征，如果创业企业能够拥有科技资源就意味着拥有了绝对的竞争优势和领先地位。如今的惠普公司、英特尔公司等高科技企业当年就是大学生创业发展起来的。

2. 按照资源重要性分类

创业时期的资源就其重要性来说，分别有以下的细分：人力和技术资源、财务资源、生产经营性资源。由于企业新创，人力和技术资源无疑是三类中较为薄弱的部分；而人力资源为创业时期中最为关键的因素，创业者及其团队的洞察力、能力、知识、经验及社会关系都影响整个创业过程的开始与成功；同时，在企业新创时期，专门的知识技能往往掌握在创业者等少数人手中，因此此时的技术资源在事实上和人力资源紧密结合，并且上述两种资源可能成为企业竞争优势的重要来源。在物质资源中，创业时期的资源最初主要为财务资源和少量的设备、厂房等（见图7-2）。

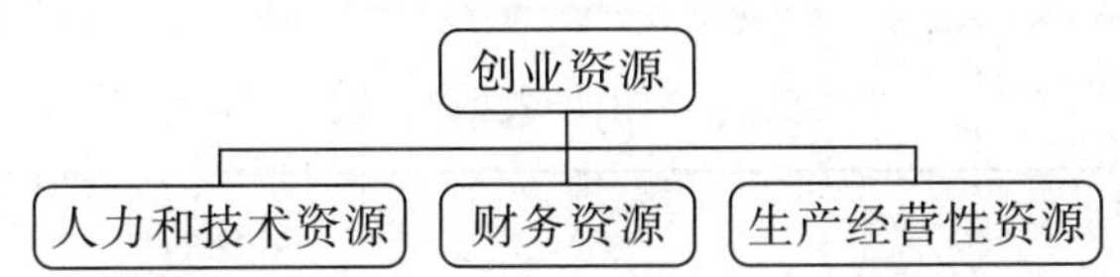

图 7－2　创业资源重要性细分概念模型图

案例分析

佛山市南海区刺客联盟十字绣设计有限公司是一家专门从事个性十字绣设计的公司，于 2009 年正式注册，2009 年 2 月开始营业。2008 年年末，公司创始人之一袁增祥在大一兼职的一次偶然机会中，发现了如日中天的十字绣背后十字绣设计的商机。经过慎重的考虑后，2009 年 2 月团队成员决定在离学校较近、经济发达的“百强镇”大沥镇开设一家试营店。虽然刚开始资金和经验不足，但在大家的苦心经营下，试营店在第二个月就开始盈利，并在以后的一年中保持稳定略增。创业同年 6 月份，团队与新成立的学校创业园密切接触，得到了学校创业园教师无微不至的帮助。暑假期间，学校创业园根据省科技厅和教育厅下发的鼓励大学生创业的文件给予了团队很多指导，刺客联盟于当年 9 月份成功地向广东省科技厅递交了申请广东省创新基金的材料，并于 10 月份获得批准。11 月份团队根据科技厅的要求注册了公司，并在接下来的几个月中递交了相关材料，最终于 2010 年 2 月获得了广东省科技厅创新基金 10 万元。在经营公司的同时，该团队同时参加了第五届广东省大学生“挑战杯”创业大赛并荣获金奖。

一名大一的学生，善于捕捉其在兼职过程中的创业商机及创业资源，并借力学校所提供的创业孵化基地，争取学校创业导师的指导及帮助，积极获取省科技厅、教育厅的创业政策、创业基金、创业竞赛活动等创业资源的支持，终于成功地走上了创业的实践经营之路，并获得自主创业的“第一桶金”。

请分析：刺客联盟创业资源涉及哪些？分别从哪里获得这些资源？这些资源的获取经验是否具有可复制性？

延伸阅读

张玮，田茂利．创业学［M］．杭州：浙江大学出版社，2011.

思维训练

1．什么是创业资源？
2．按照资源参与度分类，创业资源的类型包括哪些？

行动锻炼

请你根据创业资源的不同类别，具体分析目前你自身所具有的创业资源，填写“创业资源自评表一”。

表 7－1　创业资源自评表一

资源类型		第一阶段内容
直接资源	财务资源	
	经营管理资源	
	人力资源	
	市场资源	
间接资源	政策资源	
	信息资源	
	科技资源	

模块总结

1. 创业资源是企业创立以及成长过程中所需要的各种生产要素和支撑条件。

2. 按照资源要素对企业战略规划过程的参与程度，创业资源有间接资源和直接资源之分。其中，财务资源、经营管理资源、人力资源、市场资源为直接资源；政策资源、信息资源、科技资源为间接资源。

3. 创业时期的资源就其重要性来说，分别有人力和技术资源、财务资源、生产经营性资源。

参考文献

［1］林嵩. 创业资源的获取与整合：创业过程的一个解读视角［J］，经济问题探索，2007（6）.

模块二　大学生创业资源

案例导读

案例一：温同学、左同学等是某高校 2007 级金融与证券专业的学生，在校期间一直致力于金融专业知识的学习，除证券基础知识外，还对外汇、黄金、期货等课程以外的知识有比较深入的研究，积极参加学校举办的各种模拟投资比赛，并荣获多种奖项。在大三下半学期，几位志同道合的同学筹办了尚富理财投资工作室，开启了自主创业之门。经过一年多的实践与锻炼，通过亲身进入外汇市场进行投资，不断了解市场和客户的需求，并不断提高专业技能，于2010年5月成功注册佛山市尚富投资咨询有限公司。

案例二：2005年大学生创业竞赛中，上海交通大学七彩虹创业团队所持项目——分布式ISP接入方式，通过技术手段实现上网电话费用的降低，可以从当时的每小时两元降到0.07元。有关人士认为这一项目极具市场前景，如能推广，会给风险投资带来丰厚的回报。上海交大学子科技创业有限公司近水楼台先得月，抢先和七彩虹创业团队签了投资协议。

作为社会建设的生力军和接班人，当代大学生正值青春年华，掌握并拥有最新的科学知识及专业技术。随着时代的进步，互联网技术的深入普及，大学生正经历着创业的最好时代。

（资料来源：http://www.docin.com/p-1846103515.html.）

请思考：分析对比两个创业案例中创业资源的异同。

一、政策资源

1. 政府的大力倡导

十八大报告中提出：鼓励多渠道多形式就业，促进创业带动就业。加强职业技能培训，提升劳动者就业创业能力，增强就业稳定性。2015年政府工作报告指出：支持培养本土人才，鼓励草根创新、蓝领创新和青少年创新。降低创业门槛，优化创业环境，完善创业辅导，强化创业扶持，积极引导和鼓励高校学生、科研人员等大众创业。在全社会大力弘扬创新创业文化，营造鼓励探索、宽容失败和尊重劳动、尊重知识、尊重人才、尊重创造的浓厚氛围。

国务院支持“双创”优惠政策：税收优惠、创业担保贷款和贴息、免收有关行政事业性收费、免费创业服务、取消高校毕业生落户限制、创新人才培养、开设创新创业教育课程、强化创新创业实践、改革教学制度、完善学籍管理规定、大学生创业指导服务等。

（1）市场准入政策。

为鼓励高校毕业生自主创业，让创业带动就业，2008年人力资源和社会保障部、国家发展和改革委员会等部委联合在《关于促进以创业带动就业工作的指导意见》中对初创企业在准入、注册资金和创业经营场所等方面给出指导性意见，如要求适当放宽初创企业市场准入政策，允许注册资金分期到位，按照法律、法规规定的条件、程序和合同约定允许创业者将家庭住所、租借房、临时商业用房等作为创业经营场所等。2013年12月，十二届全国人大常委会第六次会议决定对《中华人民共和国公司法》（简称《公司法》）做出修改，并于2014年3月1日起施行。新的《公司法》将实缴登记制改为了认缴登记制，并取消了公司注册资本最低限额。

（2）税收优惠。

2010年，财政部、国家税务总局《关于支持和促进就业有关税收政策的通知》中规定，对于毕业年度内高校毕业生从事个体经营的，在3年内按每户每年8 000元为限额依次扣减其当年实际应缴纳的营业税、城市维护建设税、教育费附加和个人所得税。2013年财政部、国家税务总局印发的《关于科技企业孵化器税收政策的通知》《关于国家大学科技园税收政策的通知》提出，自2013年1月1日至2015年12月31日，对符合条件的孵化器自用及无偿或通过出租等方式提供给孵化企业使用的房产、主地，免征房产税和城镇土地使用税；对其向孵化企业出租场地、房屋及提供孵化服务的收入，免征营业税。

（3）财政专项资金与贷款政策。

2012年5月，财政部、工业和信息化部等联合制定发布了《中小企业发展专项资金管理办法》，对中小企业发展专项资金的性质、资金来源及使用办法做出明确规定。中小企业发展专项资金由中央财政预算安排，主要用于支持中小企业特别是小微企业的技术进步、结构调整、转变发展方式、扩大就业，改善服务环境等，对符合一定条件的企业项目给予200万元内的无偿资助或者贷款贴息。其他的专项资金政策还有中小企业服务体系专项补助资金和中小企业国际市场开拓资金等。

2011年，国家将高校毕业生最高贴息贷款额度由5万元提高到了10万元，财政贴息支持的小额担保贷款期限最长年限规定为2年，但可展期2年，贷款利率为中国人民银行公布的同期限贷款基准利率上浮不超过3个百分点，微利项目增加的利息由中央财政全额负担，但是对展期和逾期的小额担保贷款，财政部不予贴息。在中央政策的指导下，各地方相继出台了具体的实施办法。

（4）免收有关行政事业性收费。

毕业2年以内的普通高校学生从事个体经营（除国家限制的行业外）的，自其在工商部门首次注册登记之日起3年内，免收管理类、登记类和证照类等有关行政事业性收费。

（5）享受培训补贴。

对大学生创办的小微企业新招用毕业年度高校毕业生，签订1年以上劳动合同并交纳社会保险费的，给予1年社会保险补贴。对大学生在毕业学年（即从毕业前一年7月1日起的12个月）内参加创业培训的，根据其获得创业培训合格证书或就业、创业情况，按规定给予培训补贴。

（6）免费创业服务。

有创业意愿的大学生，可免费获得公共就业和人才服务机构提供的创业指导服务，包括政策咨询、信息服务、项目开发、风险评估、开业指导、融资服务、跟踪扶持等“一条龙”创业服务。

（7）取消高校毕业生落户限制。

高校毕业生可在创业地办理落户手续（直辖市按有关规定执行）。

（8）创新人才培养。

创业大学生可享受各地各高校实施的系列“卓越计划”、科教结合协同育人行动计划等，同时享受跨学科专业开设的交叉课程、创新创业教育实验班等，以及探索建立的跨院系、跨学科、跨专业交叉培养创新创业人才的新机制。

（9）开设创新创业教育课程。

自主创业大学生可享受各高校挖掘和充实的各类专业课程和创新创业教育资源，以及面向全体学生开发开设的研究方法、学科前沿、创业基础、就业创业指导等方面的必修课和选修课；同时享受各地区、各高校推出的资源共享的慕课、视频公开课等在线开放课程，和在线开放课程学习认证和学分认定制度。

（10）强化创新创业实践。

自主创业大学生可共享学校面向全体学生开放的大学科技园、创业园、创业孵化基地、教育部工程研究中心、各类实验室、教学仪器设备等科技创新资源和实验教学平台。参加全国大学生创新创业大赛、全国高职院校技能大赛，以及各类科技创新、创意设计、创业计划等专题竞赛，还有高校学生成立的创新创业协会、创业俱乐部等社团，提升创新创业实践能力。

（11）改革教学制度。

自主创业大学生可享受各高校建立的自主创业大学生创新创业学分累计与转换制度；还可享受学生开展创新实验、发表论文、获得专利和自主创业等情况折算为学分，将学生参与课题研究、项目实验等活动认定为课堂学习的新探索。同时享受为有意愿有潜质的学生制订的创新创业能力培养计划，以及创新创业档案和成绩单等系列客观记录并量化评价学生开展创新创业活动情况的教学实践活动。优先支持参与创业的学生转入相关专业学习。

（12）完善学籍管理规定。

有自主创业意愿的大学生，可享受高校实施的弹性学制，放宽学生修业年限，允许调整学业进程、保留学籍休学创新创业。

（13）大学生创业指导服务。

自主创业大学生可享受各地各高校对自主创业学生实行的持续帮扶、全程指导、一站式服务。以及地方、高校两级信息服务平台，为学生实时提供的国家政策、市场动向等信息，和创业项目对接、知识产权交易等服务。可享受各地在充分发挥各类创业孵化基地作用的基础上，因地制宜建设的大学生创业孵化基地，和相关培训、指导服务等扶持政策。

2. 创业政策环境进一步优化

（1）国家商事登记制度改革进一步简化企业注册程序。

2015 年，国家工商总局简化企业注册程序，企业注册将工商、税务、质检的“三证三号”合并为“一证一号”，新办企业不再“跑断腿”（见表 7－2）。

表 7－2　国家商事登记制度改革前后对照表

项目	“三证合一”前	“三证合一”后
证件数量	3 个：税务登记证、机构代码证、营业执照	1 个营业执照包含税务代码与机构代码
审批部门	国税、地税，质监局，工商局	工商局的综合窗口
时间	至少半个月，多则几个月	3～5 天
材料	逐一申请，需多次提交相关材料	一份申报，一次性提交材料

（2）2014 年《广东省商事登记制度改革方案》解读（见表 7－3）。

表 7－3　广东省商事登记制度改革前后对照表

项目	改革前	改革后
工商登记	先证后照	先照后证

续上表

项目	改革前	改革后
公司注册资本登记	公司注册资本实行实缴登记制	实行认缴登记制
住所登记	不允许“一址多照”和“一照多址”	允许“一址多照”和“一照多址”
经营范围登记	经营项目登记需具体明确	实现“非禁即入”
年检方式	实行年检（验照）制度	实行市场主体年度报告制度

以改革市场准入流程为切入口，推行市场主体登记与经营项目审批相分离，对现行登记审批流程的重大调整和重构，改“先证后照”为“先照后证”。改革前，工商登记采取“先证后照”模式，企业登记需先向审批部门申领许可证或批准文件，才能办理营业执照。改革后，实行“先照后证”，除部分涉及前置审批的工商登记需凭“证”（批准文件）办“照”外，其余直接向登记机关申领营业执照后就可从事一般生产经营活动；对必须经审批才能开业的，经审批取“证”后，开展相关生产经营活动。“原来规定先有‘证’再办‘照’，而‘证’的审批往往要求具备相应的场地、设备、专业人员资质等，而拿不到营业执照，没有主体资格，就无法以市场主体的身份租赁场地、采购设备或签订用工合同等，又难以满足办‘证’所需条件，所以以前经常出现证照互为前提的困局。”

改革公司注册资本登记，实现“一元公司”注册“零首付”。改革前，公司注册资本实行实缴登记制，公司股东必须在两年内（投资公司在 5 年内）实缴出资并提交验资证明，公司设立时首次出资比例不低于 20%、股东货币出资比例不低于 30%，有限责任公司最低注册资本 3 万元，一人有限责任公司最低注册资本 10 万元，股份有限公司最低注册资本 500 万元。改革后，公司注册资本实行认缴登记制，股东的出资额、出资方式、出资期限等由其自主约定（法律法规对公司注册资本实缴登记另有规定的除外），记载于公司章程，并对缴纳出资情况的真实性、合法性负责；取消最低注册资本限额、首期出资比例、出资期限及货币出资比例限制等。

改革住所登记，允许“一址多照”和“一照多址”。改革前，住所登记往往需要审查住所用途和使用功能，不允许“一址多照”和“一照多址”。改革后，申请人提交住所使用证明即可登记，工商登记机关不审查住所用途和使用功能，探索“一址多照”和“一照多址”，地级以上市人民政府可对住所条件做出具体规定，编制市场主体住所审批事项目录。

改革经营范围登记，放宽管制，实现“非禁即入”。改革前，对经营范围实行较为严格的核定政策，经营项目登记需具体明确。改革后，经营项目属于工商登记前置审批事项的，依照审批部门的批准文件、证件登记经营范围；属于其他经营项目的，参照国民经济行业分类标准的门类或者大类登记经营范围，也可以登记具体经营项目。营业执照“经营范围”栏统一加注“依法须经批准的项目，经相关部门批准后方可开展经营活动”。

改革年检方式，实行年度报告制，建经营异常名录制度。改革前，企业和个体工商户实行年检（验照）制度，市场主体退出市场主要是注销和吊销两种方式。改革后，实行市场主体年度报告制度，市场主体退出市场增加经营异常名录制度。《广东省商事登记制度改革方案》提出，改革现行的企业年检和个体工商户验照制度，实行市场主体年度报告制度。“这样就改定期集中年检为由市场主体在规定的期限内提交年度报告并对外公示，使市场主体由‘被监督’改为‘我愿意’接受监督，突出年报信息公示功能，强化市场主体责任；同时简化办理程序，市场主体可在网上完成全部操作，解决‘塞车’‘拥挤’问题。”省工商局负责人称，《广东省商事登记制度改革方案》提出创新市场主体退出机制，建立经营异常名录管理制度，为逾期年报提供了合理救济途径。

二、科技资源

科技资源是创业前最关键的资源。一是创业科技是决定创业产品的市场竞争力和获利能力的根本因素；二是创业科技核心与否决定了所需创业资本的大小。对于在科技上非根本创新的创业企业来说，创业资本只要保持较小的规模便可维持企业的正常运营。

1. 互联网技术

随着互联网技术的高速发展，互联网正潜移默化地改变着人类的生存生活方式。新时代的筑梦者、创业者，他们都是应用互联网这个新工具、新手段的先行者。在开启创业之路的时候，他们中有在大学校园生活的莘莘学子，有在工作战线上奋斗的上班族，有已经创业成功的商业精英。因为先知先觉，他们提前嗅到了互联网行业的商机，并付之于行动，从而采摘到因大胆追求所结出的累累硕果。e 袋洗 CEO 陆文勇讲过：“年轻人创业，应该利用身边的资源，你认定做这件事是好的、有益、有意义的，你就一定要用最快速的方法把它做好!”而互联网技术的便利性为其提供了最快捷的途径及方法。车轮互联 CEO 吴峰也道出：“我们的使命是希望通过互联网服务提升人们的幸福感。我们的价值观是：心诚则灵——工作诚恳、生活诚朴、待人诚挚、做人诚实。”

李克强总理在第十二届全国人民代表大会第三次会议的政府工作报告中提出“互联网+”行动计划，推动移动互联网、云计算、大数据、物联网等与现代制造业结合，促进电子商务、工业互联网和互联网金融健康发展，引导互联网企业拓展国际市场。“互联网+”充分发挥互联网在社会资源配置中的优化和集成作用，将互联网的创新成果深度融合于经济、社会各领域之中，提升全社会的创新力和生产力，形成更广泛的以互联网为基础设施和实现工具的经济发展新形态。

“互联网+”中的“+”是跨界，就是变革，就是开放，就是重塑融合。敢于跨界了，创新的基础就更坚实；融合协同了，群体智能才会实现，从研发到产业化的路径才会更垂直。融合本身也指代身份的融合，客户消费转化为投资，伙伴参与创新等，不一而足。同时信息革命、全球化、互联网业已打破了原有的社会结构、经济结构、地缘结构、文化结构。权力、议事规则、话语权不断在发生变化。“互联网+”社会治理、虚拟社会治理会是很大的不同。另外关于“互联网+”，生态是非常重要的特征，而生态的本身就是开放的。我们推进“互联网+”，其中一个重要的方向就是要把过去制约创新的环节化解掉，把孤岛式创新连接起来，让研发由人性决定的市场驱动，让创业并努力者有机会实现价值。

目前，“互联网+”已经改造及影响了多个行业，当前大众耳熟能详的电子商务、互联网金融、在线旅游、在线影视、在线房产等行业都是“互联网＋”的杰作。“互联网＋”不仅正在全面应用到第三产业，形成了诸如互联网金融、互联网交通、互联网医疗、互联网教育等新业态，而且正在向第一和第二产业渗透。“互联网＋”行动计划可以促进传统产业变革。“互联网＋”令现代制造业管理更加柔性化，更加精益制造，更能满足市场需求。根据中为咨询网观察，同时“互联网＋”行动计划将帮助传统产业提升。互联网＋商务＝电商，互联网与商务相结合，利用互联网平台的长尾效应，在满足个性化需求的同时创造出了规模经济效益。

未来“互联网＋”行动计划应用将重点促进以云计算、物联网、大数据为代表的新一代信息技术与现代制造业、生产性服务业等的融合创新，发展壮大新兴业态，打造新的产业增长点，为大众创业、万众创新提供环境，为产业智能化提供支撑，增强新的经济发展动力，促进国民经济提质增效升级。

（1）延伸服务。

“互联网＋”的兴起会衍生一大批在政府与企业之间的第三方服务企业，即“互联网＋”服务商。他们本身不会从事互联网＋传统企业的生产、制造及运营工作，但是会帮助线上及线下双方的协作，从事的是做双方的对接工作，盈利方式则是双方对接成功后的服务费用及各种增值服务费用。这些增值服务包罗万象，包括培训、招聘、资源寻找、方案设计、设备引进、车间改造等。初期的“互联网＋”服务商是单体经营，后期则会发展成为复合体，不排除后期会发展成为纯互联网模式的平台型企业。第三方服务涉及的领域有大数据、云系统、电商平台、O2O服务商、CRM等软件服务商、智能设备商、机器人、3D打印等。

（2）工业领域。

“互联网＋工业”即传统制造业企业采用移动互联网、云计算、大数据、物联网等信息通信技术，改造原有产品及研发生产方式，与“工业互联网”“工业4.0”的内涵一致。譬如，“移动互联网＋工业”“云计算＋工业”“物联网＋工业”“网络众包＋工业”等新型结合形式。

具体来说，借助移动互联网技术，传统制造厂商可以在工业产品上增加网络软硬件模块，实现用户远程操控、数据自动采集分析等功能，极大地改善了工业产品的使用体验。基于云计算技术，一些互联网企业打造了统一的智能产品软件服务平台，为不同厂商生产的智能硬件设备提供统一的软件服务和技术支持，优化用户的使用体验，并实现各产品的互联互通，产生协同价值。根据中为咨询网观察，物联网技术有助于加快生产制造实时数据信息的感知、传送和分析，加快生产资源的优化配置。在互联网的帮助下，企业通过自建或借助现有的“众包”平台，可以发布研发创意需求，广泛收集客户和外部人员的想法与智慧，大大扩展了创意来源。

（3）金融领域。

“互联网＋金融”从组织形式上看，这种结合至少有三种方式。第一种是互联网公司做金融。如果这种现象大范围发生，并且取代原有的金融企业，那就是互联网金融颠覆论。第二种是金融机构的互联网化。第三种是互联网公司和金融机构合作。从2013年以在线理财、支付、电商小贷、P2P、众筹等为代表的细分互联网嫁接金融的模式进入大众视野以来，互联网金融已然成了一个新金融行业，并为普通大众提供了更多元化的投资理财选择。譬如，互联网供应链金融、P2P 网络信贷、众筹、互联网银行等形式。

（4）商贸领域。

在零售、电子商务等领域，过去这几年都可以看到和互联网的结合，特别是移动互联网对原有的商贸行业起到了很大的升级换代的作用。面对实体零售渠道变革，出现“零售业＋互联网”概念的新提出。

2014 年，中国网民数量达 6.49 亿，网站 400 多万家，电子商务交易额超过 13 万亿元人民币。在全球网络企业前 10 强排名中，有 4 家企业在中国，互联网经济成为中国经济的最大增长点。根据中为智研数据，2014 年 B2B 电子商务业务收入规模达 192.2 亿元人民币，增长 28.34%；交易规模达 9.4 万亿元人民币，增长 15.37%。截至 2014 年，中国跨境电子商务试点进出口额已突破 30 亿元。

（5）通信领域。

随着互联网的发展，来自数据流量业务的收入已经大大超过语音收入的下滑，可以看出，互联网的出现并没有彻底颠覆通信行业，反而是促进了运营商进行相关业务的变革升级。根据中为咨询网观察，“互联网＋交通”已经在交通运输领域产生了“化学效应”，从国外的 Uber、Lyft 到国内的滴滴打车、快的打车，移动互联网催生了一批打车拼车专车软件，虽然它们在全世界不同的地方仍存在不同的争议，但它们通过把移动互联网和传统的交通出行相结合，改善了人们出行的方式，增加了车辆的使用率，推动了互联网共享经济的发展。

（6）民生领域。

现今你可以在各级政府的公众账号享受服务，如某地交警可以 60 秒内完成罚款收取等，移动电子政务会成为推进国家治理体系的工具。譬如，2014 年 12 月广州率先实现微信城市入口接入，随后深圳、佛山、武汉陆续上线，随着这几个城市的接入，三个月来，已有 700 万人次享受了微信城市服务。

（7）医疗领域。

现实中存在看病难、看病贵等难题，“移动医疗＋互联网”有望改善这一医疗生态。具体来讲，互联网将优化传统的诊疗模式，为患者提供一条龙的健康管理服务。在传统的医患模式中，患者普遍存在事前缺乏预防，事中体验差，事后无服务的现象。而通过互联网医疗，患者有望从移动医疗数据端监测自身健康数据，做好事前防范；在诊疗服务中，依靠移动医疗实现网上挂号、询诊、购买、支付，节约时间和经济成本，提升事中体验；并依靠互联网在事后与医生沟通。

百度、阿里、腾讯先后出手互联网医疗产业，形成了巨大的产业布局网，他们利用各自优势，通过不同途径实现着改变传统医疗行业模式的梦想。根据中为智研数据，2014 年中国移动医疗市场规模为 40.1 亿元，预计 2017 年将达到 200.9 亿元，复合增长率高达 78.5%。移动医疗未来两年将高速发展。

（8）教育领域。

一张网、一个移动终端，几百万学生，学校任你挑、教师由你选，这就是“互联网＋教育”。在教育领域，面向中小学、大学、职业教育、IT 培训等多层次人群开放课程，可以足不出户在家上课。“互联网＋教育”的结果，将会使未来的一切教与学活动都围绕互联网进行，教师在互联网上教，学生在互联网上学，信息在互联网上流动，知识在互联网上成型，线下的活动成为线上活动的补充与拓展。

“互联网＋教育”的影响不只是创业者们，还有一些平台能够实现就业的机会，在线教育平台能提供的职业培训就能够让一批人实现职能的培训，而自身创业就能够解决就业。根据中为咨询网观察，“大众创业，万众创新”对于教育而言有深远的影响。教育不只是商业，譬如某产品上线一年多，就用近千门职业技术课程和 4 000 多课时帮助 80 多万 IT 从业者用户提高职业技能。

（9）政务领域。

2014 年 6 月末，国内政务微信公众号在 6 000 个左右。而截至 2014 年 11 月 27 日，有数据统计的全国政务微信公众号为 16 446 个。其中，中央部委及其直属机构政务微信公众号为 213 个，省（自治区、直辖市）、地市、区县三级地方类政务微信公众号 16 233 个。到 2015 年 2 月 6 日，国家网信办在石家庄举办的政务新媒体建设发展经验交流会上传出消息，政务微博账号达 24 万个，政务微信账号已逾 10 万个。政务微信公众号从数量到影响力，已是一支不容忽视的传播力量。

一些地方政府已经悄然开始了与互联网巨头的合作，试图通过互联网提升政府效率，增加行政透明度，助力向服务型政府转型。譬如，腾讯与河南省、重庆市和上海市政府合作打造“智慧城市”，其中一项重要内容就是将交通、医疗、社保等一系列政府服务接入微信，把原来需要东奔西走排大队办理的业务通过手机完成，节省时间，提高效率。根据中为咨询网观察，阿里巴巴和其新近成立的蚂蚁金服也已开始同地方政府接洽，计划将上述政务服务接入支付宝和新浪微博移动客户端。浙江省政府也计划在未来允许支付宝承接省内非税类收费业务。接入阿里巴巴支付宝移动客户端的政务服务体系已在上海、杭州、广州、厦门等东部沿海城市以及山西全省上线。

（10）农业领域。

农业看起来离互联网最远，但“互联网＋农业”的潜力却是巨大的。农业是中国最传统的基础产业，亟须用数字技术提升农业生产效率，通过信息技术对地块的土壤、肥力、气候等进行大数据分析，然后据此提供种植、施肥相关的解决方案，大大提升农业生产效率。根据中为咨询网观察，农业信息的互联网化将有助于需求市场的对接，互联网时代的新农民不仅可以利用互联网获取先进的技术信息，也可以通过大数据掌握最新的农产品价格走势，从而决定农业生产重点。与此同时，农业电商将推动农业现代化进程，通过互联网交易平台减少农产品买卖中间环节，增加农民收益。面对万亿元以上的农资市场以及近七亿的农村用户人口，农业电商面临巨大的市场空间。

2015 年国务院印发的关于积极推进“互联网＋”行动的指导意见明确了 11 项重点行动。分别是“互联网＋”创业创新；“互联网＋”协同制造；“互联网＋”现代农业；“互联网＋”智慧能源；“互联网＋”普惠金融；“互联网＋”益民服务；“互联网＋”高效物流；“互联网＋”电子商务；“互联网＋”便捷交通；“互联网＋”绿色生态；“互联网＋”人工智能。与传统企业相反的是，在“全民创业”的常态下，企业与互联网相结合的项目越来越多。未来“互联网＋”的“＋”，不仅仅是技术上的“＋”，也是思维、理念、模式上的“＋”，其中以人为本推动管理与服务模式创新与创业是其重要内容。“互联网＋”的发展趋势则是大量“互联网＋”模式的爆发以及传统企业的“破与立”。长远来看，互联网与经济社会各领域的融合发展进一步深化，基于互联网的新业态成为新的经济增长动力，互联网支撑大众创业、万众创新的作用进一步增强，互联网成为提供公共服务的重要手段，形成网络经济与实体经济协同互动的发展格局。

在当前互联网大潮的环境下，互联网创业机会很多，涌现出马云、马化腾、刘强东等互联网创业明星。但传统行业并非没有创业机会，关键看传统行业如何顺应时代潮流，跟互联网行业相结合，两者可以取长补短发挥最大优势。互联网时代下，外部的变化非常快，而一家企业如果跟不上时代变化的步伐，最终只会静止不前，只能被时代淘汰。一家企业最能够体现变的地方就是创新。

2. 前沿科技知识

目前，国家最新最前沿的科技专利，大多集中在高校，大学生理所当然成为最新科技的直接受益者、接收者与设计开发者。为适应硬件产业发展的需求，依托高校的软件学院和软件园大批出现，吸引了大批优秀的科技人员在园区里研发创业，形成了良好的发展势头。国内很多高校也提供了科研成果孵化的基地，让科技成果产业化，然后上市，获取新的资金，再进行新技术的研发。如此循环发展，就像雪球一样越滚越大。“孵化”是一个中间试验，产业化就变成了企业。对于新创企业来说，积极引进寻找有商业价值的科技成果，加强和高校科研院所的产学研合作，将有助于加快产品研发速度，为企业在市场上的竞争提供有力的优势。

20 世纪 90 年代以来，以信息技术、生物技术、能源技术和新材料技术为代表的前沿科学与技术，正在把人类领入一场新的全球性科技革命。在过去的几十年里，信息技术及其产业对其他产业的巨大渗透性和带动性，几乎超出了所有人的预想，而且现在仍未达到技术发展的顶峰，正孕育着新的创新浪潮。一是集成电路等微电子技术正在孕育新的突破；二是计算机技术向多极化方向发展；三是通信技术与网络技术相互融合，构成了以无线保真技术为基础的无线联网，它可以通过便携式电脑或其他运算器件随时随地地高速联网而无须电缆，从而使个人拥有网络通信能力。

（1）生命科学和生物技术。

生命科学和生物技术正在步入“后基因”时代，生物技术正在酝酿新的重大的突破，将对农业的发展、人类疾病的治疗和预防、生态环境的优化带来巨大的影响。在农业转基因生物技术方面，利用转基因技术，转基因谷物、大豆、杂交水稻等抗逆、抗病高产作物以及转基因动物等不断培育成功，是对传统农业的重大技术革命。在医药生物技术方面，基因克隆、细胞克隆、个体水平克隆等无性繁殖技术发展迅速；基于器官修复和移植的干细胞克隆研究取得积极进展，为人类实现从治疗疾病到预防疾病的历史性转变奠定了坚实基础。在生物芯片方面，DNA 芯片成为生物技术与微电子技术相结合的产物，它的应用将大大提高疾病的检测准确度和效率，为更快地发现一些疑难疾病带来希望。被称为“生命天书”的人类基因结构图绘制计划已经完成。没有人怀疑，在各国大量投资生命科学和技术之后，在生命科学中的疑虑被一个个破译和解答之后，将会形成一个巨大而充满活力的生物产业，并对环境、农业等产业的发展带来巨大影响。

（2）新能源技术。

在与当今世界政治、经济和人类生活密切相关的能源领域中，洁净煤技术、太阳能与风能、生物质能，以及汽车的燃料电池、可控核聚变等能源技术的突破和广泛应用，不仅对经济和社会发展，而且对国家安全和国际政治都将产生重大影响。进入新世纪，能源问题研究又在全球范围升温。有学者认为，21 世纪人类面临的各种科学问题大多与能源有关。能源技术的发展有四个重点方向：一是化石能源，其核心之一是洁净煤问题；二是太阳能与风能、生物质能，它们被称为三大可再生洁净能源；三是电动汽车，着力开发污染很少、发展潜力巨大的燃料电池；四是核聚变，从长远来看，核能将是继石油、煤和天然气之后的主要能源，核聚变将是核能利用的一个重要方向。能源问题的研究将更加注重环境问题。

（3）纳米技术。

纳米技术的发展有可能引发材料、信息、环境与能源、生物和农业相关领域的产业革命。纳米本是一个尺寸的概念，但纳米科学的发展不是一个简单的尺度上的深化，当材料尺寸减小到纳米量级后，它就表现出一些新奇的物理效应。发现、掌握、利用这些效应，可能会在信息、生物、能源领域带来深刻的技术革命。目前，纳米技术的发展有一些新的特点：一是发展微加工手段，对原子、分子进行加工，从而塑造全新的微观世界；二是纳米技术可能引发相关领域的产业革命。比如，在材料方面，纳米技术可能使材料性质发生根本转化，如硬的变软，导电的变成不导电，无磁性变成有磁性等；在微电子学与器件方面，纳米技术可以制造更节能、更便宜的微处理器，使计算机效率提高百万倍；在生物和农业方面，纳米技术可制造新的化学物品，可对动植物基因进行改良。目前由于纳米科学和技术的概念突破还很少，其相应的产业革命还远未到来。但可以预料，纳米科学具有巨大潜力和美好远景，将给人类文明和社会进步带来不可估量的影响。

三、人力资源

人力资源指企业在生产、销售、物流、财务、管理等环节中素质层次较高的那一部分人的拥有量，是企业持续经营最重要的资源。高素质人才的获取和开发，是现代企业可持续发展的关键，特别是高科技创业企业，因为其更大的知识比重，人才资源则更为重要。人才既可以通过外部招募获得，也可以通过内部的筛选与培养获得。

美国摩根银行总经理莫洛在一次会议上表示：一个人在追求成功的过程中，人际关系是非常重要的。如果你的人际关系好，那么你成功的概率就越大，赚大钱的概率也就越大。整合人际关系的能力贯穿于企业运行过程中的每一个环节，因为创业活动的实现不是靠创业者一个人单枪匹马完成的，而是需要依靠由一群不同背景、不同技能、不同知识的人所组成的创业团队来共同实现。高绩效的团队是由一群有能力的成员组成的，他们具备实现目标所必需的技术能力，而且又能够合作的良好品质，创业者和团队成员之间有健康的信息反馈机制，良好的人际关系整合能力能够让团队成员跟随自己共同渡过最艰难的时期，帮助他们更充分地了解自己的潜力，创造最好的业绩。能否整合利用好人际资源，甚至决定着创业活动的开始，很多创业者最初的创业主意是在朋友的启发或者帮助下产生的。比如时尚蜡烛领头金王集团创始人陈索斌的创业主意便来源于与朋友的一次闲谈；昆明新晟源的老板何新源至今仍保持着和朋友喝茶谈天的爱好，他称其为“头脑风暴”，使他能够不断地有新思路、新点子。

整合人际资源能力的重要性在建立创业团队时尤其显著，在创业之初，创业者没有现成的优良物质条件可以凭借，需要依靠自身的领导力来吸引他人投到麾下，协调整个团队的运作，这时候对于人员的安排要得当，让队员们能够在合适的岗位上各施其才。创业团队一般由创业伙伴和员工构成，创业伙伴是合伙者、合资者或者管理与技术骨干。有许多和创业伙伴共同奋斗的成功例子，如微软公司是由盖茨和好友艾伦一起创办的，惠普公司则是由帕卡德和休利特一起创办。企业员工则是以聘用的方式成为创业团队的一员，包括管理人员、技术人员、普通操作人员等。整合这些人员，使得整个团队得以有效地运行是创业项目运作的前提条件。

大学生是一群特殊的创业团体，大家都处在热血沸腾的情感阶段，社会经验与人生经验都不足，个性化突出，所以在组建团队、分工合作、制定规则时，往往会出现分歧，不易团结，不能真正理解“团队精神”。必须使团队的每个成员都能强烈地感受到自己是其中的一分子，每个人之间的紧密配合是坚不可摧的团队的基础。创业者要使整支队伍的行为习惯规范化，形成创业团队的行为风格与准则，这样才能保证大家的步调一致，为同一个目标共同努力。在此基础上，加以创业者的领导艺术、公平竞争机制、激励、价值观念等系列要素的充实，团队精神和企业凝聚力必然得到巩固，每一个成员的潜在创造力才能发挥，企业的整体目标才能够顺利实现。同时，通过社会实践、在班级社团担任干部等方式，大学生既可以锻炼组织与管理能力，又可以积累个人的人脉，广泛的人脉资源，潜在蕴含的信息、资金、知识会更多，有利于积累人才资源与管理资源。大学期间广交朋友，拥有良好的同学关系是个人在创业起步期必不可少的强大后盾与支撑。同时，珍惜大学期间学生社团平台所提供的锻炼机会，学生干部共同组织策划大型活动，其间相互交流、相互沟通、从分歧到达成一致意见，共进退的志同道合的创业伙伴往往就是在学生组织中慢慢积累、慢慢集聚而成的。

案例分析

美国苹果电脑公司创立人史蒂夫·贾伯：“刚创业时，最先录用的10个人将决定公司成败，而每一个人都是这家公司的十分之一。如果10个人中有3个人不是那么好，那你为什么要让你公司里30%的人不够好呢？小公司对于优秀人才的依赖要比大公司大得多。”

（资料来源：U88加盟网. 世界富豪们的创业经典. http://www.u88.com/article/20150626-1020065.html.）

请分析：为什么说创业初期录用的人将决定公司成败?

延伸阅读

1.《党的十八大报告》

2. 2014年《广东省商事登记制度改革方案》

3.“全国大学生创业服务网”

4. 2015年国务院印发的《关于积极推进“互联网+”行动的指导意见》

1. 国务院支持“双创”优惠政策包括哪些?

2. 对符合条件的大学生自主创业，可在创业地按规定申请创业担保贷款，其贷款额度为多少万元?

3. 何为“先照后证”?

4. 谈谈你对“互联网 +”行动计划的理解。

行动锻炼

结合本模块所解读的大学生创业资源，请你在完成模块一所填写的“创业资源自评表”第一阶段内容的基础上，继续完善“创业资源自评表二”第二阶段内容，对比看是否对自身所拥有的创业资源有更进一步的认识及了解。

表 7－4　创业资源自评表二

资源类型		第一阶段内容	第二阶段内容
直接资源	财务资源		
	经营管理资源		
	人力资源		
	市场资源		
间接资源	政策资源		
	信息资源		
	科技资源		

模块总结

1. 国务院支持“双创”优惠政策：税收优惠、创业担保贷款和贴息、免收有关行政事业性收费、免费创业服务、取消高校毕业生落户限制、创新人才培养、开设创新创业教育课程、强化创新创业实践、改革教学制度、完善学籍管理规定、大学生创业指导服务等。

2. 未来“互联网 +”行动计划应用将重点促进以云计算、物联网、大数据为代表的新一代信息技术与现代制造业、生产性服务业等的融合创新，发展壮大新兴业态，打造新的产业增长点，为大众创业、万众创新提供环境，为产业智能化提供支撑，增强新的经济发展动力，促进国民经济提质增效升级。

3. 20 世纪 90 年代以来，以信息技术、生物技术、能源技术和新材料技术为代表的前沿科学与技术，正在把人类领入一场新的全球性科技革命。

4. 通过社会实践、在班级社团担任干部等方式，大学生既可以锻炼组织与管理能力，又可以积累个人的人脉。广泛的人脉资源，潜在蕴含的信息、资金、知识会更多，有利于积累人才资源与管理资源。

参考文献

[1] 刘平. 就业新思维：自主创业 [M]. 北京：中国金融出版社，2008.

[2] 周力，张学兰. 大学生创业资源整合机制初探 [J]. 科技视界，2013 (30).

[3] 王志敬，梁纯金，杨早晴. 大学生创业资源整合与管理模式刍议 [J]. 科技视界，2013 (31).

[4] 国务院. 大学生自主创业可享受 12 项优惠政策 [EB/OL]. [2015-12-16]. http://chuangye.yjbys.com/zhengce/574300.html.

[5] 刘军. 我国大学生创业政策体系研究 [D]. 济南：山东大学，2015.

[6]《广东省商事登记制度改革方案》全面解读 [EB/OL]. [2015-11-19]. http://mp.weixin.qq.com/s?__biz=MzIwNjEwNTk1Nw==&mid=400358900&idx=1&sn=ad732934972e58d5b28b3caf871f4b48&scene=24&srcid=1214OWJQxssFHPyLdWktNern#wechat_redirect.

[7]"互联网+"大潮下的十大创业机会 [EB/OL]. [2015-12-24]. http://mt.sohu.com/20151224/n432393716s,2015-12-24.

[8] 王恩哥. 四大热点 四大特征 世界科技发展新趋势 [J]. 人民文摘，2003 (8).

模块三　大学生创业资源的获取途径

案例导读

迪士尼公司总裁加里·威尔逊·沃特："在一个小公司的资深层任职，可给你一种广阔的视野并向你提供更具创意的机会，小公司承受不了人员过多的压力，我了解发薪水时没有足够的现金情况如何，我了解贷款付息 20% 时的情况如何。我涉猎范围广泛，为我在大公司发展经营战略打下了良好的基础。"

一、影响大学生创业资源获取的因素

1. 三种创业关系网络

社会网络，如亲人，朋友；支持性网络，如银行、政府、NGO 等；公司间网络，指其他所有相关企业。但是由于大学生尚未真正踏出社会，缺乏社会工作经验，很多时候不能在以上三个网络里做到游刃有余，那么对于大学生而言，主要依赖的关系网络比较集中在社会网络，比如同学、亲人，另一类是支持性网络，比如政府、地区间支持大学生创业的政府组织、民间组织，提供创业大赛平台、创业孵化基金等。

2. 创业者特质

大学生群体在创业的时候，更多的是追求自己的梦想，或者是本身具有一技之长，希望把自己的一技之长转化为自己的商业计划，年轻任性，年轻时需要张扬个性去实现梦想，同时，有更多的同学朋友去支持同一个梦想，因此更加敢于冒险，勇于承担风险。还有一部分大学生不愿意按部就班地选择就业，不想毕业时找一份帮人“打工”的工作，觉得年轻时需要证明自己，这一部分群体有更高的成就需求。另外，大学生创业群体自身多年学习，创业是对自身学习经历的最有效证明，他们有努力追求的内动力。

二、创业资源获取的方法

尽管大学生有的是梦想与敢闯敢拼的精神，以及充足的知识背景，然而大学生读书期间的经济来源主要来自父母的资助，缺乏创业资金。虽然有些学生利用业余时间兼职赚取一些经济来源，但对于创业所需的资金相距甚远。在创业之初，几乎所有企业都面临着资金匮乏这个难题。同时，大学生生活在相对单纯的学习环境，缺少社会实践经验，对预期的风险没有充分的认识，因此，能够获取较多的资源与外界的支持，可以大大提高大学生创业的成功率。

1. 获得资源的一般方法

（1）依靠自有资源。

自有资源越是充足，对于创业的公司或者管理的企业就越有支撑，所以需要多元化地去掌握自身所拥有的资源，或者争取用更低的成本去获得资源。比如，①高校创业教育与创业指导。创业创新课题不仅由学校的教师来讲，也邀请校外企业家授课，采取大班讲座、小班操练、案例剖析、创业比赛、专家辅导、实战模拟等一系列创新的教育方法和手段，帮助同学们对创业要素、创业过程，以及创业者所涉及的问题有更为透彻全面的了解。②大学生创业导师团。通过创业讲座、政策咨询、业务指导等方式，为学生创业团队现身说法、答疑解惑，提供项目论证、业务咨询和决策参考等服务。③学校团委。发布大学生创业竞赛或搭建信息咨询平台，引导大学生积极创业。④学校创业平台。为大学生在校创业提供场地、人力等。⑤创业基金。地方及学校扶持大学生创业所设立的创业基金。

（2）创造性整合资源。

有效地整合自己的创业团队、朋友、亲人琐碎的资源，更多地分享自己的创业愿景及创业目标，汇聚各自所拥有的资源，比如政府关系、一部分的投资、专有技术，或者是专业的管理团队等。大学生要通过培养良好的商业思维与捕捉机会的能力，将已有的优势不断扩大并获得社会认同，以便获得更多资源。如世纪佳缘网站在初步发展时期，就曾获得新东方 4 000 万元天使投资的资金支持。

（3）发挥资源的杠杆效应。

用更少的付出去获得更多的东西。整个创业本身是创造的过程，所以在一开始的时候就要去整合并考虑自己能获得什么东西，同时在获得这个资源的时候代价是什么。那么在掌握了这些能用更少的成本去获得资源的时候，创业行为是不是能转化成商业行为，能否兑现创业目标？

2. 各种资源获取的具体方法

（1）获取技术资源的方法。

吸引技术持有者加入创业团队；购买他人的成熟技术，并进行技术市场寿命分析等；购买他人的前景型技术，再通过后续的完善开发，使之达到商业化要求；同时购买技术和技术持有者；自己研发（但这种方式需要时间长，耗资大）。

（2）获取人力资源的途径。

这里的人力资源不是指创业企业成立以后需要招募的员工，而是指创业者及其团队拥有的知识、技能、经验、人际关系、商务网络等。创业前，如果有可能，可以在读书期间做一些产品的校园或者地区代理，不管是热水袋、拖鞋、牛奶、化妆品还是手机卡、数码产品、婚纱店、美容店、家教中心等，都可以去尝试。这个过程中既能赚些钱，增长关于市场的知识，还可以锻炼组织能力——因为往往要组织两三人的小团队（团队人数切忌太多，最多别超过5个）。考虑进入一个企业为别人工作，通过打工的经历学习行业知识、建立客户资源渠道，了解企业运作的经验，学习开拓市场的方法，认识盈利模式。

（3）获取财务资源的方法。

依靠亲朋好友或创业团队成员筹集资金；银行贷款或企业贷款，地方小额担保贷款、财政贴息扶持；争取政府某个计划的资金支持，如广东省粤科大学生创新创业基金；申请大学生创业基金，关注“全国大学生创业服务网”等；所有权融资，吸引新的拥有资金的创业同盟者加入创业团队，吸引现有企业以股东身份向新企业投资、参与创业活动，以及吸引企业孵化器或创业投资者的股权资金投入等；风险投资（需要具备一个详尽可行的创业计划）。

（4）有效利用政策资源。

比如上面所述的国家及地方政策，与大学生创业群体息息相关的有：弹性学制，允许在校学生休学创业；各高校开展创新创业教育，纳入学分管理；简化工商注册登记手续；降低贷款门槛，为毕业生解决反担保难问题；企业、行业协会、天使投资人等设立的面向高校毕业生创业的天使投资和创业投资基金；开“网店”可享受小额担保贷款和贴息政策；一次性创业资助（5 000元），租金补贴（按照第一年不低于80%、第二年不低于50%、第三年不低于20%的比例减免），小额担保贷款贴息（个人最高20万元，按照贷款基准利率最高上浮3个百分点据实给予贴息），创业带动就业补贴（3人以下按每人2 000元，3人以上按每增一人3 000元，最高3万元），优秀项目资助（每个项目给予5万~20万元资助）等。

案例分析

陈稞是浙江工业职业技术学院2004届计算机辅助设计专业毕业生。他在平时的学习中专业知识非常扎实，同时表现出了很好的实践动手能力。2004年刚毕业，他就在杭州动漫基地找到了自己理想的单位——杭州神舟视景数字科技有限公司，刚开始工作就表现出不凡的能力，很快就被单位聘为动漫设计师。但是一直以来的创业梦想没有在陈稞心中消失。2007 年他辞去了这份令人羡慕的工作，利用自己专业的优势开始创业。考虑到资金和风险等问题，陈稞选择合伙经营方式组建成立以动漫服务为主业的杭州立天动画有限公司。现在公司已经步入正轨，员工十几人，走出了创业初期的困境。现任杭州立天动画有限公司总经理的陈稞感言：IT 行业发展较快，从业人员也多，竞争激烈。进行该行业的创业，除了要自身努力之外，还要找准方向，有自己的特色，用真心去打动客户。

（资料来源：http://www.docin.com/p-475118688.html.）

请分析：陈稞是怎样一步步走向成功之路的？

延伸阅读

1. 郑一群. 创业有道［M］. 北京：中国社会出版社，2013.
2. 孙陶然. 创业 36 条军规［M］. 北京：中信出版社，2012.

思维训练

1. 影响大学生创业资源获取的因素包括哪些？
2. 创业资源获取的方法包括哪些？你具体掌握哪方面的方法？

行动锻炼

尝试用所学的创业资源获取方法，完善“创业资源自评表三”。

表 7-5　创业资源自评表三

资源类型		第一阶段内容	第二阶段内容	获取途径及方法
直接资源	财务资源			
	经营管理资源			
	人力资源			
	市场资源			
间接资源	政策资源			
	信息资源			
	科技资源			

模块总结

1. 影响大学生创业资源获取的因素包括三种创业关系网络、创业者特质。
2. 创业资源获取的方法包括依靠自有资源、创造性整合资源、发挥资源的杠杆效应。

参考文献

[1] 王明超. 动态能力视角下大学生初创企业资源与绩效关系研究 [D]. 杭州：杭州电子科技大学，2012.

[2] 潘华. 大学生创业资源分析：以上海电力学院为例 [J]. 改革与开放，2015 (2).

[3] 郭必裕. 大学生创业的初始资源与机会型创业的选择 [J]. 现代教育科学，2011 (9).

[4] 吴开军. 大学生创业融资的困境及对策研究 [J]. 技术经济与管理研究，2012 (8).

[5] 秦印. 大学生创业融资策略探析 [J]. 现代商业，2013 (23).

模块四　创业融资

案例导读

2007 年毕业于中山大学生命科学学院的林靖善目前是广东鲜明海蜇企业的老板。利用在学校研发出来的保鲜海蜇和以海蜇为原料的保健品，林靖善毕业后推出以“鲜明”为品牌的海蜇产品，市场销售一片红火。2008 年 9 月至 2009 年 3 月，“鲜明”海蜇产值 180 万元，纳税 20 万元。“其实当时在学校的时候没想过要创业，我走上创业之路有些偶然。”林靖善说，自己之所以能够创业，跟所学的专业有很大关系。

大二时，学习生物技术的林靖善在学校生命科学学院进行社会实践，在一次调研中，他发现广东湛江、福建、江苏、浙江等地都盛产海蜇，但几乎没有被开发过。在林靖善的家乡湛江市，海蜇只是被放在工厂门口出售，没有经过任何包装，销售也不成规模。此前，林靖善对海蜇并不是很了解，只知道这是一种口感不错的食物。调研结束回到学校，他马上查找各种有关海蜇的资料，包括中医书上对海蜇的介绍，发现海蜇营养价值很高。大三时，他在学校的支持下，立项做了一个有关海蜇的研究课题，在学院教师的帮助下，他用一年半的时间研究出使海蜇更健康更能保持营养的生产工艺，包括海蜇的选料、保鲜、味料等，以及两个以海蜇为原料的保健产品。

有了这些研究成果后，林靖善心中创业的想法渐渐清晰起来。当身边的同学都在忙着实习、找工作时，他深入湛江等地对海蜇市场进行调查，并做出一份数据详实的调研报告，这让他得到湛江一个海蜇加工工厂的青睐。后来工厂为他提供了 6 万元的赞助，并成为他的合作伙伴。

经过一段时间的努力，克服了种种困难，2007 年 12 月，林靖善和浙江大学的一个朋友合作，在广州和中山注册成立了两家公司，注册资金共 9 万元，并把海蜇产品的工艺、外观、商标等都进行专利注册。2008 年中秋节，以“鲜明”为品牌的海蜇产品正式面市。

随着产品销售越来越红火，林靖善更加坚定了信心：“目前我们面临的问题是如何使已上市的产品市场拓展更稳更快。今年我们除了要把湛江、中山的市场进一步做大，还要把市场扩大到广州、深圳等珠江三角洲城市，然后再争取走出广东。”

（资料来源：赖少芬，杨跃萍．新华网．http://news.xinhuanet.com/fortune/2009-05/09/content_11341118.html，有删改）

一、创业融资方式

1．银行贷款

银行是企业最主要的融资渠道。银行贷款被誉为创业融资的“蓄水池”，在创业者中很有“群众基础”。符合条件的借款人，根据个人的资源状况和偿还能力，最高可获得单笔 50 万元的贷款支持。创业贷款的期限一般为一年，最长不超过三年。按资金性质，分为流动资金贷款、固定资产贷款和专项贷款三类。专项贷款通常有特定的用途，其贷款利率一般比较优惠，贷款分为信用贷款、担保贷款和票据贴现。

2．合伙入股

合伙入股不仅可以有效筹集到资金，还可以充分发挥人才的作用，并且有利于对各种资源的利用与整合。合伙投资要特别注意以下问题：一是要明晰投资份额；二是要加强信息沟通；三是要事先确立章程。

3．民间借贷

民间借贷多发生在经济较发达、市场化程度较高的地区，例如广东、江浙地区。这些地区经济活跃，资金流动性强，资金需求量大。市场存在的现实需求决定了民间借贷的长期存在和兴旺发达。借贷过程中，要注意借据要素齐全，借贷双方应就借贷的金额、利息、期限、责任等内容签订书面借据或协议。法律规定，民间借贷的利率可适当高于银行贷款利息，但最高不得超过银行同类贷款的 4 倍，超过此限度的部分称之为“高利贷”，不受法律保护。此外，不得将利息计入本金中计算复利（即利滚利），否则同样不受法律保护。

4．风险投资

风险投资有几种形式。VC（Venture Capital），也叫“创业投资”，一般指对高新技术产业的投资。VC 对你的公司会有所掌握，他们对产品开发、公司扩大规模等方面有很多经验，除了资金注入之外，他们还会提供重要的增值服务。天使投资也是风险投资的一种形式，是指富有的个人出资协助具有专门技术或独特概念的原创项目或小型初创企业，进行一次性的前期投资，根据天使投资人的投资数量以及被投资企业可能提供的综合资源进行投资。其中涉及天使投资平台，它是天使投资人与创业者聚合交流的一种形式，大量的天使投资人和创业项目同时在平台出现，使得交流对象众多，是项目快速成交的好方式。年轻的天使投资人如青山资本的张野、梦工厂创投总经理杨轩、青阳天使投资的苏禹烈、元素天使投资的任曦，这些天使投资人的联系方式不能随意贴出，但他们的公司并不难找，找到他们的公司就等于找到了他们。

5. 融资租赁

融资租赁是集贸易、金融、租赁为一体的一项综合性金融产品，出租人提供的是金融服务，而不是单纯的租借服务。它借助租赁这个载体，既是对金融的创新，也是对贸易的创新。

二、创业融资渠道

1. 创业项目创新

近年来，投资市场有一种很响的声音：可供大量资金投资的项目过少。可见当前资本市场上缺乏的并不是钱，而是值得投资的项目。什么样的项目值得投资呢？创新！俄罗斯科学家格乌司研究表明，一个物种只有一个生态位。在自己的生态位里，任何物种都是强者。如果脱离了生态位，再威猛的物种也会处于劣势。创业型企业的生态位就在于新兴的市场。因为在新兴的市场里，蕴藏着大量打开的机会窗口，同时老企业不再拥有知识的优势和积累的技术能力，马太效应也不复存在，新老企业站在同一条起跑线上竞争。

“老企业不创新”的法则使得新企业更加占有主动，更加容易实现成长的目标。创新不足是当前大学生创业者面临的普遍问题。很多大学生在创业时秉承传统的创业原则——从成熟行业做起，诸如娱乐、餐饮、网络服务等行业。这些行业虽然总体上来说投资少、风险低、见效快，但对大学生创业者而言却蕴藏着更大的风险。它们一般技术含量较低，需要的社会网络关系复杂，大学生投身其中非但不能发挥其知识优势，反而明显处于人力资源劣势。况且这些行业既然已经成熟，市场细分化程度肯定很高，竞争均衡格局也已形成，利润空间必然很小，初进入者受困于“规模经济”和“后来者劣势”，很难攒到足够的生产剩余并成长起来。具有丰富投资经验的资金所有者自然不会为“鸡肋”项目和注定失败的项目买单，这是资本市场“惜投”的根源。大学生创业者要想从资本市场获得必要的创业资金，就必须要重视项目创新。创新包括产品的创新——即产品和服务的创新；管理的创新——即制造产品与服务，并且将它们推向上市所需要的各种技能与活动的创新；社会的创新——即市场、消费行为与价值的创新。根据德鲁克（Drucker）的理论，创新的机会来源于意想不到的事件、现实与可能的不和谐、流程需要、产业结构或市场结构的变化、人口统计的变化、认知和意义的变化、新知识等方面。

2. 做好资金需求测算

做好资金需求测算。初创企业确切知道需要多少资金很重要。一方面，融资需要成本；另一方面，在与潜在的贷款者或者投资者商谈时，对自己企业所需资金量的不确定，会给对方留下准备不够充分的印象，使投资者感到存在加大的投资风险，影响其投资的决策。因此，合理规划资金需求和融资节奏，节约资金使用，不仅有利于降低融资成本和融资风险，更是提高融资能力的有效手段。

在创业融资中，人们普遍认为现金多比现金少好，早得现金比晚得现金好，风险较小的现金比风险较大的现金好。实际上最大化筹资量战略会增加新兴公司的风险而不是降低风险，一个尝试40多种不同产品方案而成功的创业者说，他成功最主要的原因就是他的钱少得可怜。他的理由是：如果资金充足，那么他在最终发明成功性能良好的产品之前，他随时都会放弃继续试验的努力，匆匆把研究阶段中的产品推向市场。

3. 积极利用政策平台

近年来，国家大力倡导创新创业，各级政府出台了一系列相应的创业扶持政策，特别是针对大学生创业扶持政策。如《2012年国家鼓励普通高校毕业生自主创业政策公告》从放宽市场准入条件、享受资金扶持政策、实行税收减免优惠、提供培训指导服务等方面对大学生创业给予了创业扶持的指导意见，各地政府也相继出台了相关政策、采取了相关行动措施。比如各省、各地区均专门成立大学生创业扶持基金，以及大学生创业大赛项目平台，除了提供奖金、大学生创业服务外，还为大学生提供就业信息、就业创业培训，企业的注册、财务、税务、管理、运营等问题，均可以得到不同程度的支持。

4. 结合创业实际发展阶段，选择合适的融资方式

不同发展阶段的创业企业具有不同的融资需求特征。在种子期和启动创立期，企业没有任何盈利记录，资金来源有限，风险巨大，风险承担能力有限，企业没有任何的销售收入，资金相对匮乏，创业者自己或亲朋好友的资金资助、政府资助是种子期重点考虑的融资手段。在企业的成长期，企业销售迅速增长，企业希望扩大生产线，实现规模效益，便需要大量外部资金的注入，可以考虑吸引风险投资等股权融资方式，也可选择银行贷款等债务融资方式，可视企业的具体情况而定。在企业的扩展期，企业迅速扩张，拥有一定的业绩，风险显著降低，进入稳步发展的轨道，融资需求规模进一步扩大，部分企业开始进入创业板市场，可在公众市场筹集进一步发展所需的资金。

案例分析

柳飞飞，男，浙江工业职业技术学院模具专业2002级学生。该同学在校期间喜欢钻研，动手能力强，成绩优良，同时也善于搞好各方面的人际关系，这些素质都为他以后进入社会打下了坚实的基础。

毕业后，柳飞飞在工厂工作了一年，之后在家人的帮助下，成立了杭州飞翔汽车零部件制造有限公司，注册资金100万元。柳飞飞作为该公司的法人代表，负责生产技术和研发的工作，目前该厂已经在萧山工业区初具规模，两年后将建设成为一个投资1 000万元，员工近500人的现代化的技术型企业。

（资料来源：http://nuoha.com/book/188226/00009.html.）

请分析：柳飞飞哪些经验值得我们学习？

延伸阅读

1. 张振华. 小资本创业全攻略：钱途无量［M］. 武汉：华中科技大学出版社，2010.
2. 英涛. 第一桶金：改变命运的68个创业传奇［M］. 北京：中国纺织出版

社，2009.

思维训练

1. 创业融资方式包括哪些？
2. 创业融资渠道包括哪些？

行动锻炼

请选择一家国有银行，向其咨询创业贷款的条件及相关流程。

模块总结

1. 创业融资方式包括银行贷款、合伙入股、民间借贷、风险投资、融资租赁等。
2. 创业融资渠道有创业项目创新；做好资金需求测算；积极利用政策平台；结合创业实际发展阶段，选择合适的融资方式。

参考文献

[1] 秦印. 大学生创业融资策略探析 [J]. 现代商业，2013 (23).
[2] 吴开军. 大学生创业融资的困境及对策研究 [J]. 技术经济与管理研究，2012 (8).
[3] 胡舒芬. 大学生创业融资机制创新研究：基于创业融资需求 [J]. 经营与管理，2014 (12).
[4] 周力，张学兰. 大学生创业资源整合机制初探 [J]. 科技视界，2013 (30).
[5] 王志敬，梁纯金，杨旱晴. 大学生创业资源整合与管理模式刍议 [J]. 科技视界，2013 (31).
[6] 郑丹瑜，杜阳，刘桂荣. 大学生创业融资方式比较分析 [J]. 中国集体经济，2012 (15).

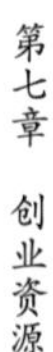

模块五 创业资源整合与管理

借力修天桥

国际商场是天津市第一家上市公司，邻近十分繁忙的主干道南京路，对面就是繁华的商业街。在国际商场开业时，门口并没有过街天桥，行人穿越南京路很不方便也不安全。应该修天桥！估计经过那里的人都会产生这样的想法，但政府一直没有行动。有一天，一个年轻人没有认为这是政府该干的事情。他找到政府商量，提出用自己的钱修天桥，但政府要允许他在天桥上挂广告牌。不花钱还让老百姓高兴，政府觉得不错，就同意了。这个年轻人拿到政府批文，立即想到找可口可乐那样的大公司洽谈广告业务。在这样繁华的街道上立广告牌，这是大公司求之不得的事情。很快，这个年轻人从大公司那里拿到广告的定金。他用这笔钱修建了天桥还略有剩余。天桥修建好了，广告也挂上了，年轻人从大公司那里拿到余款，获得了第一桶金。

（资料来源：赵蕾，吕建中．精益人生管理［M］．北京：经济科学出版社，2007.）

一、创业资源整合

创业不是单纯对创业资源进行量的积累，更重要的是如何将创业资源重新整合，获取竞争优势。资源整合对于创业过程的促进作用是通过创业战略的制定和实施来实现的。有效的资源整合，能够帮助创业者重新认识企业的竞争优势，制定切实可行的战略规划，为新创企业的成长打下良好的基础。一方面，战略的制定和实施需要一定的资源予以支持，只有拥有充分的资源，战略才有制定和实施的基础。因此，新创企业所拥有的创业资源越丰富，创业战略也越有保障。另一方面，创业资源还可以适当校正企业的战略方向，帮助新创企业选择正确的创业战略。因此，企业获取的创业资源越多，创业战略的实施也越有利。

资源的整合贯穿资源的识别、资源的获取以及资源的利用整个过程。对于初始资源匮乏的大学生创业者来说，有效的整合与利用资源尤为重要。有限的资源并不能维持企业的正常运转，大学生创业者必须利用自身资源整合能力，将从外部环境获得的资源与已获取的内部初始资源组合利用，来提升创业绩效，使企业能够长期生存与发展。此外，资源管理和整合的过程也是大学生创业者能力不断提升，并逐渐成长为成熟的创业型人才的过程。对资源的不断优化与整合，既可以提高创业者的素质和能力，又能够实现比市场更好的配置效率（见图 7 - 3）。

1. 寻找式资源整合

寻找式资源整合主要是结合自身创业团队的资源情况，分析资源储备存在的不足，

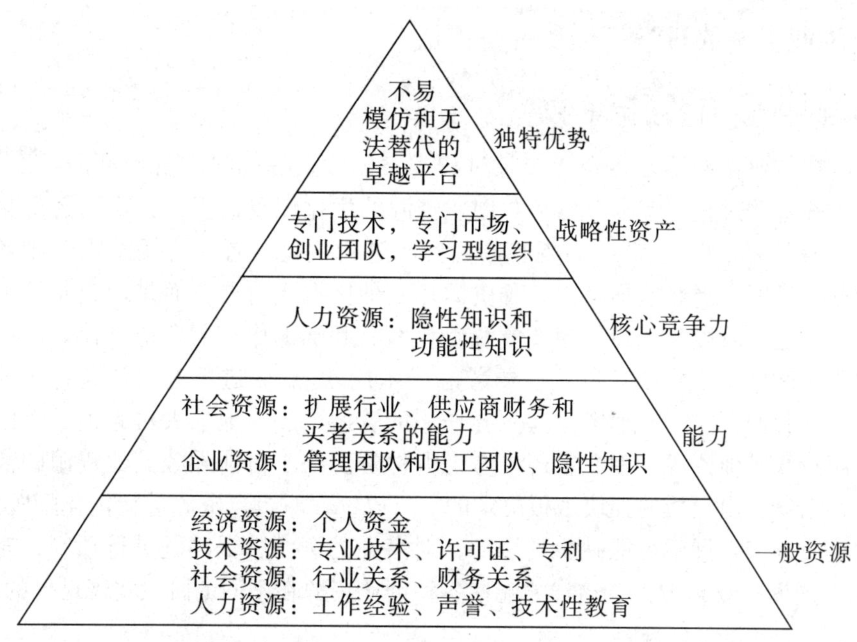

图 7－3　创业资源分类

提出整合外界资源的方案，积极地寻找和整合所能利用的创业资源。这就要求创业者具备较强的预见力和洞察力，较强的预见能力可以让创业者准确地把握自己所在行业的发展热点和竞争焦点。洞察力是一种从不同类型的信息中获得知识的能力。只有拥有较强的预见能力和洞察能力才能在诸多的资源中获得对自己创业有所帮助的资源。

2. 累积式资源整合

创业中期，企业得到了一定的发展，也积累了一些企业赖以生存发展的创业资源。这段时期，企业正处于发展关键期，创业资源需要不断累积和增加。这需要创业者掌握累积式的资源整合方法。为了使已获得的创业资源发挥其最大的效能，创业者必须在初创企业的发展过程中，进一步了解创业资源的特征，以便于更好地整合利用。也就是说为了有效利用已获得的创业资源，对其进行分析、归类，只有对已有的资源进行准确的分析定位，才能在此基础上进行进一步的整合利用，才能发挥资源的最大效能，从而不断提高企业的核心竞争力。

3. 开拓式资源整合

企业取得初步发展之后，创业者要想使企业继续快速发展，那就必须采用开拓式创业资源整合。开拓式创业资源整合强调创新能力，当今社会的竞争，与其说是人才的竞争，不如说是人的创造力的竞争。创新是一个企业发展的动力和灵魂。没有创新的企业是很难成长和发展的。开拓式创业资源整合要求我们不断地把创新式思维注入其中，用创新的视角去寻找具有创新点的创业资源，特别是继续寻找企业的新的增长点。在新的增长点上充分开拓和整合利用资源，这一点对创业基础较为薄弱的大学生创业者来说尤为重要。

二、创业资源的科学管理及效益评估

1. 科学管理是创业资源持续优化的重点

无论是在创业初期还是在企业成长过程中，创业资源的科学管理都是必不可少的。对创业资源的管理过程，实际上也是对创业资源的优化配置过程，主要包括资源“优化组合”和“查缺补漏”。首先，对现有创业资源进行优化配置。这就需要创业者对创业资源进行分类排序。当然这不是说某种资源比其他资源更重要，而是指企业处于某一特定的阶段，在这一阶段起主导作用的资源是什么、起辅助作用的资源是什么，从而确保在资源配置时做到重点突出。其次，要考虑“木桶效应”，进行查缺补漏。在进行资源管理过程中，我们不能一味地考虑起主导作用的资源，一味地加大对起主导作用的资源的投入，而忽视其他资源。创业者还要考虑哪种资源缺乏可能导致其他资源的浪费，因为木桶的盛水量是由最短的那块木板决定的。所以，在对重点资源进行优化配置过程中，还要考虑企业未来发展中可能缺少的资源，对潜在的资源枯竭问题进行预判，充分做好资源储备“预算”管理方案，这样才能使各种创业资源在不同的阶段实现最佳的配置。

2. 创业资源的效益评估

效益是创业资源投入后的回报，创业资源与效益之间有着密不可分的关系。创业资源是效益的基础，效益是创业资源投入后的结果。效益包括创业资源整合和管理本身得到的直接效益和由此带来的间接效益。直接效益是“看得见、摸得着”的，比如企业利润、企业发展速度、规模；间接效益是在表象之后，包括创业资源投入与产出的比率、创业资源可利用的预期限制和替换周期。在创业资源整合与管理中，既要考虑直接效益，更要考虑间接效益。因为创业资源的间接效益对资源的整合利用和企业的长远发展至关重要。所以，创业者在进行创业资源整合时，不能只注重直接效益，也要重视间接效益，特别是要充分考虑目前的资源使用效率对企业未来发展的制约性。只有把直接效益与间接效益结合起来共同考虑，才能取得资源整合与管理的最大效益。

空手套白狼

一位优秀的商人杰克，有一天对儿子说

杰克：我已经决定好了一位女孩子，我要你娶她。

儿子：我自己要娶的新娘我自己决定。

杰克：但我说的这个女孩可是比尔·盖茨的女儿哦。

儿子：哇！那样的话……

在一个聚会上，杰克走向了比尔·盖茨

杰克：我来帮你的女儿介绍个好丈夫。

比尔：我女儿还不想嫁人呢。

杰克：但我说的这个年轻人可是世界银行的副总裁哦。

比尔：哇！那样的话……

接着，杰克去见世界银行的总裁

杰克：我想介绍一位年轻人来当贵行的副总裁。

总裁：我们已经有很多副总裁了，够多了。

杰克：但我说的这位年轻人可是比尔·盖茨的女婿哦。

总裁：哇！那样的话……

最后，杰克的儿子娶了比尔·盖茨的女儿，又当上世界银行的副总裁。

（资料来源：中国学网. http://www.xue163.com/zhuanti/17938/150851/.）

请分析：

1. 这则故事说明什么问题?

2. 对于有创业意向的高职高专大学生来说，如何抓住高职高专院校的机遇，发挥自身优势，争取早日创业?

延伸阅读

1. 霍洛维茨. 创业维艰［M］. 杨晓红，钟莉婷，译. 北京：中信出版社，2015.

2. 吴霁虹. 众创时代［M］. 北京：中信出版社，2015.

思维训练

1. 如何进行创业资源整合？

2. 创业资源的效益评估如何开展？

行动锻炼

组建一个5人的项目小组，完成表7-6，并分享所填写的“创业资源自评表”。

表7-6　创业资源整合表

资源类型		项目组成员情况					项目组资源掌握程度（√）			
		组员1	组员2	组员3	组员4	组员5	很充足	较充足	欠缺	很欠缺
直接资源	财务资源									
	经营管理资源									
	人力资源									
	市场资源									

续上表

资源类型		项目组成员情况					项目组资源掌握程度（√）			
		组员 1	组员 2	组员 3	组员 4	组员 5	很充足	较充足	欠缺	很欠缺
间接资源	政策资源									
	信息资源									
	科技资源									

模块总结

1. 创业不仅仅局限在单纯资源的量的积累，而是通过对各类已有的创业资源进行细致化与丰富化处理，以获取新的竞争优势。

2. 无论是在创业初期还是在企业成长过程中，创业资源的科学管理都是必不可少的。

3. 创业者在进行创业资源整合时，不能只注重直接效益，也要重视间接效益，特别是要充分考虑目前的资源使用效率对企业未来发展的制约性。只有把直接效益与间接效益结合起来共同考虑，才能取得资源整合与管理的最大效益。

参考文献

[1] 吴开军. 大学生创业融资的困境及对策研究 [J]. 技术经济与管理研究，2012 (8).

[2] 胡舒芬. 大学生创业融资机制创新研究：基于创业融资需求 [J]. 经济与管理，2014 (12).

[3] 王明超. 动态能力视角下大学生初创企业资源与绩效关系研究 [D]. 杭州：杭州电子科技大学，2012.

[4] 周力，张学兰. 大学生创业资源整合机制初探 [J]. 科技视界，2013 (30).

[5] 王志敬，梁纯金，杨旱晴. 大学生创业资源整合与管理模式刍议 [J]. 科技视界，2013 (31).

[6] 潘华. 大学生创业资源分析：以上海电力学院为例 [J]. 改革与开放，2015 (2).

[7] 林嵩. 创业资源的获取与整合：创业过程的一个解读视角 [J]. 经济问题探索，2007 (6).

[8] 刘美玉. 创业动机、创业资源与创业模式：基于新生代农民工创业的实证研究 [J]. 宏观经济研究，2013 (5).

[9] 郭必裕. 大学生创业的初始资源与机会型创业的选择 [J]. 现代教育科学，2011 (9).

[10] 李卫东，等. 高职高专学生学习生涯规划与核心能力构建 [M]. 桂林：广西师范大学出版社，2009.

[11] 倪克垒，胡庄方. 大学生创业资源及获取途径分析 [J]. 吉林省教育学院学报（中旬），2015（9）.

第八章　创业计划

励志格言

我永远相信只要不放弃，我们还是有机会的。今天很残酷，明天更残酷，后天很美好，但大多数的人死在明天晚上，所以每个人不要放弃今天。

——马云

我可以接受失败，但绝对不能接受自己都未曾奋斗过。

——迈克尔·乔丹

学习目标

通过学习，使学生认识创业计划的本质和作用，了解创业计划书的基本结构、信息搜集手段、撰写和展示技巧，形成完整科学有效的创业计划书，指引创业走向成功。

重点难点

1. 了解创业计划的本质和信息搜集方法
2. 掌握市场调查的内容和方法
3. 了解创业计划书的基本结构
4. 掌握创业计划书的撰写方法和标准
5. 掌握创业计划书的推介技巧

模块一　创业计划与信息搜集

案例导读

校园眼镜店

杨丽娜是天津工业大学的硕士研究生，她与天津科技大学的几个同学成立了上海平远眼镜有限公司，除了眼镜批发配送外，公司还在天津科技大学的新校区开了第一家零售店，经营状况很好。

其实最早的想法只是为了参加“挑战杯”创业大赛。但经过市场调研、反复论证，他们被自己的创业计划书打动了；做眼镜中间商是完全可以实现的创业设想。于是，今年初他们在上海成立了公司。为什么要远到上海注册？杨丽娜是和同学经过反复调研后决定的，因为中国大部分眼镜公司中间商的总部都在上海。

杨丽娜还了解到了眼镜行业不少特点和规矩；这个行业市场巨大，正处在高速成长期。目前，中国有3亿多人戴眼镜，眼镜年需求量在1亿副以上……

创业团队在调研中发现，就是这么一个非常普及的小产品，到目前还没有公认的品牌（除一些太阳境外）。他们在同学中做了一个小调查，发现大家只知道近视眼镜店的品牌，却几乎没有人能说出产品本身的品牌，这个问卷结果更加坚定了他们的想法：创造自己的眼镜品牌。

他们决定先从中间商做起，虽然眼镜的零售行业竞争激烈，但在中间商阶段竞争还不是非常激烈。不过他们随后发现，要建立自己的品牌，还需要直接的市场反馈。于是，他们调整计划实现“前向一体化”，既做中间商也做零售商，这是目前眼镜行业还没有人尝试的销售模式。

当年9月，“平远”眼镜店第一分店开张纳客。20万元的资金是以合资形式注入，选址在新校区也是他们动了一番脑筋后决定的。大学生是眼镜消费的主要人群，但是各种眼镜店已经把坐落在城市中的大学校园包围，只有新校区一般都在市郊，眼镜市场还是空白。

他们聘请了一位专业配镜师。开店一个多月后，同学们不仅认可了这个店，而且没有一个同学因为配得不好而找上门来，公司开展的配送中间业务也打开了市场，目前甘肃、陕西、江苏、安徽都已经有“平远”的产品，连一向挑剔的零售商竟然都说：“你们的产品质量真好。”杨丽娜说这是严把进货关得来的。

目前公司的5个高管人员中，有3个是在校学生，另外2个也是今年夏天刚刚毕业的，说起创业的酸甜苦辣，杨丽娜说：经常会有许多意想不到的事情发生。杨丽娜觉得在创业中最难的是把同学的热情变成现实，因为实际经验太少。此外，团队的合作也是最重要的。他们有一套吸引风险投资的设想：现自有运营资金50万元，据测算，若注入风险资金 200 万元，则计划投资回收期为 10 个月，第二年预计盈利 512 万元，第五年预计盈利 1 434 万元。风险投资者在第五年撤出的前提下，将获得 1 450 万元的投资回报。

目前，他们已经看好南京、天津等地新建的大学城，准备开第二家零售分店。

（资料来源：校园眼镜店［N］．中国青年报，2008 - 03 - 25，有删改）

我们试着从三个方面进行思考：一是一份创业计划书为何能打动杨丽娜团队投入真正的创业？二是在撰写创业计划书时实地调查有何重要性？杨丽娜采用了何种调查方法？三是高科技创业是大学生创业的主流方向吗？对多数大学生来说，还有什么方向是可行的？

一、创业计划的内涵

创业是一条漫长而艰辛的路，成功与否，除了与创业资金、创业机会有关外，还与创业理念、创业方法密切相关。作为创业者要分析创业每个阶段中可能会遇见的问题和困难，比如，在创业初期，一人身兼数职，压力倍增，怎么办？创业运营中贷不到款，无法扩大生产和销售，怎么办？创业开始后，发现生意冷清，怎么办？创业过程中的孤独感，如何化解？如果万一创业失败了，怎么办？

有不少创业者将创业失败的原因最终归结于资金匮乏或职员不力，其实，创业失败的最大原因很可能是创业计划根本不科学和不可行。在制订创业计划中出现以下情况都可能导致创业失败。

①低估创业环节中的困难。误判企业所能占领的份额、机会和进入的难度；低估企业所需要的财务投入；高估企业的销售额预期；对意外情况缺少应急预案。不少创业者常以“兵来将挡，水来土掩”心态看待创业的种种风险，导致难以解决所遇困难。

②结伴不合适的合伙人。

③太在意销售额和公司市场范围，疏忽经营利润。

④追求对自己思路的认可而非对自己思路的验证。

⑤长期目标含糊不清，缺少业务核心与特色。

⑥缺乏退出策略，无法获得东山再起的机会。

其实一个好的创业想法要成为一个成功的创业行为，首先就要有完备的创业计划，使之成为一个系统工程。创业计划是创业者为了厘清创业思路或为了取得潜在投资者、风险投资公司、合作伙伴等的风险投资或合作支持，对自己拟创业的产品或服务进行的总结概述说明。创业计划往往集成了产品或服务的项目描述、生产计划、市场营销计划、财务计划、人力资源计划等筹备内容，同时对拟创办企业相关的内外部环境条件和要素特点进行详细阐述。它是指导创业者在创业前三年内所有短期和中期决策制度的行动方针指南，为创业项目的发展提供指示图，并为创业项目进展情况制定出一定的执行标准。创业计划既要对拟开展的创业项目进行可行性分析，也要向风险投资商、银行、客户和供应商等利益相关者进行宣传创业项目的经营模式和发展前景。可见，创业计划对内来说是创业的行动指南，对外来说是创业的愿景宣传。

二、创业计划的信息搜集

创业计划的信息搜集，是根据创业计划，借助相关的信息媒介和信息渠道，采用适宜的方法有计划地获取与创业计划有关信息的工作过程。

1. 信息搜集的一般程序

首先要确定搜集与创业计划有关信息的目的，明确要解决的问题；其次要制订创业信息搜集计划，明确搜集的内容、选择的信息媒介和运用的方法；再次要设计必要的表格和提纲；最后要组织实施，安排具体的时间、地点，加强搜集过程的信息沟通，保证信息搜集的质量。

2. 信息搜集的主要范围

（1）内容范围。

内容范围是指根据创业内容与信息搜集目标和需求相关性特征所确定的范围，包括创业内容范围和创业环境内容范围。创业内容范围是由创业计划本身信息相关内容特征组成的范围；创业环境内容范围是由创业项目周边、与创业计划相关的信息内容的特征组成的范围。

（2）时间范围。

时间范围是指在创业计划有关信息发生的时间上，根据与创业计划信息搜集目标和需求具有一定相关性的特征所确定的范围。

（3）地域范围。

地域范围是指在创业计划有关信息发生的地点上，根据与信息搜集目标和需求具有一定相关性的特征所确定的范围。

3. 信息搜集的主要方法

信息搜集要遵循准确性、全面性、时效性、适中性和经济性原则，其采取的主要方法如下。

（1）文献检索。

文献资料是前人、政府、专业机构留下的创业经验和宝贵财富，是知识的集合体，对庞大的文献进行检索是重要的信息检索形式。

（2）建立数据库。

现在是大数据时代，大数据信息高度聚合了创业计划的相关信息，因此要多渠道搜集信息，依托大数据系统建立自身创业项目的数据库，随时对创业项目的信息进行搜集、筛选、加工、传递和反馈，全面系统地完善创业计划的相关信息。

（3）市场调查。

市场调查是信息搜集的重要方法之一，它是市场营销活动的起点，通过一定的科学方法对市场进行了解和把握，在调查活动中搜集、整理、分析市场信息，掌握市场发展变化的规律和趋势，为企业进行市场预测和决策提供可靠的数据和资料，从而帮助企业确立正确的发展战略。

①市场调查的内容。

a. 市场环境调查。一般来说包括经济环境、政治环境、社会文化环境、科学环境和自然地理环境等。

b. 市场需求调查。包括对消费者的需求量、收入、消费结构、消费行为等方面的调查，具体涉及消费者为什么购买、购买什么、购买数量、购买频率、购买时间、购买方式、购买习惯、购买偏好和购买反馈等。

c. 市场供给调查。主要包括产品生产能力调查、产品实体调查等方面。具体主要是指为某一产品市场可以提供的产品数量、质量、功能、型号、品牌等。

d. 市场营销因素调查。主要包括产品、价格、渠道和促销的调查。一是产品调查，主要是了解市场上新产品开发设计、消费者使用、消费者评价、产品生命周期和产品组合等情况；二是产品价格调查，主要是了解消费者对价格的接受情况和对价格策略的反映等；三是渠道调查，主要包括了解产品渠道的结构、中间商以及消费者对中间商的满意情况等；四是促销活动调查，主要包括各种促销活动的效果，如广告实施、人员推销、营业推广和对外宣传等促销效果。

e. 市场竞争情况调查。主要包括对竞争企业的调查和分析，了解同类企业的产品和服务、价格等方面的情况，以及了解竞争对手的状况，包括竞争对手的数量与规模，分布与构成，竞争对手的优缺点及营销策略，通过调查帮助企业确定有效的竞争策略。

f. 顾客情况调查。主要包括顾客需求调查和顾客分类调查两方面。顾客需求调查主要表现为市场需求调查；顾客分类调查重点了解顾客的数量、特点及分布，明确目标顾客，掌握顾客资料，为企业有针对性开展业务做好准备。

g. 市场销售策略调查。重点调查目前市场上经营某种产品或服务项目的促销手段、营销策略主要有哪些，各自优势和劣势在哪，对本企业项目的市场销售策略是否具有借鉴作用，从而提出本企业项目的有效市场销售策略。

②市场调查的方法。

按调查方式不同，市场调查的方法可分为：观察法、实验法、访问法、问卷法和试销或试营法。

a. 观察法。观察法是市场调查研究的最基本方法。它是由调查人员根据调查研究的对象，利用眼睛和耳朵等感官以直接观察的方式对其进行考察并搜集资料。

b. 实验法。实验法由调查人员根据调查要求，用实验方式将调查对象控制在特定环境条件下，对其进行观察以获得相应信息。这种方法主要用于市场销售实验和消费者使用实验。

c. 访问法。访问法可分为结构式访问、无结构式访问和集体访问。其中，结构式访问是调查人员按照事先设计好的调查表或访问提纲进行访问；无结构式访问是由调查人员与被访问者自由交谈；集体访问是通过集体座谈方式听取被访问者的想法，搜集信息资料。

d. 问卷法。问卷法是运用最为广泛的市场调查方法。它是通过设计调查问卷，让被调查者填写调查表获得所调查对象的信息，并对调查对象填写的问卷内容进行统计分析得出相应结果。

e. 试销或试营法。即调查者通过营业或试销等方式来了解消费者的消费反馈意见和市场消费需求情况。

Unifyo 为何最终倒下?

Unifyo 是一款为了打造超级销售团队的工具。团队里面有 7 个人，总计获得投资 70 万美金，投资人包括了 Seedcamp、EC1 Capital、Firestartr、Angellab 以及 Tom Blackie。但 Unifyo 最终没能找到一个真正的产品市场契合点和企业盈利模式。它不应该在当初过度地拉长自己的战线，并不断扩张技术上的兼容性来适应各种邮件客户端和浏览器，甚至向一些专业的服务大公司提供解决方案。

除了一些初创公司所犯的常见错误，比如没有将足够多的精力放在开发市场，而是在很不成熟的条件下就试着让自己扩张，Unifyo 还学到了其他一些非常重要的经验和教训，比如，不能只跟大公司打交道，因为有些时候总是出现销售回款周期特别长的情况。另外，那些处于“客户关系管理”领域的客户公司在后面的日子里要么倒下了，要么就转型去做 B2B 了。

还有，即使 Unifyo 觉得自己的产品打造了非常完美的用户体验，找到了产品市场契合点，但是实际上他们的产品平淡无奇，并没有给用户留下深刻印象。有些时候只是他们一厢情愿的想法而已。

对 Unifyo 的创业失败的原因进行分析，主要来自于三个方面：一是 Unifyo 的产品缺少一个系统完整的产品发展思路，缺乏对产品迭代更新要给予一定的耐心。二是 Unifyo 虽然有自己的发展计划，但没有重要的远见做其支撑，即站在更高层面上总结你到底想通过这个产品带来什么价值？并且理解你的服务人群是哪些人？三是没有科学的盈利模式，他们首要考虑的目标是如何实现用户数量的扩张，但事实上任何企业要成功就需要提前做出盈利模式，以及为了实现盈利所需要实现的战略规划。

（资料来源：改编新芽 NewSeed 网的案例. http://newseed.pedaily.cn/201507/201507171320599.shtml.）

请分析：在创业计划的信息搜集时需要做些什么工作才有助于避免 Unifyo 最终倒下?

礼维公司的分类市场调查

以生产牛仔裤闻名世界的美国礼维公司，从 20 世纪 40 年代末期的累积销售额为 800 万美元，到 80 年代的 20 亿美元，40 年时间增长 250 倍，是得益于他们的分类市场调查。公司设有专门机构负责市场调查，在调查时运用心理学、统计学等知识和手段，按不同国别，分析消费者的心理和经济情况的变化、环境的影响、市场竞争条件和时尚趋势等，并据此制订出销售、生产计划。1974 年公司对联邦德国市场的调查表明，多数顾客首先要求合身。公司随即派人到该国工厂进行合身测验，一种颜色的裤子就定出45种尺寸，因而扩大了销路。公司根据市场调查，了解到美国青年喜欢合身、耐穿、价廉、时髦，因此把这些作为产品的目标，故而产品长期打入美国青年人的市场。近年来，在市场调查中，公司了解到许多美国女青年喜欢穿男裤。经过精心设计，公司推出适合妇女需要的牛仔裤和便装裤，使妇女服装的销售额不断上升。如此，虽然在美国及国际服装市场业竞争相当激烈，但礼维公司靠分类市场调查，他们制订的生产与销售计划同市场上实际销售量只差1%~3%。

（资料来源：龚曙明．市场调查与预测［M］．北京：清华大学出版社，2005.）

思维训练

创业计划是创业者创建企业的路线图。每年在美国开业的100万家新企业中，只有1/5的企业能够存活5年或更长时间，而大部分企业夭折的重要原因之一就是没有制订企业的发展计划。现在请你尝试回答以下几个问题。

1．什么样的创业计划是好的创业计划?

2．你已经知道怎样制订创业计划了吗?

3．你知道如何推介创业计划吗?

行动锻炼

以5~6名学生为一组，结合小组的创业计划，利用创业计划的信息搜集方法，拟定调查项目，设计调查表，在拟创业的社区，开展至少200份的问卷调查，整理调查资料，做出调查报告，分析周边居民对拟创业项目的需求情况。

模块总结

本模块对创业计划和创业计划的信息搜集进行了说明和阐述，旨在让创业者了解创业计划是创业成功的重要环节，进一步了解创业需要搜集的主要信息，掌握创业计划信息搜集的主要方法，避免陷入对创业认知的偏见和创业决策的陷阱，从而能进行有效的理性决策。

参考文献

［1］蒂蒙斯，斯皮内利．创业学［M］．周伟民，吕长春，译．6版．北京：人民邮电出版社，2005.

［2］龚曙明．市场调查与预测［M］．北京：清华大学出版社，2005.

［3］丁继安，等．大学生创业实践［M］．杭州：浙江大学出版社，2011.

［4］沈艳华．试论大学生创业计划中的若干问题［J］．长春教育学院学报，2014

(13)：118－119.

［5］豆丁网：http：//www. docin. com/p－1590738704. html.

［6］张宇，钮瑞艳，殷松涛，等. 完成“国家级大学生创新创业计划”项目的收获与感想［J］. 中小企业管理与科技，2016（3）：144.

模块二　创业计划书的内容与结构

“边度广告”的诞生

李颖、邓志宏、徐威是北京师范大学珠海分校2005级学生，上学后的第一次军训就让他们有了合作的愿望，那是一份军训简报的设计与制作。

军训已进入高潮，教官、教师和同学们都渴望早点看到军训的成果，看到英姿飒爽的青春身影。而小李他们也正为能够承担这一使命而兴高采烈。文字、图片、版式、版面，甚至连简报的装饰图案等都一一准备好了，他们只需把这份简报拿出来，找一个印刷厂家印出来就OK了。

然而，搜索完校内外的海报印刷厂家后发现，它们的印刷现状普遍都无法达到要求。3人捧着辛苦设计制作出来的版面，却找不到能表达、显示自己设计水平的印刷公司，心中的不快油然而生。海报虽然还是印出来了，但看着电脑里的作品，再对比印刷出来的成品，3个年轻人同时萌生了创办印刷公司的念头。

当初的想法很简单，就是创办一家为学校服务的高质量的印刷公司。但市场调研后发现，仅为学校或学生服务的印刷公司，业务很难“吃饱”。而且印刷业投资较大，技术门槛高，将来退出成本也高。他们最终选择了附带印刷业务的广告公司作为创业的起点。因为广告是一个启动资金可以相对较少、技术掌握也相对较少和快捷的行业。加上北师大珠海分校目前正缺乏广告设计、制造、附带简单印刷的服务机构，这等于有一个现成的市场空间等待着他们去挖掘。

创办这样的机构需要10多万元的启动资金，这对于3个一无所有的大学生而言，仍是天文数字。小李来自农村，是贫困生，日常的学杂费还得靠自己打工才能挣来，她当时在学校茂华奖助学金理事会勤工俭学，聪慧的小李想：学校的这个基金会或许可以帮助我们。

于是，和两位男生商量后，小李决定向基金会提出申请。3人做了详细的市场调查，成本核算，写了一份10页纸的创业计划书递交到茂华奖助学金理事会。理事会经过评估，认为3位大学生的创业计划可行，很快就贷给他们6万元，而且是无息贷款。加上借来的一部分钱，这样，他们的项目如期地启动。

2008年8月，小李他们3人在官塘租了一间简单的铁皮房子，“边度广告”公司算是正式成立。目前，公司运营一年多，业务来源于学校及其周边，以校内学生活动的广告制作为主，同时辐射市区。

（资料来源：陈德明. 大学生创业规划［M］. 广州：广东高等教育出版社，2014.）

一、创业计划书的概念与作用

1. 创业计划书的概念

创业者有了创业想法或创业构想，还只是准创业者。有了一个创业方面的构思，这只是一个骨架，尚未有血肉，只有概要，没有细节。创业计划书涉及创业计划的每个细节，创业者把创业计划中的每个细节充分考虑后，并按照一定的样本将创业计划的要素内容等创业构想用文字加以表达出来，就会形成比较标准的格式文本。此时，创业计划不再是停留在脑海中的想法，而是落地成文本的创业计划书。

创业计划书详细描述创业项目的内外部环境和自身特点要素，指示创业项目前进方向和制定创业项目具体标准，可以说它是创业者叩响投资者大门的“敲门砖”。创业计划书有时也叫行路图，它主要用来回答三个问题：我们现在哪里？我们将去哪里？我们如何到达那里？可见，创业计划书是创业者将有关创业业务的许多想法，通过深入研讨，结合搜集、分析、判断、评估的创业计划有关信息，借由白纸黑字最后落实的载体，它是最后要经得起推敲的正式文件。

2. 创业计划书的作用

创业计划书对创办企业来说十分重要，它将从不同的角度对创业设想进行科学的分析与安排，进一步清晰：企业设想是否可以实现？能从企业项目中获得多少回报？市场究竟有多大？有什么损失与风险？由此可见，创业计划书让创业者在创业实践中有章可循，进一步帮助创业者理清创业思路，阐明企业的投资战略，修正和完善经营理念，并做出正确评价，将企业的发展前景清晰推荐给投资者，使创业计划书成功成为融资协议的重要部分。同时，科学的创业计划书对新创企业的发展前景和成长潜力有着清晰的阐述，让管理层和员工对新办企业及创业者充满信心，明确自身要从事的项目和活动，促进人才资源的整合。

概括地说，创业计划书的作用主要有以下几方面。

（1）能帮助创业者理清思路，对创业设想做出正确评价。

（2）能帮助创业者修正和完善经营理念。

（3）能帮助创业者将企业的发展前景推销给投资者，获得融资，是融资协议的一部分。

（4）能帮助创业者减少犯错误的概率和成本，降低投资风险。

（5）能帮助创业者招募员工，凝聚人心，有效管理。

二、创业计划书的基本结构

创业计划书贯穿创业过程，涵盖了创业机会、创业资金、计划目标、财务报表、营销策略、风险评估、创业成员等相关创业内容。总体来讲，创业计划书有其相对固定的格式，不同的教材参考资料有着不同的格式，但是无论格式如何变化，创业计划书的具体结构一般都包括以下13个方面。

1．封面

封面如同人的脸面，它要充分体现审美艺术性，它会给人首因效应，决定阅读者是否有兴趣继续阅读整本创业计划书。

2．计划摘要

计划摘要是对整个创业项目的高度凝练和概括，是整本创业计划书的“凤头”。从某种程度上说，是创业计划项目能否吸引风险投资关注的关键。一般包括公司介绍、管理者及其组织、主要产品和业务范围、市场概貌、营销策略、销售计划、生产管理计划、财务计划、资金需求状况等9个方面的内容。

3．企业介绍

企业介绍部分主要是对创办企业进行详细的介绍，涉及企业的性质属性、现状情况以及企业理念和发展愿景等较为全面的内容，尽可能让阅读者充分了解拟办企业的总体情况。包括企业基本情况、设施和设备、生产工艺、生产力和生产率、质量控制、库存管理、售后服务、研究和发展等内容。

4．行业分析

通过对比分析，做出详细的SWOT分析，了解企业所归属行业领域的基本情况，正确评价拟办企业所属行业的基本特点、竞争状况以及未来的发展趋势等内容。

5．产品（服务）介绍

主要包括对产品概念、性能特点、主要产品、市场竞争力、研发过程、成本分析、前景预测、品牌和专利等。一般来说创业者要附上产品原型、照片或其他介绍。

6．人员及组织结构

人力资源管理是企业生产活动中的重要环节。创业计划书应介绍企业组织结构和人力资源相关内容，包括：组织机构图、部门职能、部门成员、薪酬体系、股东名单（包括认股权、比例和特权）、董事会成员以及各位董事的背景资料等。

7．市场预测

市场预测一般包括进行需求预测、市场现状和预测、竞争厂商概览、目标顾客和目标市场、本企业产品的市场地位等。

8．营销策略

主要阐述企业的发展目标、发展策略、发展计划、实施步骤、整体营销战略的制定以及风险因素的分析等多方面的内容。主要包括以下4个方面：①市场结构和营销渠道的选择；②营销队伍和管理；③促销计划和广告策略；④价格决策。

9．制造计划

制造计划包括产品制造和技术设备现状、新产品投产计划、技术提升和设备更新的要求、质量监控和质量改进计划等4个方面的内容。

10. 财务规划

主要对拟办企业在未来5年的营业收入和成本进行估算，包括计算制作销售估算表、成本估算表、损益表、现金流量表、计算盈亏平衡点、投资回收期、投资回报率等，以及资金需求和资金退出情况说明。

11. 风险与风险管理

风险与风险管理包括风险来源与种类、应付风险方法、风险所附加机会、创业资本扩展、最好与最坏情况下创业5年计划表现等5个方面的内容。

12. 结论

对整个创业计划书进行结论性概括。

13. 附录

附录是对主体部分的补充。一般来说主要包括附件、附表和附图。其中，附件包含营业执照复印件、主要经营团队名单及简历、董事会名单及简历、公司章程、专利证书、注册商标、鉴定报告、企业形象设计、场地租用证明、产品说明书、市场调查资料、专业术语说明、简报及报道、宣传资料等；附表包括主要产品目录、主要客户名单、主要供货商及经销商名单、主要设备清单、市场调查表、预估分析表、现金流量预测表、资产负债预测表、损益预测表等；附图包括产品市场成长预测图、企业组织结构图、工艺流程图、产品展示图、产品销量预测图、项目选址图等。

案例分析

陈晓燕在大学城开品牌内衣店

陈晓燕是某纺织大学的本科毕业生，大学毕业后在一家台资企业打工，该企业从事纺织服装出口贸易，所以陈晓燕对纺织服装比较熟悉。

2004年，一次偶然的机会她到开发区的大学城看望表妹，发现离市区约有20公里的大学城服装店较少，内衣店一家都没有。她随后马上上网搜索有关大学城的情况，了解到大学城内有二十多所大学，还有一所中学，现有学生人数约有12万，今后几年学生还将不断增加，加上大学的教职工3万多人，大学城旁边有很多的企业，员工人数接近10万。陈晓燕认为这是一个巨大的市场，结合她熟悉的纺织服装，陈晓燕酝酿在大学城开设一家内衣店。

2005年，陈晓燕经过各方面的考察，选择一家不是很有名、刚刚起步的内衣品牌加盟，当然陈晓燕曾经与该内衣品牌有过接触，知道该品牌内衣质量不错，生产的内衣主要出口。为了节省费用，陈晓燕将店址选择在大学城东区某一学院的生活区，东区离市区较远，而且为后建，商业气氛不太浓厚，店铺租金便宜。开业前几天，陈晓燕的广告已经散发到附近学院的各个角落，开业一个月内满200元赠100元券，实付满300元另赠VIP卡，凭VIP卡购内衣可打8折等优惠。

开业当天和随后几天，光顾内衣店的学生和教师较少，陈晓燕有点着急了。但她很快找到了原因：①她认为可能优惠让利幅度不够；②新生还没到校，新生对内衣需求量可能更大。因此，她搜集新生入学时间，加大让利幅度，在新生入学开始后大量发放广告，但遗憾的是，一直到国庆节到来，内衣销售额还是没有多少。10 月 1 日至 10 月 7 日，由于学生放假回家，内衣店干脆关门。10 月 8 日开门重新营业，天气渐渐变冷，到了该穿内衣的季节，内衣店的顾客人数还是寥寥无几，大多数学生和教师经常散步进来看看，但买内衣的顾客还是很少。陈晓燕迷茫了，她哪里做错了？

（资料来源：豆丁网．http://www.docin.com/p-654955890.html.）

请分析：

1．陈晓燕在创业时候缺少哪些环节？

2．陈晓燕作为一个创业者在创业过程中应该如何做？

延伸阅读

网上视频

1．查立《什么样的商业计划书是风投喜欢的》

（参考网站：优米网　http://chuangye.umiwi.com/2011/1213/53086.shtml.）

2．梅萌《商业计划书必不可少》

（参考网站：优米网　http//chuangye.umiwi.com/2010/1102/11189.shtml.）

3．包凡《单靠一份商业计划书打动投资者是神话》

（参考网站：优米网　http//chuangye.umiwi.com/2010/0610/8768.shtml.）

思维训练

1．创业计划书除了融资之外还有其他什么作用？请尝试从企业经营、投资者、合作伙伴和企业员工等方面来分析。

2．小李他们在写创业计划书前做了什么准备？10 页纸的创业计划书合适吗？怎样才能写好一份创业计划书？

3．请做一下调查，看看目前国内还有哪些机构可以为大学生创业提供贷款和融资。

行动锻炼

1．通过调查，了解更多完成创业计划书所需的信息。

2．以小组为单位，利用互联网收集一份创业计划书，利用所学知识分析这份计划书在编制中的优、缺点和其项目的可行性。

模块总结

本模块主要对创业计划书做了概念性说明，分析了创业计划书与创业计划的区别与联系。简单地说，创业计划是创业构想，创业计划书是创业计划的书写文本，是指导创业实施的行动蓝本。创业计划书有着帮助创业者理清思路、修正和完善经营理念、获得融资、降低投资风险和有效管理的作用。同时，汇总各类参考资料对创业计划书的基本结构进行梳理，总结出创业计划书一般要包括封面、计划摘要、企业介绍、行业分析、产品（服务）介绍、人员及组织结构、市场预测、营销策略、制造计划、财务规划、风险与风险管理、结论和附录等。

参考文献

[1] 李家华. 创业基础 [M]. 北京：北京师范大学出版社，2013.

[2] 贺俊英. 大学生创业基础与实训教程 [M]. 北京：高等教育出版社，2010.

[3] 杨明. 大学生创业指导 [M]. 北京：中国人民大学出版社，2012.

[4] 郑炳章，等. 创业计划及其竞赛的研究、应对与启示：大学生创新创业教育的探索与实践 [M]. 北京：中国大地出版社，2005.

模块三　创业计划书的样本

案例导读

某一创业计划书的市场描述

目前，国内智能家居市场尚不成熟，处于起步阶段，市场进入和开发初期的目标客户群定位在高收入阶层的家庭用户，尤其是IT、电子、建筑等行业的白领阶层。他们对于智能家居这种理念比较容易接受，是市场进入的首要切入点。

沈阳是东北地区的中心城市，经济发展迅速。经实地调查，以均价5 000元/平方米为标准，目前沈阳市有33个高档小区，平均每个小区大约有2 500套住房，入住率达到70%左右，这些小区潜在的用户就有5.8万左右，说明沈阳智能家居市场有很大的空间。本公司将以沈阳为根据地，辐射东北市场，进而进军全国市场。

随着智能家居理念在人们生活中不断深入，目标客户群逐渐调整为广大的普通家庭用户。据报道，国家建设部计划到2010年，60%以上的新房将具有一定的“智能型家居”功能，按照目前智能住宅每年上千万套的发展速度，智能建筑市场对智能产品的需求量将以每年150亿元的需求向上发展。

在未来的至少20年时间里，智能家居行业将成为中国最具有发展潜力的行业之一，其市场的发展前景非常广阔。

（资料来源：http://www.doc88.com/p－300881694953.html.）

请思考：这份创业计划关于市场规模的描述令人信服吗？为什么？如果你来写，你会注重哪些方面？提供哪些数据？

创业计划书既是创办企业寻找投资的必备材料，也是创办企业不断调整认识和战略思维的行动蓝本。创业计划书的撰写起草工作与创业计划一样是一个复杂的系统工程，不但要充分研究创业项目和市场行业等客观因素，还要具备较高的文字写作素养。如何撰写创业计划书呢？创业者要依据创业计划书的使用目的，围绕创业计划书的基本内容和结构来撰写。创业计划书的撰写可以参考以下两种模板进行。

一、适合大学生创业的创业计划书

创 业 计 划 书

企 业 名 称______________________________

创业者姓名______________________________

日　　期______________________________

通信地址______________________________

邮政编码______________________________

电　　话______________________________

传　　真______________________________

电子邮件______________________________

目　　录

一、企业概况

企业概述（创业项目选择理由、主要经营范围、主要产品或服务、目标及潜在顾客、发展前景或目标、企业宗旨或经营理念或企业文化等简述）：

____

企业类型：

□生产制造　□零售　□批发　□服务　□农业

□新兴产业　□传统产业　□其他

二、创业计划作者的个人情况

以往的相关经验（包括时间）：

教育背景，所学习的相关课程（包括时间）：

三、市场评估

目标顾客及潜在顾客描述：

市场容量或本企业预计市场占有率：

市场容量的变化趋势及前景：

SWOT 分析

优势
1. ____________________
2. ____________________
3. ____________________
4. ____________________
5. ____________________

劣势
1. ____________________
2. ____________________
3. ____________________
4. ____________________
5. ____________________

____
____
____

机会
1. ____________________
2. ____________________
3. ____________________
4. ____________________
5. ____________________

威胁
1. ____________________
2. ____________________
3. ____________________
4. ____________________
5. ____________________

____
____
____

四、市场营销计划

1．产品

产品或服务	主要特征

2．价格

产品或服务	成本价	销售价	竞争对手的价格

折扣销售	
赊账销售	

3．地点

（1）选址细节（选两个地址）：

地址	面积/平方米	租金或建筑成本

（2）选择该地址的主要原因：

____

____

____

（3）销售方式（选择一项并在其前面的□内画"√"）：

将把产品或服务销售或提供给：□最终消费者　　□零售商　　□批发商

（4）选择该销售方式的原因：

____

____

____

____

4．促销

人员推销		成本预测	
广告		成本预测	
公共关系		成本预测	
营业推广		成本预测	

五、企业组织结构

企业将登记注册成：

□个体工商户　　□个人独资企业

□有限责任公司　　□合伙企业

□其他

拟议的企业名称：

____

企业组织结构图：

____

员工工作描述书（包括工作岗位说明、部门管理规范等，可另附页）：

职务　　　　　　　　　　　　月薪

业主或经理

员工

企业将获得的营业执照、许可证：

类型　　　　　　　　　　　　预计费用

企业的法律责任（保险、员工的薪酬、纳税）：

种类　　　　　　　　　　　　预计费用

合伙（合作）人与合伙（合作）协议：

条款	合伙人		
出资方式			
出资数额与期限			
利润分配和亏损分摊			
经营分工、权限和责任			
合伙人个人应负的责任			
协议变更和终止			
其他条款			

六、固定资产

1. 工具和设备

根据预测的销售量，假设达到100%的生产能力，企业需要购买以下设备：

名称	数量	单价	总费用/元

供应商名称	地址	电话或传真

2. 交通工具

根据交通及营销活动的需要，拟购置以下交通工具：

名称	数量	单价	总费用/元

供应商名称	地址	电话或传真

3. 办公家具和设备

办公室需要以下设备：

名称	数量	单价	总费用/元

供应商名称	地址	电话或传真

4. 固定资产和折旧

项目	价值/元	年折旧/元

七、流动资金（月）

1. 原材料和包装

项目	数量	单价/元	总费用/元

供应商名称	地址	电话或传真

2. 其他经营费用（不包括折旧费和贷款利息）

项目	费用/元	备注

续上表

项目	费用/元	备注

八、销售收入预测（12个月）

销售的产品或服务		月份												
		1	2	3	4	5	6	7	8	9	10	11	12	合计
（1）	销售数量													
	平均单价													
	月销售额													
（2）	销售数量													
	平均单价													
	月销售额													
（3）	销售数量													
	平均单价													
	月销售额													
（4）	销售数量													
	平均单价													
	月销售额													
（5）	销售数量													
	平均单价													
	月销售额													
（6）	销售数量													
	平均单价													
	月销售额													
合计	销售总量													
	销售总收入													

九、销售和成本计划

单位：元

项目		月份												
		1	2	3	4	5	6	7	8	9	10	11	12	合计
销售	含税销售收入													
	增值税													
	销售净收入													
成本	原材料（列出项目）													
	（1）													
	（2）													
	（3）													
	业主工资													
	员工工资													
	租金													
	营销费用													
	公共事业费													
	维修费													
	折旧费													
	贷款利息													
	保险费													
	登记注册费													
	总成本													
利润														
企业所得税														
个人所得税														
其他														
净收入（税后）														

十、现金流量计划

单位：元

项目		月份												
		1	2	3	4	5	6	7	8	9	10	11	12	合计
现金流入	月初现金													
	现金销售收入													
	赊销收入													
	贷款													
	其他现金流入													
	可支配现金（A）													
现金流出	现金采购支出（列出项目）													
	（1）													
	（2）													
	（3）													
	赊购支出													
	业主工资													
	员工工资													
	租金													
	营销费用													
	公共事业费													
	维修费													
	贷款利息													
	偿还贷款本金													
	保险金													
	登记注册费													
	设备													
	其他（列出项目）													
	税金													
	现金总支出（B）													

续上表

项目	月份												
	1	2	3	4	5	6	7	8	9	10	11	12	合计
月底现金（A－B）													

注：该创业计划书模板出自人力资源和社会保障部职业能力建设司．创办你的企业：创业培训手册（大学生版）［M］．北京：中国劳动社会保障出版社，2010．

二、国际通用的创业计划书

按国际惯例通用的标准文本格式形成的项目计划书，是全面介绍公司和项目运作情况，阐述产品市场及竞争、风险和未来发展前景及融资要求的书面材料。

保密承诺：本项目计划书内容涉及商业秘密，仅对有投资意向的投资者公开。未经本人同意，不得向第三方公开本项目计划书涉及的商业秘密。

1．项目企业摘要

创业计划书摘要，是全部计划书的核心之所在。

＊投资安排

资金需求数额	（万元）	相应权益	

＊拟建企业基本情况

公司名称	
联系人	
电话	
传真	
E-mail	
地址	
项目名称	
你在寻找第几轮资金	□种子资本　□第一轮　□第二轮　□第三轮
企业的主营产业	

＊其他需要着重说明的情况或数据（可以与下文重复，本概要将作为项目摘要由投资人浏览）

2．业务描述

＊企业的宗旨（200 字左右）

＊主要发展战略目标和阶段目标

＊项目技术独特性（请与同类技术比较说明）

介绍投入研究开发的人员和资金计划及所要实现的目标，主要包括：

(1) 研究资金投入。

(2) 研发人员情况。

(3) 研发设备。

(4) 研发产品的技术先进性及发展趋势。

3. 产品与服务

创业者必须将自己的产品或服务创意做一一介绍。主要有下列内容:

(1) 产品的名称、特征及性能用途。

(2) 产品的开发过程,同样的产品是否在市场上出现? 为什么?

(3) 产品处于生命周期的哪一段?

(4) 产品的市场前景和竞争力如何?

(5) 产品的技术改进和更新换代计划及成本,利润的来源及持续盈利的商业模式。

* 生产经营计划。主要包括以下内容:

(1) 新产品的生产经营计划:生产产品的原料如何采购、供应商的有关情况,劳动力和雇员的情况,生产资金的安排以及厂房、土地等。

(2) 公司的生产技术能力。

(3) 品质控制和质量改进能力。

(4) 将要购置的生产设备。

(5) 生产工艺流程。

(6) 生产产品的经济分析及生产过程。

4. 市场营销

* 介绍企业所针对的市场、营销战略、竞争环境、竞争优势与不足、产品的销售金额、增长率以及产品或服务所拥有的核心技术、拟投资的核心产品的总需求等。

* 目标市场,应解决以下问题:

(1) 你的细分市场是什么?

(2) 你的目标顾客群是什么?

(3) 你的5年生产计划、收入和利润是多少?

(4) 你拥有多大的市场? 你的目标市场份额为多大?

(5) 你的营销策略是什么?

* 行业分析,应该回答以下问题:

(1) 该行业发展程度如何?

(2) 现在发展动态如何?

(3) 该行业的总销售额有多少? 总收入是多少? 发展趋势怎样?

(4) 经济发展对该行业的影响程度如何?

(5) 政府是如何影响该行业的?

(6) 是什么因素决定它的发展?

(7) 竞争的本质是什么? 你采取什么样的战略?

(8) 进入该行业的障碍是什么? 你将如何克服?

* 竞争分析,要回答如下问题:

（1）你的主要竞争对手？

（2）你的竞争对手所占的市场份额和市场策略？

（3）可能出现什么样的新发展？

（4）你的核心技术（包括专利技术拥有情况，相关技术使用情况），产品研发的进展情况和现实物质基础是什么？

（5）你的策略是什么？

（6）在竞争中你的发展、市场和地理位置的优势所在？

（7）你能否承受竞争所带来的压力？

（8）产品的价格、性能、质量在市场竞争中所具备的优势？

*市场营销，应该说明以下问题：

（1）营销机构和营销队伍。

（2）营销渠道的选择和营销网络的建设。

（3）广告策略和促销策略。

（4）价格策略。

（5）市场渗透与开拓计划。

（6）市场营销中意外情况的应急对策。

5. 管理团队

*全面介绍公司管理团队情况，主要包括：公司的管理机构、主要股东、董事、关键的雇员、薪金、股票期权、劳工协议、奖惩制度及各部门的构成等情况，这些都要以明晰的形式展示出来。要展示你公司管理团队的战斗力和独特性及与众不同的凝聚力和团结战斗精神。

*列出企业的关键人物（含创建者、董事、经理和主要雇员等）

关键人物之一

姓名	
角色	
专业职称	
任务	
专长	

主要经历

时间	单位	职务	业绩

续上表

所受教育			
时间	学校	专业	学历

* 企业共有多少全职员工?（填数字）
* 企业共有多少兼职员工?（填数字）
* 尚未有合适人选的关键职位?
* 管理团队优势与不足之处?
* 人才战略与激励制度?
* 外部支持：公司聘请的法律顾问、投资顾问、顾问、会计师事务所等中介机构名称。

6. 财务预测

* 财务分析包括以下三方面的内容：

(1) 过去三年的历史数据，今后三年的发展预测，主要提供过去三年现金流量表、资产负债表、损益表以及年度的财务总结报告书。或者提供未来三年的预测财务收入情况表。

(2) 投资计划。

①预计的风险投资数额。

②风险企业未来的筹资资本结构如何安排。

③获取风险投资的抵押、担保条件。

④投资收益和再投资的安排。

⑤风险投资者投资后双方股权的比例安排。

⑥投资资金的收支安排及财务报告编制。

⑦投资者介入公司经营管理的程度。

(3) 融资需求。

创业所需要的资金额，团队出资情况，资金需求计划，为实现公司发展计划所需要的资金额，资金需求的时间性，资金用途（详细说明资金用途，并列表说明）。

融资方案：公司所希望的投资人及所占股份的说明，资金其他来源（如银行贷款等）。

* 完成研发所需投入?
* 达到盈亏平衡所需投入?
* 达到盈亏平衡的时间?

项目实施的计划进度及相应的资金配置、进度表。

* 投资与收益

项目	第一年	第二年	第三年	第四年	第五年
年收入/万元					
销售成本/万元					
运营成本/万元					
净收入/万元					
实际投资/万元					
资本支出/万元					
年终现金余额/万元					

＊简述本期风险投资的数额、退出策略、预计回报数额和时间表。

7. 资本结构

迄今为止有多少资金投入贵企业?	
您目前正在筹集多少资金?	
假如筹集成功,企业可持续经营多久?	
下一轮投资打算筹集多少?	
企业可以向投资人提供的权益有	□股权 □可转换债 □普通债权 □不确定

＊目前资本结构表

股东成分	已投入资金	股权比例

＊本期资金到位后的资本结构表

股东成分	投入资金	股权比例

＊请说明你们希望寻求什么样的投资者?(包括投资者对行业的了解,资金上、管理

上的支持程度等）

8. 投资者退出方式

＊股票上市：依照本创业计划的分析，对公司上市的可能性做出分析，对上市的前提条件做出说明。

＊股权转让：依照本创业计划的分析，公司对实施股权的回购计划应向投资者说明。

＊利润分红：投资商可以通过公司利润分红达到收回投资的目的，按照本创业计划的分析，公司的实施股权利润分红计划应向投资者说明。

9. 风险分析

＊企业面临的风险及对策。

详细说明项目实施过程中可能遇到的风险，提出有效的风险控制和防范手段，包括技术风险、市场风险、管理风险、财务风险及其他不可预见的风险。

10. 其他说明

＊你认为企业成功的关键因素是什么？

＊请说明为什么投资人应该投本企业而不是别的企业？

＊关于项目承担团队的主要负责人或公司总经理详细的个人简历及证明人。

＊媒介关于产品的报道；公司产品的样品、图片及说明；有关公司及产品的其他资料。

（资料来源：国际通用商业计划书. http://wenku. baidu. com/, 2015. ）

案例分析

“一页纸商业计划书”引关注

在一次天使投资见面会上，北京创盟李鹏的“一页纸商业计划书”引起了风投的关注。这份计划书全文如下（仅删掉了联系方式）。

产品简介

专利产品　国内空白　年节电 100 亿度　政府强力推荐

公司简介

我公司成立于 2005 年 8 月，从事节能节电业务，拥有自己的技术与知识产权，包括电视节电器技术，发酵罐排放气流压差发电的多项专利。

项目简介

“发酵罐排放气流压差发电与能量回收”，发酵罐是药厂与化工企业普遍使用的生产工具，用量非常之大，如华北制药、石家庄制药、哈尔滨制药这样的企业，每家企业使用的大型（150 吨以上）发酵罐均在 200 台以上。因生产需要，发酵罐前端需要压气机给罐内压气，压气机功率一般在 2 000 ~ 10 000 千瓦，必须 24 小时运转，每年电费在 900 万 ~ 4 000 万元之间，而且要满足发酵罐生产，需要多台压气机工作。所以，压气机耗电通常是这些企业很大的一项费用支出。经发酵罐排放的气流仍含有大量的压气能，这些压气能浪费在减压阀上。如安装我公司研制的“发酵罐排放气流压差发电与能量回收”装置，可以回收压气机耗费电能的1/3左右。

同行简介

目前该技术国际通称TRT，应用于钢厂的高炉煤气压力能量回收。主要的供货商有日本的川崎重工、三井造船，德国的GHH，国内的陕西鼓风机厂。年销售额达到20亿元以上。

进展简介

本项目关键技术成熟并已经掌握，我公司已经与某制药集团达成购买试装与推广协议，项目完成时，预计可以在该集团完成5 000万元以上的销售额。

优势简介

(1) 我公司已申请该项目的多项专利。

(2) 于市场中先行一步，属市场空白阶段。

(3) 符合国家产业政策，时任总理温家宝亲自担任节能减排小组组长。要求各地政府落实节能减排指标。该项目属于节能减排项目。

(4) 各地政府有节能奖励，如三电办有三分之一的投资补贴，制药集团可获得约1 600万元政府补贴。

(5) 可以申请联合国CDM（清洁生产）资金（每减排一吨二氧化碳可以申请10美元国际资金，连续支付5年）。制药集团可每年节能6 000万吨，减排二氧化碳6万吨，可获得国际资金供给300万美元。

用户利益

(1) 减少电力费用支出。以某制药集团为例，如全部安装该装置，一年可以节约电费3 000万~36 000万元，收回投资少于2年。

(2) 很少维护，无须增加人员，寿命在30年以上，可以为用户创造投资15倍以上价值。

(3) 降低原有的噪音20分贝以上，符合环保要求。

(4) 其他政府奖励。

目标用户与市场前景

本项目目前主要针对国内药厂、化工厂。从和某集团达成的初步协议看，集团内需求量大约在100多套，而全国存在同样状况的有很多家药厂，再加上许多的化工行业也采用了相同或类似的生产工艺，均为我公司的目标市场。总市场预计在100亿元以上。

（资料来源：陈德明. 大学生创业规划［M］. 广州：广东高等教育出版社，2014.）

请分析：这份创业计划书实际上是一份执行概要。请大家思考一下：这份执行概要还欠缺了哪些内容？哪些地方还可以写得更好？

延伸阅读

VC眼中的创业计划——吴明华（方创资本合伙人）

“VC（即venture capital，风险投资，亦称创业投资）的投资标准无外乎三个：未来的市场够不够大，是否有成长性？企业的商业模式是否可行或者部分已被证明可行？企业的团队是否优秀，执行力够不够强？”

商业模式是项目成败的核心之一，也是投资者最关心的，在计划书中，商业模式部分主要是要说明你的企业是怎么赚钱的，主要包括你向谁提供产品或服务，你的产品或服务主要内容是什么，你怎么收钱，以及你的产品或服务是如何制作与提供的等等。“这一部分最好简单明了，让所有人一看就知道你是怎么赚钱的。”

创业计划书减分因素

求多求全：商业计划书并不要求必须在20页以上，不是写得越厚就越好。

空话太多：很多创业者的商业计划书一开头就是大话连篇，从宏观经济说到世界形势。

呆板不生动：商业计划书最主要是数字与图表，而不是像本小说。

CEO闭门造车：商业计划书要公司全体团队来写，绝对不应该是CEO一个人的闭门造车。

商业计划书加分因素

如何退出是投资商最关心的问题，很多创业者只想到了如何拿到投资人的钱，而没想到投资人应该怎么退出，以及创业者如何在企业运营过程中去保障投资者的利益，这一点若想到了，商业计划书将得到更高的分数。

（资料来源：陈德明．大学生创业规划［M］．广州：广东高等教育出版社，2014．）

思维训练

1．风险投资者最关心创业计划书的哪些内容？
2．“叫好”和“叫座”的区别是什么？反映在创业计划书中指的是什么？
3．为什么说创业计划书不要做得大而全？

行动锻炼

通过游戏训练整理出创业计划书初稿

1．游戏目的。

通过商业模式的一个游戏帮助创业者理清创业思路。

2．游戏要求。

（1）游戏人数：可一人玩，可团队成员玩，观点会更多，便于形成共识。

（2）设计思路：创业公司一定要尽快赚钱。

（3）游戏工具：一张白纸、一叠彩色贴纸、铅笔。

3．游戏步骤。

（1）在一张白纸上，请先用一句话写下目标的商业模式。

（2）准备一叠彩色贴纸，按以下要求逐页填写。这个游戏需要头脑风暴，鼓励用发散性思维来回答问题。

（3）在一张彩纸上写上“谁是你的付费用户？”——进行头脑风暴，尽可能多地列出你的答案，尽量用具体名词，如“家庭妇女”“企业白领”“大学生”等，而不是用抽象名词，如“客户”“高消费人群”之类。（提示：①只写你直接收费的用户。谁给你钱，谁就是你的客户。②如果有不同用户均要列出，比如你做快递业务，用户有企业和个人，你可将企业、个人编入你的 2 种不同用户。③如果你的业务免费，而且永远免费，请停止游戏；如果现在免费，将来会收费，请写明将来付费用户。）

（4）在一张彩纸上写上“你给客户带来什么好处？”——尽量具体化，如“降低物流成本”“加快减肥速度”等，而不是仅仅说“提供价值”之类的抽象用语。值得提醒的是，尤其应该多思考你和竞争对手不一样的方面。

（5）在一张彩纸上写上“如何让用户知道你？”——尽量具体化，如“投放电视广告”“派发优惠单”等，而不是简单的“通过营销”。这个问题的本质是你通过哪些具体方法做营销推广。

（6）在一张彩纸上写上“如何将产品送达客户？”——如“物流公司配送”“开设直营门店”等。前一个问题是用户如何知道你，用户知道你，并不等于会买你的产品或服务；这个问题是如果用户付钱下单，他们如何拿到购买的产品或服务，问题的本质是“渠道”。

（7）在一张彩纸上写上“你的核心人物是什么？”——可以写“寻找技术团队”“开发专利产品”等，不要写“融资”。

（8）在一张彩纸上写上“你还缺少什么？”——如“创业伙伴”“启动资金”“技术团队”“推广渠道”等。时间跨度方面，同样指从现在开始，到业务相对稳定、收支持平、略有利润时所缺少的东西。

（9）在一张彩纸上写上“谁能帮助你”——如“渠道商”“××商城”“技术高手”等，而不是“风险投资（VC）”。不要写投资人，创业中很多东西不是钱可以解决的，要分析除钱以外的业务伙伴。时间跨度同前。

（10）在一张彩纸上写上“你有多少种赚钱产品？”——如“卖手机”“卖平板电脑”“卖 MP4”等。你有多少种产品或产品线？看看苹果公司就应该明白。

（11）在一张彩纸上写上“你需要投入多少成本？”——可以写“买设备”“买原料”“广告投入”“支付工资”等项目及其数额，而不是简单地说需要“启动资金”，应列出投入大项数额，再合计成总数。时间跨度同前。

（12）问题问完了，请再从头检查一遍，看看是否需要修改和补充。借这个机会，中场休息一下……

（13）现在回来，请将每张彩纸上的项目按照重要性程度排序，如 1、2、3、4……“1”表示最重要（注意：是每张彩纸都要给里面的项目排序，而不是给彩纸排序）。

（14）找一张新的颜色不同的彩纸，将刚才每张彩纸上列为第一重要的项目，单独写在这张新的彩纸上。

（15）仔细观察这张新彩纸上的各个“第一重要”的项目，研究它们之间的相互联系。最后，根据这些项目的含义，用一句话描述出这些由你业务中最重要的因素所组成的商业模式，并与最初在白纸上的商业模式进行比较，看看有什么不同。

4. 参考与提示。

通过游戏，已经把你商业模式中“最重要的”因素都提炼出来了。游戏结束时总结的商业模式，很可能与你原来写的模式不一样，主要原因在于：这个游戏帮助你把注意力全部集中在你最重要的那个项目身上，并以它为基础来发展出你的核心商业模式。

请保存好那张新彩纸上面的内容，这就是你的创业计划书的初稿。

5. 游戏总结。

这个游戏，其实就是帮助你想清楚你如何能持续、稳定地赚到钱。

（1）谁付钱给你——客户。

（2）你给客户什么好处——价值。

（3）你如何让客户掏钱——营销。

（4）你如何将价值送达客户——渠道。

（5）你如何做——主要任务。

（6）你缺少什么——资源。

（7）谁能帮助你——合作伙伴。

（8）你有多少种赚钱方式——产品线。

（9）你需要花费什么才能赚到钱——成本结构。

（资料来源：陈德明. 大学生创业规划［M］. 广州：广东高等教育出版社，2014）

模块总结

本模块综合各类创业计划书的模板，针对创业者的不同角色挑选出不同的模板，大学生创业计划书样本主要针对有意愿创业的在校大学生；国际通用的创业计划书适合所有创业者，但主要适用于社会群体中的创业者。因此，不同角色的创业者可以根据自身的创业计划需求选择适合自身的创业计划样本。

参考文献

［1］李家华. 创业基础［M］. 北京：北京师范大学出版社，2013.

［2］杨安. 创业管理：大学生创新创业基础［M］. 北京：清华大学出版社，2011.

［3］陈丰. 创业培训核心教程［M］. 北京：中国劳动社会保障出版社，2006.

［4］郑炳章，等. 创业计划及其竞赛的研究、应对与启示：大学生创新创业教育的探索与实践［M］. 北京：中国大地出版社，2005.

［5］许湘岳，邓峰. 创新创业教程［M］. 北京：人民出版社，2011.

［6］人力资源和社会保障部职业能力建设司. 创办你的企业：创业培训手册（大学生版）［M］. 北京：中国劳动社会保障出版社，2010.

［7］陈德明. 大学生创业规划［M］. 广州：广东高等教育出版社，2014.

模块四　创业计划书的撰写与推介

90 分钟演讲募来 120 万元风投

家里全部的积蓄只有 8 万元，连开网络公司启动资金的零头都不够。一年前的这个时候，武汉科技大学中南分校大三学生刘统洲整天还在为创业资金的事情发愁。如今，他已是武汉完美网络服务有限公司董事长，该公司初期投资的 120 万元，绝大多数都是他通过一次 90 分钟的演讲募集来的，这不能不说是一个传奇。现在公司已经走上正轨，每个月收入呈倍数增长。

刘统洲的家在河南省西平县杨庄乡一个普通村庄里。“我根本没想过我会从商。”刘统洲说，大学期间，他一心只想搞学习。一次偶然的机会，他被同学拉上讲台，为某教育机构招募宣传推广员做演讲，两个小时下来就赚了 500 元。大一暑假，他从武汉购进一批手机到自己以前就读的高中售卖，一个月下来，也有数千元的进账。后来，他又承接某培训机构“四六级辅导班”的校园推广，每推广一个人他可以获得 20 元的“报酬”……2007 年 5 月，对网络非常感兴趣的刘统洲，开始制作自己的网站，并在网上代理域名和虚拟主机。因其费用较低，赢得不少网友的青睐。见有利可赚，刘统洲又拿出 4 000 元的学费钱购买一家网站，进一步扩大了生意规模。

到那年暑假，刘统洲的网站知名度越来越高，“那时已经有人出 4 万元购买我的网站了。”见网站生意有前景，刘统洲冒出一个更大的想法，要开一家属于自己的网络公司。要开公司，最重要的是得有资金。但就算把家里的全部积蓄都拿出来，也不够开网络公司的 100 万元启动资金的零头。颇有商业头脑的刘统洲想到了融资。他将开网络公司的想法告诉了一些好朋友和大学的教师，但资金总额还是不够。

2007 年 10 月底，因在寝室查询别人购买域名支付的费用是否到账，一向上课都提前到教室的刘统洲第一次迟到了。课后，刘统洲向这位讲授“商务谈判”课的教师说明了自己迟到的原因。当时，该教师正好在武汉大学就读 EMBA，来上课的大多都是“身家百万千万”的企业老板。这位教师不但没批评刘统洲，还要他写份商业计划书，建议他去 EMBA 班上做演讲，说不定能让那些老板投资。

一个大学在读的学生，能让那些在商场上摸爬滚打数十年的企业老板将钱“掏”出来吗？刘统洲说，关键是要对自己的项目有信心，“一个连自己都认为是忽悠的项目，永远都打动不了别人”。在学校精心准备了两天，查阅大量互联网行业的报告后，刘统洲来到武汉大学 EMBA 班，面对 20 多位企业老板开始了自己的融资演讲。

“我目前所做的网站已经稳定有近 2 000 个客户，只要扩大规模，肯定是可以赚到钱的……”刘统洲从自己单独运作的网站讲起，讲这个行业的发展前景如何，讲自己是如何利用业余时间不到两个月就发展了800多个客户的实例，讲成立公司后又该如何运作，讲成立公司后第一年赚100万元是如何计算出来的等。

“你说你的网站可以卖4万元，你的卖点在哪里?”有老板当场质疑。

“我手头有网站的流量第三方统计数据，有Google对网站的评价，有‘315’对网站的检测。”现场演示创业报告，实战面对专业质疑，他一连演讲了90分钟。在场的20多名学员都被这个创业计划打动了，其中有一位李经理在IT行业工作，他对刘统洲的第一年创业计划毫不怀疑。当晚，就有人跟刘统洲联系。之后的两三天，十来位企业老板表示对刘统洲的项目感兴趣：“虽然我们对互联网行业不是太懂，但我们对你个人很有兴趣。我们愿意把钱交给你，让你去打理。”

2007年12月21日，7位股东共出资120万元，武汉完美网络服务有限公司开张了，仅仅拿出8万元家底的刘统洲出任董事长。公司以域名注册、虚拟主机等业务为主，目前，大学生员工有20多人。

受今年经济大盘的影响，刘统洲要兑现一年赚回本金的承诺有些难度了，然而，前不久的股东大会上，其他6位股东一致通过追加投资，“公司已经开始走上正轨，每个月的收入都呈倍数增长”，刘统洲对自己的公司很有信心，“到明年3月前，公司至少要赚回本金”。

不是没有遗憾。回顾一年多的创业路，刘统洲说，刚从校园出来做老板，总会有些盲目攀比搞面子工程，不想挤公交车了，要高档写字楼，急于扩大规模，“事实上脚踏实地，用你一步步积累的实力才能真正赢得对手和客户的尊重”。

（资料来源：中国青年报，2008－10－29.）

请思考：演示创业计划一般时长为半个小时左右，为什么小刘讲了90分钟还受欢迎？你认为创业计划演讲的成功秘诀是什么？

一、撰写步骤

创业计划书的撰写通常有“三部曲”：前期准备，草拟计划，完善计划。

1. 前期准备

由于创业计划涉及的内容较多，编制之前必须进行充分准备、周密安排。要通过文案调查或实地调查的方式，了解创业企业所在行业所在领域的发展趋势，收集同类企业状况的资料，确定计划的目的和宗旨，拟定创业计划的总体框架。

2. 草拟计划

根据创业计划书的主要用途，全面编写创业计划书的各部分内容，并进行仔细的分析，初步形成较完整的创业计划方案。

3. 完善计划

在这一阶段要进行更深层的思考与探索，站在更高的层面来审视创业计划。要检查创业计划书是否完善、务实、可操作，是否突出了创业项目的独特优势及竞争力，创业项目在技术、管理、生产、研究开发和营销等方面是否具有竞争性。

二、撰写技巧

一份完善的创业计划书在内容上要完整和简明扼要；在格式上要清晰明朗；在设计上要大方美观。撰写创业计划书要侧重 8 个方面的技巧。

1. 清楚地了解阅读对象

阅读对象决定了创业计划书的侧重点，创业计划书要加强针对性就要根据不同的阅读对象有着不同的着重点（见表 8－1）。

表 8－1　不同读者对创业计划书的关注点

读者类型	对创业计划关注的重点
创业投资者	市场优势、创业团队、投资报酬、退出方式
银行	财务计划、贷款偿还、担保条件、风险预防
创业管理者	公司前景、公司章程、决策机制、薪酬方案
创业团队	创业前景、公司战略、股权结构、公司章程
合作伙伴	公司前景、市场优势、合作条件
应聘的关键员工	公司前景、员工发展、薪酬方案

2. 根据不同类型确定写作重点

按照不同的行业特点和服务类型，创业计划书可分为专利类、产品类、服务类和概念类 4 种类型。不同类型创业计划书的写作侧重点稍有区别（见表 8－2）。

表 8－2　不同类型创业计划书的写作重点

类型	适用范围	创业计划书写作重点
专利类	自己有某领域的专利技术，但缺乏资源、资金等	专利的价值分析和投资价值分析等
产品类	产品制造的商业计划，又可细分为硬件产品类和软件产品类	生产技术的先进性、适用性、稳定性，以及市场分析与营销策略、管理团队等
服务类	以服务为目的的创业计划	服务宗旨、服务的差异性与竞争优势、管理团队、财务状况、风险控制等
概念类	有好的概念或商业模式，但缺乏资金或资源的创业计划	概念的可行性、潜在的用户、可创造的客户价值、发展前景等

3. 结合项目特点凸显优势

优势即为创业项目的核心竞争力。一份创业计划书能否实现其目标就取决于它的优势。由此可见，创业计划书要善于提炼优势。优势的提炼要注意内容内涵与表现形式的有机结合，即内容上要有创新创意，内涵上要丰富实在，表现形式上要生动形象和言简意赅。

4. 事实数据要客观实用

创业计划书是严谨科学的计划书，要求客观真实。尤其是创业计划书中涉及数据的地方更是要求真实可靠，必要时候要提供定量分析和引用权威机构的资料来源，或者是经过科学调查所得出的一手数据。

5. 语言表达要深入浅出

创业计划书面对不同层面的读者对象，这要求充分考虑读者的理解能力和水平。有一些创业者比较喜欢用大量的专业技术描述、精细的设计方案、完整的技术分析报告去打动读者，但效果并非想象中那么美好。所以创业计划书在语言表达上要深入浅出，让更多读者能读懂和了解。

6. 撰写思路要简洁清晰

创业计划书的撰写思路要逻辑清晰和简洁明了，让读者能尽快地找到自己所需要的信息，并能立即找到问题及其解决的办法。因此创业计划书要用内在的逻辑思维将信息点简洁清晰地表达出来。

7. 撰写风格要统一

一般来说，创业计划书是由创业团队中的几个人合作撰写完成，每个人的撰写风格不一样。但是创业计划书应该是一个和谐的整体。建议创业计划书要由一个人来进行统稿，从而避免写作风格的不统一，甚至造成写作上主次不分，头重脚轻。

8. 重要信息要注意保密

创业计划书里面会涉及诸多的商业机密，因此，创业计划书要注意保护关键的技术和商业机密，不要将一些关键的数据和方案直接写进创业计划书中，但要提及并合理解释，使读者确信这些关键数据和方案的存在，而非虚构。

三、撰写标准

一份优秀的商业计划书，必须符合以下标准。

1. 格式完整

创业计划书有不同的样本，不管哪个样本，它们的各个章节应按照严格顺序排列。因此，创业者可以参考创业样本写出格式完整的创业计划书，读者可以通过一份创业计划书，了解到创业者是一位经过严格训练、头脑清楚、办事严谨、条理清晰、具有真正管理能力的企业家，或者是具有优秀企业家素质的人，是一位值得真正合作的创业者。

2. 针对明确

创业计划书的读者对象和投资者有所不同，而不同的投资者兴趣和侧重点也不同。在写创业计划书之前，创业者要投其所好，对投资者的背景及相关情况有明确的了解。针对不同投资者写出具体的创业计划书。

3. 逻辑清晰

不管是编排还是书写格式，创业计划书都要言简意赅，尽量使用图表，使之具有较强的直观性和视觉效果，使整篇报告呈现清晰的逻辑思维，让人易于抓住重点。

4. 篇幅适中

创业计划书并非是越言简意赅越好，也不是越冗长烦琐越好，而是要长短适中，既要把该说的情况全部阐述清楚，又不能烦琐，英文的创业书一般 30 ~ 50 页为宜，中文的创业计划书以 20 ~ 35 页为宜。

5. 风格适宜

创业计划书既不是动员报告，也不是文艺作品，而是一份实实在在的说明书。因此，创业计划书的写作风格要适宜，恰到好处。既不要太平淡无奇，也不要太花哨，过于煽情。

6. 依据客观

创业计划书要用科学事实说话，所撰写依据要客观真实。介绍创业设想时，需要有充分的市场调研结果，阐述想法的合理性，证明这个想法是切实可行的。分析市场时，要对未来 3 ~ 7 年的市场前景有合情合理的分析，言之有据。对产品市场分析一定要有充分的证据。创业计划书的撰写最为忌讳提供虚假的数据和不实的材料，不实材料将直接导致创业项目的流产。

四、创业计划书的推介

创业计划书完成后，创业者还要知道怎样应用和推介它，以此来获得企业发展所需要的资源，特别是资金方面的支持。一般来说，创业计划书通过口头介绍来进行推介。创业计划书的推介是争取潜在投资者和团队合作人员的最普遍方式，也是最关键和最重要的一步。

总体上来说，创业计划书的推介工作主要包括前期准备、演示计划以及沟通访谈 3 个基本环节，3 个环节之间环环相扣，缺一不可。

1. 前期准备

创业计划书推介的前期准备工作主要包括以下 5 个方面的内容：了解推介对象；找准推介切入点；预先设计可能被提问的问题；练习推介的表达；检查和熟悉推介时使用的设备。

（1）了解推介对象。

“知己知彼，百战不殆”。创业者要想成功推介创业计划书，首先要了解与分析推介对象，因为要针对不同的推介对象，进行广泛的市场调查，确定哪些内容是推介对象感兴趣和认为重要的，甚至包括推介对象的年龄、背景和特长以及他们可能会提出什么特殊或尖锐的问题，然后根据了解的信息，再做后面相关工作的准备。

（2）找准切入点。

创业计划书的“卖点”是创业者和投资者均为感兴趣的重点所在。创业计划书的推介中要避免普通平庸的论调，寻找准确和新颖的切入点，用别人意想不到的见解引出话题，以独特的视角让推介显得内容新颖、震撼力强。同时用自己的感觉和热情去点燃推介对象的激情，让推介对象随着推介的思路一起共鸣和思索，从而达成共识。

（3）预设问题。

当推介对象听完创业计划书推介后，一般会根据兴趣点或者重点难点疑点来提问。创业者要根据推介对象和自己表达的需要，预先设定一些问题，并提前做好展现和回答的准备。通过预设问题及问题准备，既可以自我检查出创业计划书中的漏洞，及时修补和完善，也可以帮助创业者在推介时思维更为顺畅，信心更足。

（4）练习表达。

创业计划书是创业计划的文本表现。而推介创业计划书主要是通过口头表达来呈现，因此创业计划书的推介与创业计划书的撰写存在很大的差别。创业计划书的推介主要是使用口头语言表达创业计划书的精华版，因此要快速地切入主题，恰当地解释创业项目，尤其是在语言结构上和表达顺序上要体现出充分的逻辑性和系统性，并引入新鲜的一手素材作为论证，产生具有冲击性的表达效果。

（5）熟悉设备。

正式推介前，创业者还应提前到达会场进行准备工作，包括设备是否齐全，设备之间是否兼容和可靠等，并充分熟悉相关设备的使用，以免因为现场设备原因而出现差错，影响效果。同时，创业者应备份演讲文稿及打印稿，防止设备出现意外问题。

2. 演示计划

创业计划书的推介需要有条不紊地开展和进行，中间环节的任何细节出现问题，将会直接影响到创业计划书是否能成功得以推介。因此，演示创业计划是创业者展现自己能力的大好机会，也是投资者考察创业者的关键阶段。在演示计划阶段，我们需要遵循4个原则。

（1）依照“10－20－30”原则。

指的是用通过10张幻灯片、20分钟时间、30磅左右的幻灯片文字字体来指导推介演讲。大约10张幻灯片，主要包括标题、解决方案、商业模式、项目优势与独特性、市场营销、竞争、管理团队、财务计划等内容。

20分钟的陈述与演讲。一般推介会议时间为一个小时左右，20分钟的陈述可加强时间控制，也有更充足的时间进行交流与讨论。因此，推介中应保持头脑清晰，逻辑思维有条不紊，加强推介针对性，尤其是要突出市场前景以吸引投资者的注意力。

30磅左右的文字字体。这个字号的字体较为醒目，能加强注意力。PPT不宜使用较小的字体和字号，也不适宜大量的内容和细节出现在PPT上，尤其是全都是文字堆砌会让人感觉条理不清晰。同时，陈述过程不能直接按PPT照读，更应注重口头表达。

（2）以创业者演讲为主。

推介演示过程的主角是创业者，他是创业计划书推介的中心人物和领袖。如果创业者在创业演示过程中无法唱主角，则表示他并不具备统驭企业运营所应该具备的能力。因此，创业者的推介和演示应该占全部演示的80%以上，其他高层人员（不宜超过2位）可就他们各自专业领域来讲述相关内容或回答有关问题，不宜出现由创业团队多个人“轮流坐庄”的局面。

（3）推介态度要诚恳，不讲假话。

推介演示中或许会涉及一些商业秘密，推介者可以采取回避方式，对于投资者来说也是可以理解的。推介中要忌讳态度不真诚，不可以粉饰或掩藏一些非机密的信息。同时推介演示要注意说话技巧，要明白哪些事情什么时候说和怎么说，这些都是推介者需要考虑的。

（4）抓住推介亮点，增强演示效果。

创业计划书是一份科学完备的文本，涉及内容较为繁多，因此，创业计划书的推介中要注意提炼出3～5个亮点，有重点有主次地推介创业计划书的重要信息，忌讳面面俱到地展示所有信息，最后让投资者抓不到兴趣点。同时为了增强演示效果，还要尽量少用或不用生僻的技术术语，让更多的推介对象能明白主要内容。

3. 沟通访谈

沟通访谈是创业计划书推介的另一重要环节。创业项目通过初审后，创业者要做好准备与投资者进行沟通访谈。在沟通访谈中要清楚访谈目的和注重其中的访谈技巧。

（1）访谈目的。

沟通访谈的主要目的是：投资者通过面对面的方式更细致地考察创业者的综合素养和能力，加深对创业项目的了解，尤其是对兴趣点和疑惑点能当面提问。通过与创业者的互动谈话发现更多的创业信息，比如，进一步了解创业者愿意接受何种投资方式和退出途径，以及投资者能参与企业决策与监控的程度。

（2）访谈技巧。

创业者与投资者进行沟通访谈，要做好充分的准备，推动访谈朝着创业项目成功推介的目标方向发展，最终促进创业计划的合作。

①准备谈判。一般来说，创业者要做好3个方面的准备：一是要制订谈判计划，包括谈判的最低目标、中间目标以及最高目标，拟定谈判过程、谈判时间和地点、谈判人员及分工。二是做好谈判的心理准备。谈判是心理较量的过程，要对谈判中出现的任何突发环节做好心理准备，同时也需要明确什么是需要坚持、什么是可以妥协的。三是掌握一定的谈判技巧。比如：展示自己实力时采取暗示法，为了达到目标采用“小步子”原则等。

②保持互动。沟通访谈是双方互动的过程，也是双方为了达成一致目标而努力的过程。在沟通访谈中，创业者与投资者要积极保持与对方的互动沟通，保持和谐、宽松的交流氛围，达到充分交流的目的，促成创业项目合作的实现。

③控制情绪。沟通访谈要遵循人际交往的基本原则，要积极控制情绪，在访谈中保持面带微笑和平稳语气，一旦遇到投资者的尖锐问题，可以委婉回答或直接回答，忌讳冲动和执拗甚至争吵，否则将直接导致创业计划书推介以失败告终。

案例分析

用完善的创业计划书抓住评审眼球

什么样的项目才能入得了专业创投人士的法眼？如何拿到YBC紫竹办的无息免担保创业扶持资金？在不久前的一次项目评审会上，移康智能的三位创业者用完善的创业计划书、短线与中长线产品计划的互补、坚定的创业决心，获得了项目评审导师冯一名和李丹丹的首肯。

对于很多创业者而言，万事俱备只欠东风，这东风就是资金。那么，在愈奇投资的合伙人冯一名眼里，团队、市场、技术、创业者性格，哪个更重要？而VC最青睐怎样的创业者呢？

“哦！这一定是我参与YBC项目评审以来，看到的最郑重的着装了。”面对移康智能科技的三位典型职业装的创业者，李丹丹和冯一名调侃式的开场白缓解了现场小小的紧张气氛。“与其说是评审，实际上更多的是相互交流沟通，把那些创业的难事放在轻松氛围里，就像朋友一样地相互出谋划策。”李丹丹说，“所以在以前评审的项目中，大家的着装一般都比较休闲。”

这是YBC紫竹办的一场项目评审会，如果移康智能拿到PASS，就可以获得YBC紫竹办一定额度的免息无担保创业扶持资金。YBC是中国青年创业国际计划的简称，这就好比是个创业者的大家庭，而YBC紫竹办由上海市闵行区科委、上海紫竹科学园区与YBC发起成立，通过闵行区科技创业企业联合会平台独立运作YBC紫竹创业专项资金。

身上的着装已经预示着这三位创业者确实是“有备而来”，作为移康智能科技（上海）有限公司的创业团队成员之一，罗海潮从一份详细、规范的PPT演示文件开始了评审的第一个环节。

不得不说，这是一份非常成熟的创业计划书。首先，介绍了三位创业者朱鹏程、罗海潮和刘海玉此前的职业经历，不仅体现了与创业项目有关的从业经历，还表明了三位创业者在创业中的角色分工，技术、销售、管理“三足鼎立”。之后，依次是行业发展背景、竞争对手情况、自身的技术优势、相关项目经验、竞争策略、财务预测等，说明他们对每一个重要环节都有过比较详细的考虑。

显然，如此周密的计划也引起了两位评审的兴趣，他们已经等不及之后正式的问答环节了。当罗海潮讲到，创业初期计划推动“智能电子猫眼”和“车用黑匣子”这两个短线产品时，变魔术似的拿出了产品模型。“安装方便吗？”“有没有夜视功能？”“能录制多长时间？”评审现场似乎变成了“销售卖场”。

评审们这么问自有道理。冯一名认为，把自己当作一个消费者，是评判一个产品或企业很重要的视角。很多企业“只有”技术，因为他们自信自己的技术水平高超，但没有站在消费者的角度来设计产品、突出卖点，就有可能曲高和寡。而李丹丹更是形容，“我不担心市场问题，因为所有东西都卖得出去，关键就看你怎么卖了。”

当然，除了消费者视角，“成本多少”“通过哪些渠道销售”“每台产品的盈利空间有多少”，专业性的实质问题也被一个个抛了出来。冯一名算了一笔账，“你们必须考虑到流动资金紧张的问题，按照这个产品的成本和首批的生产量，生产成本先期支付出去了，虽然账面是盈利的，但销售款没这么快收回来，以现有资金规模看，现金流可能会断，必须要考虑后续融资渠道。”对于这个问题，罗海潮和朱鹏程也是心里有底，“我们考虑过，如果没有其他合适的融资渠道，目前的出资额是第一期，我们三个准备好了继续追加投入。”

对于IT产业，冯一名有着比较深刻的了解，当询问了公司未来技术人员的配备数量后，他提醒朱鹏程注意薪酬成本的问题。为了中后期的无线安防技术行业应用的项目，需要前期的技术储备过程，这可以说是个“养”的过程。

"你们三位创始人在公司的薪酬如何制定?"冯一名问。"我们已经商量好了，在公司实现盈利之前，我们三个创始人都不在公司拿工资。几个即将加入的核心技术人员也已经同意，工资会比以前低一些，但会有股权的激励。"朱鹏程坚定的回答引来了冯一名和李丹丹的频频点头。

（资料来源：上海青年报，2011－10－30.）

请分析：本例创业计划书推介的成功之处。

延伸阅读

创业计划书的测评

由于所选择的产品（服务）的不同，创业环境的优劣、创业人员能力的差异等区别，所以要对一个创业计划书的优劣进行评价是一件非常困难的事情。目前，投资人员和创业大赛的评审者多采用量化打分制来评定创业计划书之间的差异。

参考以往比赛和专家的经验，提供以下创业计划书的评价指标体系供创业者对自己的创业计划书进行自评。

1. 执行概要

评价标准：简明、扼要、具有鲜明的特色。重点包括对公司及产品（服务）的介绍、市场概况、营销策略、生产销售管理计划、财务预测；指出新思想的形成过程和企业发展目标的展望；介绍创业团队的特殊性和优势等。

2. 产品（市场）

评价标准：如何满足关键用户需要；进入策略和市场开发策略；说明其专利权、著作权、政府批文、鉴定材料等；指出产品（服务）目前的水平是否处于领先地位，是否适应市场的需求，能否实现产业化。产品不过分超前而使市场无法接受。

3. 市场

评价标准：市场容量与趋势、市场竞争状况、市场变化趋势及潜力，细分目标市场及客户描述，估计市场份额和销售额。市场调查和分析应当严密科学。

4. 竞争

评价标准：包括公司的商业目的、市场定位、全盘策略及各阶段的目标等，同时要有对现有和潜在的竞争者的分析，替代品竞争、行业内原有竞争的分析。总结本公司的竞争优势并研究战胜对手的方案，并对主要的竞争对手和市场驱动力进行适当分析。

5. 营销

评价标准：阐述如何保持并提高市场占有率，把握企业的总体进度，对收入、盈亏平衡点、现金流量、市场份额、产品开发、主要合作伙伴和融资等重要事件有所安排，构建一条畅通合理的营销渠道和与之相适应的新颖而富有吸引力的促销方式。

6. 经营

评价标准：原材料的供应情况，工业设备的运行安排，人力资源安排等。这部分要求以产品或服务为依据，以生产工艺为主线，力求描述准确、合理、可操作性强。

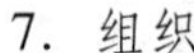

7. 组织

评价标准：介绍管理团队中各成员有关的教育和工作背景、经验、能力、专长。组建营销、财务、行政、生产、技术团队。明确各成员的管理分工和互补情况，公司组织结构情况，领导层成员，创业顾问及主要投资人的持股情况。指出企业股份比例的划分。

8. 财务

评价标准：包含营业收入和费用、现金流量、盈亏能力和持久性、固定和变动成本；前两年财务月报，后三年财务年报。数据应基于经营状况和未来发展的正确估计，并能有效反映出公司的财务绩效。

9. 总体评估

评价标准：条理清晰；表述应避免冗余，力求简洁、清晰、重点突出、条理分明；专业语言的运用要准确和适度；相关数据科学、诚信、翔实；计划书总体效果好。

依据上述指标实力相应权重如表 8－3 所示。

表 8－3　权重/类别评价指标

项目	创意可行性/%	商业计划/%	总计/%
执行概要	2.0	2.0	4.0
产品（服务）	7.5	5.0	12.5
竞争	5.0	2.5	7.5
市场	10.0	5.0	15.0
营销	8.0	2.0	10.0
经营	2.5	2.5	5.0
组织	10.0	5.0	15.0
财务	8.0	5.0	13.0
总体评估	12.0	6.0	18.0
总体评价	65.0	35.0	100.0

（资料来源：豆丁网．http://www.docin.com/p－107759603.html.）

思维训练

一分钟表达练习：本组创业项目特色

每个小组成员先写出本组创业项目的特色，然后每人用 1 分钟表达，看看哪个组员表达得最好，小组形成统一意见。最后，逐个小组分别介绍本组创业项目特色。填写表 8－4。

表 8－4

<table>
<tr><td>我的表达</td><td></td></tr>
<tr><td rowspan="5">本组其他
成员的表达</td><td>1.</td></tr>
<tr><td>2.</td></tr>
<tr><td>3.</td></tr>
<tr><td>4.</td></tr>
<tr><td>5.</td></tr>
<tr><td>最终小组的同意表达</td><td></td></tr>
</table>

创业计划书的完善

在创业计划书编制完成之后，创办企业还应对创业计划书进行检查完善，以确保计划书能准确回答投资者的疑问，增强投资者对创业项目的信心。一般来说，可从以下几个方面对创业计划书加以检查和完善。

1. 创业计划书是否显示出创业者具有管理公司的经验。如果创业者缺乏能力去管理公司，那么一定要明确地说明。

2. 创业计划书是否显示了企业有能力偿还借款。要保证给预期的投资者提供一份完整的财务比率分析。

3. 创业计划书是否显示出企业已进行过完整的市场分析。要让投资者坚信创业计划书中阐明的产品需求量是真实可靠的。

4. 创业计划书是否容易被投资者所领会。创业计划书应该备有索引和目录，以便投资者容易地查阅各个章节。

5. 创业计划书中是否将计划摘要放置在最前面，计划摘要是否写得引人入胜。

6. 创业计划书是否在文法上全部正确。创业计划书的拼写错误和排印错误很可能使企业丧失机会。

7. 创业计划书能否打消投资者对产品、服务的疑虑。

模块总结

本模块对创业计划书的撰写和推介技巧进行了阐述说明。创业计划书的撰写是在做足充分准备的基础上进行的，在撰写过程中遵循 6 个方面的标准，注意 8 个方面的技巧，形成一份完备科学的创业计划书。同时，如何让创业计划书能得以成功推介，创业者要充分做好推介工作的前期准备、演示计划以及沟通访谈 3 个基本环节，做到环环相扣，促进创业计划书成功落地和创业项目的初步实施。

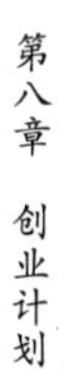

[1] 贺俊英. 大学生创业基础与实训教程 [M]. 北京：高等教育出版社，2010.

[2] 杨明. 大学生创业指导 [M]. 北京：中国人民大学出版社，2012.

[3] 葛玉辉，等. 大学生创业测评 [M]. 北京：清华大学出版社，2010.

[4] 邵华钢，等. 决胜商业计划书 [M]. 北京：电子工业出版社，2005.

[5] 罗晨，魏巍. 高职学生创业计划书有效性评估体系研究 [J]. 保险职业学院学报，2014 (4)：82-85.

[6] 洪涛，陆陈波，陈涛. 大学生创业计划书撰写要点与原则 [J]. 文教资料，2014 (17)：122-123.